大国育儿系列丛书

徐荣谦◎著

大国育儿

儿童成长的中医智慧

有道德　　有智慧

有豪气　　有体魄

人民日报出版社

中国人口出版社
China Population Publishing House
全国百佳出版单位

图书在版编目（CIP）数据

大国育儿：儿童成长的中医智慧 / 徐荣谦著 . -- 北京：人民日报出版社：中国人口出版社, 2022.12
ISBN 978-7-5115-7519-7

Ⅰ.①大… Ⅱ.①徐… Ⅲ.①少年儿童—教育工作—中国 Ⅳ.① G52

中国版本图书馆 CIP 数据核字 (2022) 第 186794 号

书　　名：	大国育儿：儿童成长的中医智慧 DAGUO YUER ERTONG CHENGZHANG DE ZHONGYI ZHIHUI
作　　者：	徐荣谦
出 版 人：	刘华新
责任编辑：	程文静　杨晨叶
特约编辑：	胡天焰
装帧设计：	元泰书装
出版发行：	人民日报出版社
社　　址：	北京金台西路 2 号
邮政编码：	100733
发行热线：	（010）65369509　65369512　65363531　65363528
邮购热线：	（010）65369530
编辑热线：	（010）65363530
网　　址：	www.peopledailypress.com
经　　销：	新华书店
印　　刷：	大厂回族自治县彩虹印刷有限公司
法律顾问：	北京科宇律师事务所 010-83622312
开　　本：	710mm×1000mm　　1/16
字　　数：	256 千字
印　　张：	15.5
版　　次：	2023 年 4 月第 1 版
印　　次：	2023 年 5 月第 3 次印刷
书　　号：	ISBN 978-7-5115-7519-7
定　　价：	68.00 元

序　一

中医药凝聚着中华民族几千年来同疾病斗争过程中不断积累并丰富发展的医学智慧，也是在长期的生产生活实践中形成的不可替代的养生科学。近年来，国家对中医药发展的支持力度不断加大。2017年，《中华人民共和国中医药法》实施；2019年，中共中央、国务院印发了《关于促进中医药传承创新发展的意见》，国务院召开全国中医药大会。与此同时，中医药服务体系进一步健全，中医药传承创新发展能力也在不断增强，对重大慢病及重大传染性疾病的临床研究取得了积极进展，为人民群众提供全生命周期的卫生与保健服务能力进一步提升。

中医儿科学源远流长，是中医药学的重要组成部分。自古以来，中医药在儿童健康方面就独具特色和优势，对儿童生理、病理有着独到的认识，也积累了丰富的防病治病经验。中医药强身健体方法多样，对减少抗生素滥用、促进儿童健康成长、增进家庭和谐幸福、全面提高人口素质具有非常重要的意义。

《大国育儿》由北京中医药大学东直门医院徐荣谦教授在多年临床实践经验的基础上编撰而成。书中不但集结了中医儿科学的精髓，还充分展示了中医育儿的智慧与文化，引导家长培育新时代"四有儿童"，体现了中医药独具特色的儿童养育观。

该书内容通俗易懂，融知识性与趣味性于一体，既适用于基层医务人员，又可为家庭育儿保健所用，是弘扬中医育儿文化的优秀科普类读物，必将为推动中医药和中医儿科工作发挥应有的作用。

王国辰
中华中医药学会秘书长
2022年9月

序 二

自商而后，代不乏贤，自春秋战国之扁鹊始为小儿医，至隋唐正式分科始有少小科，历代儿科前贤辈出，如钱乙、董汲、陈文中、刘昉、曾世荣、鲁伯嗣、万密斋、张介宾、夏禹铸等，均乃我中医儿科之榜样。当今儿科有了长足发展，儿科大家更是不可胜数。

徐荣谦教授思以专一，学以沉潜，行医50余载，鳌里夺尊，成为国家级名老中医、京城中医儿科大家。徐老出身中医世家，幼承庭训，家学深厚，年方弱冠，即应诊济世。1978年毕业于北京中医药大学中医专业，毕业后一直在北京中医药大学东直门医院儿科工作。现任北京中医药大学东直门医院儿科主任医师、教授、博士生导师，担任中华中医药学会儿科分会副会长、全国中医药高等教育学会儿科教学研究会理事长等职。

泱泱大国，儿童为基。欣读徐老新作《大国育儿》，欣慰至极，可喜可贺！全书撷《黄帝内经》等经典之精华，贯穿己见，自成体系，合成一书，以"元阳论""三阳学说""少阳学说""儿童体质学说""神魂意魄志辨证"等为理论基础，创造性地提出了"神魂意魄志"学说指导育儿的新理论、新观点，并加以系统论述；又从儿童品德、胆略、智力、体魄四个角度提出当代中国"四有"健康儿童，即"道德儿童、豪气儿童、智慧儿童、强健儿童"。该书设四篇：第一篇，大国健康儿童的标准——"四有儿童"；第二篇，生命的活力——神魂意魄志；第三篇，儿童成长——神魂意魄志；第四篇，中医育儿——经典理念。此乃善于思考、勤于钻研、勇于创新之果，必造福于人类，推动中医儿科之发展。

今逢该书付梓，仅此数言，爰为之序，以示祝贺。

王 烈

第三届国医大师、一级教授、中国中医科学院学部委员

2022年9月27日

序 三

保护儿童健康是关系到国家发展、民族兴旺的重要任务，如何促进儿童的健康成长是全社会都应当重点关注的问题。然而，目前儿童医疗和保健却存在不少现实困难：儿童医院人满为患，儿科医生缺口大，远远无法满足患者的就医需求。部分家长在养育儿童时存在一些认识上的误区，不利于儿童身心健康的发展和综合素质的提升。

如今，徐教授将当代中西医儿科研究成果和个人经验相结合，带给我们一本既具有学术研究价值，又具有科普指导意义的好书。

该书将儿童健康护理提前到了生命孕育的前期，对科学备孕、妊娠、产后护理、新生儿护理给出了很多良好的建议。同时，书中对不同成长阶段的儿童的成长特点进行了科学、细致的讲解，也提供了个性化的治疗、保健和防病方案。

该书还提出了儿童健康的四个新理念，涵盖道德、豪气、智慧、强健四方面，为科学养育孩子指明了新的方向。近年来，"中西医结合"的方法越来越普遍、广泛地运用到儿童的生长发育调理和疾病治疗当中，也取得了非常好的效果。我阅读本书后，进一步了解到中医儿科是用"辨证论治"的方法，将局部症状和病变与整体功能相结合进行分析和调理。而西医则是用科学严谨的诊断和治疗系统，通过血液检查、影像学、病理检查等来确定病变的位置和性质。二者相结合，相互补充、互为依据，能更全面准确地诊疗儿童的健康与疾病。可以说，该书无疑为中西医结合守护儿童健康提供了更全面的依据和见解。

相信该书既能为儿童保健医务工作者提供参考，又能为广大家长带来启发和帮助。感谢徐教授的无私分享，也期待更多有志的年轻人关注儿童健康，投身儿科建设，推动我国儿童医疗和保健事业的不断发展。

陈育智

首都儿科研究所哮喘防治中心原主任

世界卫生组织全球哮喘防治创议顾问及推广委员会委员

国际儿科呼吸变态反应免疫学会执委会委员

亚太地区儿科呼吸变态反应学会委员

中华变态反应学会常委、ARIA 委员会委员

2022 年 9 月 27 日

前　言

一名中医儿科医生的心愿

儿童强则国强，少年兴则国兴，每一个如"芽儿"般茁壮成长的孩子不仅是家庭的希望，更承载着国家和民族的未来！在不久的将来，他们会成长为建设祖国、实现民族伟大复兴的生力军。可见，家庭、学校乃至全社会都应当为他们的健康成长创造良好的条件，使他们能够成为真正合格的"接班人"。

我一直坚信，"培育健康的儿童，造就国家民族的未来"就是每一个儿科医生的使命，这也是我为之奋斗的方向，立志不遗余力地将毕生精力投入儿童健康的事业。然而，我在竭尽所能推动中医儿科事业传承发展的同时，也发现了一些令人心痛的现象。

很多人认为，随着我国国力日渐强盛，人民生活水平不断提升，儿童的身体素质比过去肯定会有飞跃式的进步，想必如今的儿童一定都是红光满面、精神焕发、体魄强健、意志坚定的。可事实真的是这样吗？我不得不遗憾地指出，当代儿童存在很多身心健康问题。

这绝不是危言耸听。近年来，我多次率领团队在全国部分托儿所、幼儿园中开展儿童体质普查，收集了大量真实的数据。在实际调研中，我发现有的儿童体质较弱、面色青黄，缺少少年儿童应有的朝气蓬勃的精神风貌；也有相当一部分儿童患有多动症、抽动障碍、焦虑症、孤独症等疾病，对正常的生活、学习造成了不小的影响；还有一些儿童单从体质上判断尚未出现问题，但性格软弱不堪，遇事优柔寡断、犹豫不决……

孩子身上出现的问题，常常是家庭养育、教育方式的一种缩影。在门诊，我常年与患儿及其家长打交道，了解广大家长确实非常重视孩子的成长，真的是"捧在手上怕摔了，含在嘴里怕化了"，可这种过度的保护却使得孩子缺乏应有的锻炼，体质羸弱不堪，又欠缺生活自理能力，各方面素质都达不到同龄人的平均水平，家长还浑然不觉；更有不少家长只重视孩子的学习和身体，却忽视了对孩子意志的锻炼，更懈怠了对孩子道德的培养，使得这些孩子的品行参差不齐，现状实在令人担忧。

孟子云："天将降大任于是人也，必先苦其心志，劳其筋骨，饿其体肤，空乏其身，行拂乱其所为，所以动心忍性，曾益其所不能。"圣贤在两千多年前便已悟到成长成才的真谛，至今读来仍有振聋发聩之感，可时至今日，这样的道理却被大家遗忘了。家长们毫不吝惜地给孩子提供丰富的物质享受，对孩子的要求不管正确与否一律给予满足，平日更是将孩子牢牢庇护于自己的羽翼之下，不肯让他经受半点外界风雨的考验……这其实并不是真正爱孩子，相反，是在阻碍孩子的进步、干预正常的成长步调，会对孩子的身心健康造成严重的负面影响。

当然，并不是说家长必须刻意地去让孩子多"吃苦"、多"受罪"，那也不利于营造一个幸福的童年；而是应当结合儿童的发展现状，重新定义"健康儿童"的标准，让"健康"不仅仅体现在学习成绩优异、身体机能强健上，更重要的是体现在智慧、意志与道德上。具体来看，"健康儿童"的标准应当包括有道德、有豪气、有智慧、有体魄四个维度的要求。

第一，道德儿童：孝敬父母，尊重师长，忠于民族，服务国家。

第二，豪气儿童：胆气豪迈，心强志坚，不畏艰险，迎难而上。

第三，智慧儿童：聪明睿智，勤于学习，勇于攀登，敢于探索。

第四，强健儿童：筋骨强健，体态轻盈，动作敏捷，能挑重担。

那么，如何才能培养出达到上述要求的"四有儿童"呢？在本书中，我将从自己毕生研究成果出发，以"元阳论""三阳学说""少阳学说""儿童体质学说""神魂意魄志辨证"等为理论基础，以"神、魂、意、魄、志"学说为纲，将一种全新的儿科调养保健理念介绍给广大家长、教育工作者、儿科专业人士。

"神魂意魄志辨证"是中医学的宝贵财富，像儿童夜惊症、多动症、焦虑症、自闭症等神经、精神类疾病，在临床上便可以运用"神魂意魄志辨证"医治。中医认为，儿童"五脏六腑，成而未全，全而未壮"，展现出既"生机蓬勃、发育旺盛"，又"形体娇嫩，脆弱易损"的双重生理特点，其"神、魂、意、魄、志"受损的概率也比成人要高，由此导致健康的"平和体态"占比极少，仅为15%左右；但此时还没有发展为疾病体态，而是处于"亚健康体态"这个过渡阶段，所以亚健康儿童占比是最高的，甚至已经超过了70%。引入"神、魂、意、魄、志"学说，不但可以用于儿童"平和体质"的日常保健，还可以用于"亚健康体态"的"偏颇体质"的早发现、早调理、早恢复，也可以用于辨证治疗、预防儿童"疾病体态"的各种疾病，不但能够达到中医"未病先防""防微杜渐""既病防变"的目的，更可为家长培养"四有儿童"提供科学、具体、翔实的指南。

为了便于家长阅读、理解和运用，我将本书分为四篇：第一篇介绍了我的学术思想和学术创新成果，为家长学习"神、魂、意、魄、志"学说与理解"神魂意魄志辨证"打下最初的理论基础；第二篇深入剖析"健康儿童"的真正标准，使家长能够掌握"四有儿童"的各项要求，改变自己在养育、教育过程中一些不恰当的做法；第三篇重点解读"神、魂、意、魄、志"学说与"神魂意魄志辨证"，对"五神""五脏""经络""阴阳""五行"等中医名词进行系统阐述，消除理解上的盲区；第四篇从儿童成长的各个阶段出发，帮助家长把握孩子的成长特点，学会利用中医知识，结合"神、魂、意、魄、志"学说与"神魂意魄志辨证"进行护儿、育儿，强我中华之少年，这便是我——一名中医儿科专家最大的心愿。

我真切地希望广大家长不能只有"舐犊之情"，更应有"养虎之志"，在养育、教育孩子的问题上，须有一些远见卓识，要把儿童培养成有道德、有豪气、有智慧、有体魄的"四有儿童"，成为民族的脊梁、国家的栋梁，真正担当起"民族的希望、国家的未来"之重任！

徐荣谦

2022年6月

目 录
CONTENTS

第一篇　大国健康儿童的标准——"四有儿童"

第一章　大国育儿的首要任务·····003
- 第一节　儿童成长，关系国家的前途和命运·····003
- 第二节　提升儿童体质，培养身心健康的"接班人"·····006
- 第三节　学习"神魂意魄志"，养育新时代"四有儿童"·····009

第二章　培育"道德儿童"·····012
- 第一节　解读"道德儿童"（孝敬父母，尊重师长，忠于民族，服务国家）·····012
- 第二节　培养道德儿童的要点·····015

第三章　培育"豪气儿童"·····024
- 第一节　解读"豪气儿童"（胆气豪迈，心强志坚，不畏艰险，迎难而上）·····024
- 第二节　培养豪气儿童的要点·····026

第四章　培育"智慧儿童"·····036
- 第一节　解读"智慧儿童"（聪明睿智，勤于学习，勇于攀登，敢于探索）·····036
- 第二节　培养智慧儿童的要点·····038

第五章　培育"强健儿童"·····049
- 第一节　解读"强健儿童"（筋骨强健，体态轻盈，动作敏捷，能挑重担）·····049
- 第二节　培养强健儿童的要点·····051

第二篇　生命的活力——神魂意魄志

第一章　认识"神魂意魄志" ··· 061
- 第一节　了解中医"五神" ··· 061
- 第二节　"五神"与"五脏"的关系 ··································· 063
- 第三节　"五神"与经络 ··· 065
- 第四节　"五神"与阴阳、五行 ······································· 067

第二章　神魂意魄志的功能 ··· 070
- 第一节　"神"主导心的生理功能 ··································· 070
- 第二节　"魂"主导肝的生理功能 ··································· 071
- 第三节　"意"主导脾的生理功能 ··································· 073
- 第四节　"魄"主导肺的生理功能 ··································· 075
- 第五节　"志"主导肾的生理功能 ··································· 077

第三篇　儿童成长——神魂意魄志

第一章　总述 ··· 081
- 第一节　"神魂意魄志"与儿童的感知系统发育 ··················· 081
- 第二节　"神魂意魄志"与儿童的心理活动发育 ··················· 083
- 第三节　"神魂意魄志"与儿童的肢体动作发育 ··················· 084
- 第四节　"神魂意魄志"与儿童的情志问题 ························· 086
- 第五节　刺激"魄"为什么能够调理五脏六腑 ····················· 088

第二章　孕产阶段 ·· 090
- 第一节　备孕期 ·· 090
- 第二节　妊娠期 ·· 096
- 第三节　产褥期 ·· 106
- 第四节　初生养护 ·· 109

第三章　婴儿期 ··· 117
- 第一节　生理发育 ·· 117
- 第二节　智能发展 ·· 118

第三节　情志表现和心理需求 121
　　　第四节　保健防病 124

第四章　幼儿期 131
　　　第一节　生理发育 131
　　　第二节　智能发展 133
　　　第三节　情志表现和心理需求 134
　　　第四节　保健防病 136

第五章　学龄前期 144
　　　第一节　生理发育 144
　　　第二节　智能发展 146
　　　第三节　情志表现和心理需求 147
　　　第四节　保健防病 149

第六章　学龄期 158
　　　第一节　生理发育 158
　　　第二节　智能发展 159
　　　第三节　情志表现和心理需求 161
　　　第四节　保健防病 163

第七章　青春期 169
　　　第一节　身体发展 169
　　　第二节　智能发展 170
　　　第三节　情志表现和心理需求 171
　　　第四节　保健防病 173

第四篇　中医育儿——经典理念

第一章　儿童生长发育的特点 181
　　　第一节　元阳论 181
　　　第二节　三阳学说 181
　　　第三节　少阳学说 183

第二章　生命活力与载体学说 ⋯⋯⋯⋯⋯⋯⋯⋯⋯⋯⋯⋯⋯⋯⋯⋯ 186

第一节　阴阳是生命活力与载体的根本 ⋯⋯⋯⋯⋯⋯⋯⋯⋯⋯⋯ 186
第二节　经络是生命活力的载体与通路 ⋯⋯⋯⋯⋯⋯⋯⋯⋯⋯⋯ 186
第三节　"神魂意魄志"是生命活力的代表 ⋯⋯⋯⋯⋯⋯⋯⋯⋯⋯ 187

第三章　"神魂意魄志"临证辨治思路 ⋯⋯⋯⋯⋯⋯⋯⋯⋯⋯⋯ 189

第四章　调志论与儿童四季保健 ⋯⋯⋯⋯⋯⋯⋯⋯⋯⋯⋯⋯⋯⋯ 192

附录一　中医儿科发展与"臣字门学术流派"的传承谱系 ⋯⋯⋯⋯ 197
附录二　专家为大国育儿建言献策 ⋯⋯⋯⋯⋯⋯⋯⋯⋯⋯⋯⋯⋯⋯ 202

后　记 ⋯⋯⋯⋯⋯⋯⋯⋯⋯⋯⋯⋯⋯⋯⋯⋯⋯⋯⋯⋯⋯⋯⋯⋯⋯⋯ 230

第一篇

大国健康儿童的标准
——"四有儿童"

第一章　大国育儿的首要任务

第一节　儿童成长，关系国家的前途和命运

少年儿童是祖国的未来、民族的希望。他们健康、茁壮地成长，才能成为祖国建设、民族复兴的生力军；他们担当重任，我国的国际地位才能不断提升，中国特色社会主义事业才能薪火相传。

习近平总书记对少年儿童寄予了殷切的希望，他曾深情嘱托孩子们："时代总是不断发展的，等你们长大了，生活将发生巨大变化，科技也会取得巨大进步，需要你们用新理念、新知识、新本领去适应和创造新生活，这样一个民族、人类进步才能生生不息。"

的确，儿童的成长是关乎国家前途和命运的大事。特别是在我们这个人口大国，儿童基数非常庞大。根据 2020 年第七次全国人口普查结果，我国 0~17 周岁人口约为 2.98 亿。2021 年 7 月"三孩"政策出台，全面开启了"三孩"时代，有助于生育率进一步提升。那么，该如何养育、教育出新时代的"好儿童"，如何提升儿童的健康水平，如何保障他们的安全和发展，这是党中央和全社会高度关注的问题。

党的十八大以来，我国对儿童健康工作的投入力度持续加大，各方面政策不断完善，儿童健康促进保障机制不断健全，使得儿童健康水平整体明显提高，这是值得我们开心的事情，但这并不意味着我们就能够对儿童成长掉以轻心。

事实上，在儿童健康方面，还存在一些需要引起重视的问题。比如，在视力健康方面，儿童青少年总体近视率居高不下，甚至超半数儿童有近视问题，近视低龄化现象更是日益凸显；在脊柱健康方面，大量儿童存在驼背、脊柱侧

弯等问题，不但影响健康，更会严重损害个人形象；而在心理健康方面，有数据显示，超两成中小学生存在不同程度的抑郁症状，且抑郁倾向随年龄增长不断升高……这不禁让人感到忧心忡忡。

习近平总书记一直将儿童健康成长和全面发展问题放在心上。谈到近视问题，总书记这样说道："现在孩子普遍眼镜化，这是我的隐忧。还有身体的健康程度，由于体育锻炼少，有所下降。文明其精神，野蛮其体魄，我说的'野蛮其体魄'就是强身健体。"

谈到孩子们的体质问题，习近平总书记更是语重心长："我们的一些孩子体质弱，有两种情况：一种是由于营养不良造成的，这些年我们推行免费营养餐，贫困地区孩子们体质增强了，个头也长高了，这个现象很普遍。另一种情况是一些城里孩子，缺的不是营养，缺的是运动。农村孩子和城市孩子的体育锻炼要区别对待，特别是城市孩子的体育锻炼要搞上去。"

对于孩子的心理健康、美育、德育问题，习近平总书记同样给予了高度关注。2018年8月30日，习近平总书记在给中央美术学院老教授的回信中指出："做好美育工作，要坚持立德树人，扎根时代生活，遵循美育特点，弘扬中华美育精神，让祖国青年一代身心都健康成长。"

习近平总书记着眼于中华民族的今天与明天，为儿童健康发展工作指明了新的方向，广大家长、教育工作者、儿童健康从业者都应当遵循总书记的指示，为儿童健康、茁壮成长创造充分的条件，赋予他们一个值得期许的、光明的未来。

对于儿童健康存在的痛点问题，也需要动员全社会的力量，共同解决。以儿童近视问题为例，家长首先要给予足够的重视，可以教会孩子一些必要的护眼知识，在生活中也要注意纠正孩子一些不好的用眼习惯；学校则应将"双减"政策落到实处，适度减少作业量和考试频次，减少近距离用眼时长，增加户外锻炼时长，改善用眼环境，这对防控近视能够起到非常积极的作用；医疗卫生机构也要主动投身其中，要对家长和孩子做好视力健康宣讲工作，尽早为孩子建立视力档案、做好定期监测，发现视力问题可以及时干预，有助于避免近视问题进一步发展。

再如，儿童的脊柱健康问题也不容忽视。据中国儿童发展中心调查统计，全国脊柱不健康的儿童已高达68%，其中包含驼背、脊柱侧弯、双肩不平等。对此，家长、学校要注意帮助孩子养成良好的生活和学习习惯，纠正不正确的坐立行走和书写姿势，并要鼓励孩子减少使用电子产品，积极参加体育锻炼，使脊柱得到充分的休息和保护。

在心理健康方面，根据《中国国民心理健康发展报告（2019—2020）》，全国中小学生中存在不同程度抑郁症状的总体比例超过24%，且这一比例随着年级升高而上升。因此，家长、学校也需要密切关注孩子的心理状态，及时发现孤独症、抑郁症、多动症等疾病的不良信号，并可以通过中西医结合调理改善孩子的心理健康问题。

儿童的健康成长牵动着所有的人，我们应当牢记习近平总书记的重要指示，为培养德智体美劳全面发展的社会主义建设者和接班人而不懈奋斗。"今天做祖国的好儿童，明天做祖国的建设者，美好的生活属于你们，美丽的中国梦属于你们"，这是习近平总书记对新时代少年儿童的真挚期待。愿广大少年儿童如小树苗般茁壮成长，努力长成中华民族的参天大树！

小贴士：

儿童的健康成长，关系国家的前途和命运，如何养育、教育好新时代的儿童，应当引起全社会的高度关注。

第二节 提升儿童体质，培养身心健康的"接班人"

儿童青少年阶段是人体出生后生长发育最快的阶段，也是心理、智力发育和成熟的一个关键阶段。但是在儿童生长发育的过程中，不同儿童在形体、生理、心理等方面会存在差异，对自然、社会环境的适应能力，对疾病的抵抗能力也会有所不同。

这些现象其实都可以用中医的"体质学说"来解释。所谓体质，是由先天遗传和后天获得所形成的，人类个体在形态结构和功能活动方面所固有的、相对稳定的特性，这些特性和人的心理性格有相关性。

"体质"这个词，在三国时期就有记载，像三国时期魏国王弼就在《周易略例·明爻通变》中说："同声相应，高下不必均也；同气相求，体质不必齐也。"可见那时候人们就意识到人的体质是有差异的。《黄帝内经·灵枢》有"阴阳二十五人分类法"，也可以看作从体质上对人进行分类；后来还有阴阳分类法，把不同的人分成太阴、少阴、太阳、少阳、阴阳、和平这几类。国医大师王琦教授将一般人群的体质分为九种：平和质、阳虚质、阴虚质、痰湿质、湿热质、血瘀质、气虚质、气郁质和特禀质。他还指出："体质不同，需采取的保健方法也不一样。了解自己属于什么体质，及早采取相应措施，有助于改善体质偏颇，预防疾病。"

那么，儿童的体质又该如何进行分类呢？有人说，儿童就是成人的缩影，可以沿用成人的体质分类法。这显然是不准确的，中医认为儿童体禀"少阳"，有自身的体质特点，把这些特点研究、总结清楚，才能更好地指导儿童保健、防病治病、调理康复。

儿童的体质和先天因素、后天因素、外环境（自然环境、社会环境）息息相关，也会受到年龄、性别等因素的影响。

先天因素，也叫"禀赋"，和父母精血、具体的孕育情况有关。比如，父母精血质地优良、阴气平和、阳气密闭，胎儿体质自然就会强壮。父母的相貌体征也会影响胎儿，像身体强弱、肥瘦、刚柔、长短、毛发、肤色等都可能遗传给孩子。某些重大疾病也有家族遗传性，宋代以前就有这方面的记载，说有一家三代都是在三十五六岁的时候胸痹而亡，这就是很典型的家族遗传性疾病。

孕育情况要分受孕前、受孕后来看，受孕前如果母亲有多次流产或是月经不调，或是子宫生有肿瘤包块，胎儿都会受到一定的影响；受孕后、分娩前母亲的饮食情况、情志情况和身处的外环境也会影响胎儿的体质。

有个4岁的患儿，从上幼儿园起几乎每个月都要感冒、发热。班里只要有感冒的，他一定不会被落下。患儿睡觉爱出汗、不爱盖被子，每天早起嘴里有异味，平时食欲不太好，大便也不规律，有时候前面干、后面稀；而且患儿头发稀黄，精神状态明显不如同龄的伙伴，身高、体重均不达标。这种情况就和先天禀赋有关系，据我了解，孩子的父母双方没有做好备孕准备，孕期又疏于营养补充，母亲也是体质偏弱，导致孩子的先天禀赋"跟不上"。

儿童在7岁前，体质主要以先天禀赋为基础；7岁后，小儿受到后天因素的影响，体质逐渐有所改变。这些后天因素可以分为内在因素、外在因素。内在因素包括性别、年龄、心理、饮食、情志、劳作等，属于主观因素；外在因素包括自然因素、社会因素，属于客观因素。

就拿心理因素来说，心理长期处于某一种状态时，会对体质产生潜移默化的影响。心理因素不光包括"七情五志"，还包括感觉、直觉、记忆、思维、性格等方面的因素。中医还把心理因素归属于"神"（这里指的是广义的"神"），人体所有精神、思维、意识都对"神"有高度从属性。《灵枢·本神》指出："两精相搏谓之神，随神往来者谓之魂，并精而出入者谓之魄，所以任物者谓之心，心有所忆谓之意，意之所存谓之志，因志而存变谓之思，因思而远慕谓之虑，因虑而处物谓之智。"这就是在阐述"神"与"魂、魄、意、志"之间的关系。

"神"统领思维意识、脏腑功能、形体气血，在人的体质形成中起着重要的作用。所以，研究小儿的体质，一定要把"神"的作用弄得清楚透彻。不仅如此，其他方面的因素也都不能忽视。我就是从长期儿科临床实践出发，研究和总结了影响儿童体质的各种因素，又结合《黄帝内经》《小儿药证直诀》以及中医基础理论，提出了儿童的三种体态和九种体质，给儿童体质学确立了新的规范。目前，全国开展的儿童体质辨识和中医特色调理工作，也收集了大量临床资料，取得了明显的效果。

"儿童体质学说"中的三种体态，指的是儿童的健康体态、亚健康体态和疾病体态。九种体质，指的是儿童健康体态的"平和体质"和儿童亚健康体态的八种"偏颇体质"（偏肺虚质、偏脾虚质、偏肾虚质、偏肝亢质、偏阳热质、偏阴虚质、偏怯弱质、特禀质），这些基本能够反映儿童的体质状态。

借助儿童体质学说，我们就能把儿童"亚健康体态"和"疾病体态"彻底区分开来，可以通过纠偏的调理，让儿童亚健康体态逐渐恢复为儿童健康体态。

疾病体态是"外邪"（如六淫、温邪、疫邪）和"体质"共同作用的结果，比如肺虚质、脾虚质、肾虚质遇上"寒邪"，就可以引发小儿感冒、咳嗽、哮喘、肺炎等多种疾病；再如特禀质遇到各种过敏物质，就容易发病或是症状加重。所以治疗和调理时要从体质出发，不同的体质，疾病性质不同，调理方案也不一样。疾病发作期以辨证论治为主，调理体质为辅；缓解期以调理体质为主，预防疾病复发。调理的方法有药物调理、外治疗法、小儿推拿疗法、饮食疗法、心理疗法、运动疗法等多种。

小贴士：

> 儿童的体质特点不同于成年人，把这些特点弄清楚，才能更好地为儿童保健、防病治病、调理康复服务。

第三节　学习"神魂意魄志",养育新时代"四有儿童"

"哇——",新生儿的第一声啼哭,是人世间最美妙的天籁!看着"小天使"双手握拳,大声哭吵着来到人世间,父母的心情是无比激动的。有的父母已经开始憧憬孩子的未来,期盼孩子能够健康、快乐地成长,日后成为家庭的脊梁、国家与民族的栋梁。

然而,如何正确地养育和教育孩子,对于很多父母来说还是一道难题。我发现有些父母只重视孩子的身体健康,却忽略了心理健康,当孩子出现自闭、抑郁等心理问题后,父母懊悔不已;有些父母对孩子过度保护、过度宠溺,却培养出了自私、怯懦、缺乏"胆气"的孩子;还有些父母没有做好日常的保养调护,导致孩子经常生病,体质偏弱,难堪大任……

作为一名儿科工作者,我每次看到这样的情况,都感到十分痛心。孩子不仅是一个家庭的希望,更代表着祖国的未来。孩子羸弱不堪、性情不良,又如何承担民族复兴、祖国富强的大任?

为此,我提出了新时代健康儿童的标准,也给家长们指明了方向,告诉大家什么样的孩子是新时代的好孩子——

道德儿童:孝敬父母,尊重师长,忠于民族,服务国家。

豪气儿童:胆气豪迈,心强志坚,不畏艰险,迎难而上。

智慧儿童:聪明睿智,勤于学习,勇于攀登,敢于探索。

强健儿童:筋骨强健,体态轻盈,动作敏捷,能挑重担。

想要达到这样的标准,家长们可以先从学习"神魂意魄志"学说做起。"神、魂、意、魄、志"是小儿生命形式存在的核心,主导身体全部的生理功能。《小儿卫生总微论方·变蒸赋》就强调了"魂魄""精神""精志""意智"是小儿发育的核心,还带动了心、肝、脾、肺、肾五脏依序生长发育。更重要的是，"神、魂、意、魄、志"还主导小儿的精神活动，是形成体质的核心。体质，从根源上讲，就是"精、气、神、魂、意、魄、志"与人体形态结构结合后生命活动的本质，影响着人对自然、社会环境的适应能力和对疾病的抵抗能力。在上一节，我提到儿童的身体状况可分为健康体态、亚健康体态与疾病体态三种体态。儿童健康体态中除了常见的平和质外，还受到父母体质遗传的影响。同时，儿童体质也受到生活方式、教育、自然环境、气候、种族等因素的影响，具有各自不同的千变万化的特点，因此还具有多种特禀质。例如，愉悦体质、悲愁体质、忧思体质、易怒体质、丰腴体质、骨瘦体质、阴寒体质、阳热体质等。儿童亚健康体态主要因小儿阴阳平衡不稳定性所导致，一旦调护失宜、护理不当，就会出现亚健康体态的各种偏颇体质，严重者可出现疾病体态。据相关资料显示，亚健康体态儿童占到儿童总数的60%~70%。因此，家长必须重视儿童亚健康体态，要做到早发现、早调理，才能充分发挥中医"治未病"的优越性。

"神、魂、意、魄、志"不但与体质相关，还与五脏六腑、四肢百骸的功能失常和疾病有关。比如心神受扰，会引起脉率失常；肝藏魂受扰，筋的功能会失常，可能出现抽动挛急，或是迟缓无力；脾藏意受到侵扰，肌肉会出现异常，儿童可能会过瘦或过肥，肌肉酸软乏力；肺魄受扰，皮肤会感觉异常；肾藏志受扰，骨的功能会失常。此外，"神、魂、意、魄、志"与"喜、悲、忧、思、恐"等情志密切相关。比如心藏神，心的精气充足，"神"才能很好地发挥作用；要是心的精气不足，神失所养，就会出现情志异常，像恍惚、心悸、心神不定、判断力下降、记忆力减退之类的问题都有可能出现。

不仅如此，儿童还具有"神识未发，气血未充，神气怯弱；阳常有余，心常有余，肝常有余；阴常不足，肺常不足，脾常不足，肾常虚"的生理特点。其中"神识未发"会让小儿受寒遇暖却不知道自己增减衣物调整，吃东西也不知道节制，同时又缺乏卫生常识和安全意识，往往会出现"临深渊而不知危，履薄冰而不知险"的危险情况。因此，需要家长一刻不停地悉心照护，才能健康成长。

"神、魂、意、魄、志"学说虽源自古老的中医理论,却能够指导家长科学养育孩子,无论是用于调理儿童亚健康体态的偏颇体质,还是辨证治疗儿童疾病体态的各种疾病,都能发挥积极的作用。

小贴士:

"神、魂、意、魄、志"是生命的核心,主导身体全部的生理功能,家长应当学习"神、魂、意、魄、志"学说,科学养育新时代的"四有儿童"。

第二章　培育"道德儿童"

第一节　解读"道德儿童"
（孝敬父母，尊重师长，忠于民族，服务国家）

在健康儿童的四维标准"四有儿童"中，我把"道德儿童"放在第一位。有的家长可能会产生疑问：道德和健康有什么关系呢？

其实，我们所说的"健康"是一个广义的概念，躯体没有疾病、不感觉虚弱，只属于"身体健康"的范畴，真正的健康还包括心理健康、道德健康。这三方面构成了一个稳定的"健康三角形"，有任何一边出现了问题，那都不算是真正的健康。

《黄帝内经·素问·汤液醪醴论》中有一段文字谈到了道德和疾病的原理："帝曰：上古圣人作汤液醪醴，为而不用，何也？岐伯曰：自古圣人之作汤液醪醴者，以为备耳，夫上古作汤液，故为而弗服也。中古之世，道德稍衰，邪气时至，服之万全。"这段话就是告诉我们，上古的人们尊道贵德、精气神内守，正气内存，邪气不生，不需要服用中药汤剂，也能达到养生防病的目的；可到了中古时代，随着社会道德观念的下降，人们难免会做出背离道德的行为，心中充满了强烈的欲念，道德的不健康将会造成心理失衡，最终将造成心理、生理的不健康。

既然道德健康是如此重要，我们又该如何去保护儿童的道德健康呢？我认为这个问题需要分四个层次来解决。

首先是从家庭层面做好道德培育。如果把国家、社会比作人体，那每一个小家庭就像是一个小细胞，看上去无足轻重，却能够发挥非常重要的作用。

如果细胞功能完好，身体就会在最优的状态下运作；如果大量细胞出现了"故障"，不能理想地完成它应该完成的任务，问题就会悄然产生。等到问题发展到一定程度，影响人体自身修复和调节能力的时候，疾病就会找上门来。所以培养"道德儿童"的第一个环节是在家庭中蕴养良好的道德品质。

家庭中道德的根本就是"孝敬父母"。《孝经》中早就说过："夫孝，德之本也，教之所由生也。"这是说，孝是道德的根本，也是教育的出发点。做到了"孝"，才能去谈其他的德行。遗憾的是，很多家长在这方面做得很不到位。我在门诊就见到过这样的例子，看上去身强体壮、长得也很聪明的孩子对父母却很不孝顺，动不动就对妈妈骂骂咧咧，甚至还挥拳相向，而他的妈妈却只知道躲闪，不敢开口教育孩子。我看在眼里，心中十分气愤，当即拦住孩子，斥责了他的行为，要求他必须向妈妈道歉。我还给孩子讲了一些道理，使他认识到了自己的错误。可我能起到的作用非常有限，关键还是要靠家长经年累月进行正面引导，让孩子能够对父母产生发自内心的孺慕之情，才能够尊敬父母、关心父母、体谅父母的难处，进而能够用孝行去回报父母。

其次是从教育层面做好道德培育，重中之重便是"尊重师长"。在孩子成长的过程中，父母可以算是"第一任老师"，大多数父母教会孩子的是最基本的生存技能和一些比较浅显的道理。随着孩子年龄不断增长，进入幼儿园、小学、中学乃至大学接受教育，这一路上会遇到更多的师长，他们不但肩负着传授知识的重任，还教会孩子做人的道理，是孩子最好的领路人。待到孩子成年后，也免不了要有访师、拜师的情况，这种现象以前在中医界、书画界、曲艺界都是很普遍的，也能让孩子学得一门技巧傍身。古人云："三教圣人，莫不有师；千古帝王，莫不有师。"就连圣人、帝王都有自己的老师，每个人都应当将"尊师重道"放在心中。所以家长要告诉孩子，对待老师，要恭敬、礼貌，要有敬畏之心，即使已经不再接受某个老师的教诲，也要永远铭记师恩。这是中华民族的优良传统，也是应当遵循的道德规范。《荀子·大略》有云："国将兴，必贵师而重傅……国将衰，必贱师而轻傅。"这是将"尊师重傅"提升到了关系国家兴衰的高度，值得我们重视。

再次是从民族层面做好道德培育，也就是要培养"忠于民族"的孩子。我们中华民族是一个坚强不屈的民族，为了民族的独立、解放、发展和强大，一代又一代中华儿女前赴后继，进行了长期不懈的奋斗。在培养道德儿童的时候，我们应当让孩子牢记历史，尊重民族英雄，使他们知荣辱、有责任感，将来才能成长为"民族的脊梁"。

最后是从国家层面做好道德培育。国学大师章炳麟曾经说过这样一句话："道德衰亡，诚亡国灭种之根基。"很多人可能会觉得这种说法有些夸张，其实不然。在我看来，道德不仅仅是一个人的立身之本，更是一个国家的精神之根、灵魂之源。社会道德的沦丧，比诸多事情的后果都要可怕。儿童青少年是国家的未来，正如梁启超在《少年中国说》中所言："少年智则国智，少年强则国强，少年自由则国自由。"只有早早培养孩子"服务国家"的道德情操，才能让他们树立起坚定的理想，将来在各行各业发挥出积极的作用，振兴我们的祖国，创造美好的未来。

"道德"的主题永不过时，即便是在经济水平和生活水平极大提高的当下，在孩子的教育方面，我们也不能忽视这个问题。要努力培养"道德儿童"，让高尚的道德情操滋养每一个孩子的心灵，让美德在中华大地上茁壮成长！

小贴士：

> 身体健康、心理健康、道德健康是"健康"的三个维度，缺一不可。培养"四有儿童"应从道德健康着手，让美德滋养孩子的心灵。

第二节　培养道德儿童的要点

1. 父母的言传身教很重要

父母是孩子的第一任老师,父母的信念、情绪、行为会对孩子产生潜移默化的影响。培养"道德儿童",父母以身作则非常重要。

这主要是因为孩子具有"好模仿"的特点,比如在生活中很容易看到,有的孩子总爱模仿父母颇具特征的动作,把大人逗得哈哈大笑;有时在孩子的言语中也会经常出现大人习惯使用的词汇和短语,听上去"老气横秋"的,特别有意思。这并不能说明孩子调皮贪玩,而是反映了他们认识世界的一种形式,也表现出孩子的一种非常基础的学习能力。很多时候,父母给孩子讲大道理,他可能接受不了,或是听不进去。可父母说的一句话、做的一个动作,甚至一个表情,却会对孩子的发展起导向作用,这就是人们常说的"身教重于言传"。

这时候父母就得注意自己的言行举止,如果希望孩子具备哪些好的品德,养成哪些好的习惯,父母得先让自己有相应的修养和行为举止,否则孩子很快就会把父母身上的一些缺点学得像模像样。孩子对家里的老人说话无礼,很可能是父母曾用不满的腔调同老人说话;孩子不会整理个人物品,把换下来的脏衣服、臭袜子到处乱甩,很可能是父母在这方面不太讲究,家里总是杂乱无章所致。也就是说,想让孩子成为什么样的人,家长自己就要先成为什么样的人。

这一点,古人早就为我们做出了最好的表率。历史上曾有"四大贤母"。第一是孟子的母亲孟母,她为了给孩子创造最理想的成长环境,留下了"孟母三迁"的故事。第二是陶侃的母亲陶母,她一直鼓励儿子和优秀的人士结交。为了款待儿子的客人,她不惜剪下自己的长发,换钱购买酒菜,也就是所谓的"截发筵宾"。她还拒收儿子的下属送来的一坛鱼鲊,用实际行动教育儿子做一个清正廉洁的好官,这就是"封坛退鲊"的故事。第三是欧阳修的母亲欧阳母,在丈夫去世后,她靠着自己的辛勤劳动将儿子抚养长大,因为家里贫穷,买不起纸笔,她就在地上铺上沙子,用芦苇秆书写。不但教会了孩子识字,还教给了他做人的道理。她"画荻教子"的故事被人们津津乐道。第四是岳飞的母亲岳母,她从小培养儿子的爱国情操,更将"精忠报国"四个字用绣花针刺在儿子的背上,将儿子培养为千古传扬的爱国名将。

有"贤母"自然也少不了"贤父",战国竹书《保训》篇说周文王在临终时还在苦口婆心地教育儿子如何治国、如何做人,这些教诲也被称为"中国最早的家训";孔子的弟子曾参在教育孩子时特别注重"言而有信",答应孩子要宰猪吃就会说到做到,绝对不会随口敷衍、欺骗孩子;名相诸葛亮非常重视孩子道德品质的培养,留下一篇《诫子书》,里面有很多千古传诵的名句,像"静以修身,俭以养德""非淡泊无以明志,非宁静无以致远"等,字字句句都寄托着父亲对儿子无限的期望。

这些真实的例子,都告诉我们父母的教育会直接影响孩子的一生。纵观历史,那些有大出息、大成就的名人、伟人,大多深受其父母思想、行为的熏陶,从而成就了他们光辉的人生。现在的年轻父母不妨多学习这些良好的做法,一方面,能给孩子做个值得效仿的榜样,让孩子受到长期的、持续的正面影响;另一方面,父母具有高尚的品德、良好的修养,也能为自己的"个人魅力"加分,能够提升自己在孩子心中的形象,赢得孩子的尊敬和信服,这时候父母想要教育孩子,往往能起到事半功倍的效果。

伟大的教育家孔子有一句话说得特别好:"其身正,不令而行;其身不正,虽令不从。"用在家庭教育中,就是父母自身行为端正,不必额外对孩子下达指令,孩子也会向父母期望的方向去行动;相反,若是父母自身都有很多毛病,很多言行都不妥当,失去了孩子的敬爱,想要让孩子服从自己的管教,孩子肯定不会听从。

还记得有对年轻的父母来问我:"您推荐给孩子读《弟子规》,我们按您说的做了,可孩子的行为不但没有变好,态度反而变得更傲慢了。"我奇怪地问他们是怎么个"傲慢"法，这对父母是这样说的："孩子每天拿着《弟子规》给我们挑毛病，动不动就说，你自己都没做到这个，凭什么要求我做到？"我不禁失笑，这不就是"其身不正，虽令不从"的生动体现吗？

所以为人父母者，要时刻谨记自己的每一个具体行动都是孩子们学习的榜样。如果想要培养道德儿童，就先得用自己的言行告诉孩子怎样做才是正确的。比如《弟子规》中提到"父母呼，应勿缓"，父母就可以给孩子"现身说法"：家里的爷爷奶奶、外公外婆一叫，父母马上就有回应，从不故意拖延、敷衍，以此表示对长辈的尊敬和重视。孩子一看就明白了，也会学着去做。这种"身教"显然比空洞无力的说教和没完没了的命令、训斥更能发挥作用。

小贴士：

> 父母是孩子的第一任老师，孩子又有"好模仿"的特点，培养"道德儿童"，父母以身作则非常重要。

2. 让孩子学会感恩

培养"道德儿童"，教孩子学会感恩是很必要的。感恩是我们中华民族的传统美德，然而现在一提到感恩，很多人往往会想到西方的"感恩节"，好像感恩成了一种舶来品。事实上，中华文化中感恩的精神由来已久。

单从字面上来解释，《说文解字·心部》指出："感，动人心也。""恩，惠也。"说明"感恩"是因为接受了别人的恩惠、恩泽，内心受到触动而产生的感情。唐朝有个叫陈润的人写了一首《阙题》诗盛赞"感恩"："丈夫不感恩，感恩宁有泪。心头感恩血，一滴染天地。"我们平时也经常听到"受人滴水之恩，当涌泉相报"这样的俗语。感怀恩德是做人的基本道德，不懂得感恩，甚至忘恩负义、恩将仇报、以怨报德，这样的行为都会遭到人们的唾弃。

从中医来分析，感恩是一种很好的"养心"的办法。感恩能够减少人的

"戾气"，缓解抱怨、抑郁、焦虑等负面情绪，同时可以提升喜悦感和幸福感，让心神处于放松的状态。而心为君主之官，心神安好，各器官脏腑才能正常运作，身体的免疫力也会得到提升。所以教会孩子感恩，不但能够提升孩子的道德感，还能让孩子保持一个良好的心理状态，对维持身体健康也有好处，可谓一举多得。

孩子感恩的第一个对象自然是父母。《诗经·小雅·蓼莪》用动人的语句表达了子女对父母的感恩之情，让人为之动容："父兮生我，母兮鞠我。拊我畜我，长我育我。顾我复我，出入腹我。欲报之德，昊天罔极！"的确，父母给了孩子最为宝贵的生命，又无私地哺育、照料孩子，时刻操心孩子的饥饱寒热，这样的恩德比山高、比海深，为人子女者应当铭记于心，感恩父母、报答父母，而不能把父母的付出视为理所应当。

《论语·阳货》中就有这样一个耐人寻味的故事：孔子的弟子宰我对"父母去世服丧三年"的礼仪产生了疑问，觉得三年太长了，不如改为一年。孔子听了很不高兴，问宰我："父母离世才一年，你就开始吃米饭，穿锦衣，你的心能安吗？"没想到宰我毫不犹豫地回答"我心安"。孔子无可奈何，等宰我走了，忍不住批评他"不仁"。孔子是这么说的："子生三年，然后免于父母之怀，夫三年之丧，天下之通丧也。予也有三年之爱于其父母乎？"这就是在批评宰我缺少对父母的感恩之情。

虽然"守孝三年"这样的做法如今早已过时，但其中传递出的感恩之情、孝顺之道却不应当被遗忘。唐代诗人孟郊的《游子吟》至今仍脍炙人口："谁言寸草心，报得三春晖。"小草都不忘记报答春日阳光对自己的呵护，一个人若连养育自己的父母都不知感恩，又怎么可能感恩其他人呢？所以道德教育的重中之重应是感恩教育，而感恩父母就是孩子学会感恩的第一步。

感恩的第二步是感恩师长。"天地君亲师"这五字，最早见于荀子书中，历经漫漫岁月，却对师者一直尊重，足见老师在中国人心目中的地位有多高。父母生养成人，师长传道授业，教育做人的道理，使人一步一步摆脱蒙昧，这样的教育之恩也要牢牢地放在心里，这是人之为人的基本要求。

除此以外，我们还可以引导孩子感恩身边给予自己关爱、支持的亲人、朋友，之后更可以扩大感恩的"外延"，向所有对自己释放善意的人表示感谢，或致以回报。《诗经·卫风·木瓜》中写道："投我以木瓜，报之以琼琚。匪报也，永以为好也！"对于别人给予的礼物，要用价值更大的东西去回报，这体现了一种崇高的感恩之情，表达了对他人善意的珍视和感激，这种精神的回馈是再多、再昂贵的物质都无法匹敌的。

当然，感恩的方式可以不必拘泥于送礼回馈，而是可以有更多的选择，比如孩子可以在心底为过去发生的事情默默表示感恩之情，也可以当面向一些值得感恩的人真诚地说一声"谢谢"，还可以试着为对方做一些力所能及的事情，这些都是感恩的形式。

无论采用何种方式感恩，家长都应当让孩子坚持做下去，以便让感恩成为一种良好的习惯。久而久之，孩子便能够从更加积极的角度看待自己的生活，看清自己拥有的宝贵的一切，这对保持心理健康、精神安定、情志愉快是很有好处的。

小贴士：

> 家长教会孩子感恩，也是培养"道德儿童"的重要环节。家长平时可以引导孩子感恩父母、师长、亲人、朋友，以及所有对自己释放善意的人。

3.通过"国学教育"补充"精气神"

我们处在一个伟大的时代，国家需要大智慧的人才！习近平总书记号召大家学习传统国学，他曾说过："要通过研读优秀传统文化书籍，吸收前人在修身处事、治国理政等方面的智慧和经验，养浩然之气，塑高尚人格，不断提高人文素质和精神境界。"

在培养"道德儿童"时，国学教育确实应当提升到应有的高度，才能为孩子的心灵补充中华传统文化的"精气神"。

国学典籍中讲述的道理，能够让孩子树立起远大的理想与抱负。古代圣贤"先天下之忧而忧，后天下之乐而乐"的精神令人动容，他们希望自己对国家有所作为，对社会有所贡献，这正是当今儿童、青少年应该效仿的对象。从国学典籍中吸收这方面的精神养料，能够让孩子"志存高远"，激发奋进动力，成就非凡人生。

贯穿国学经典的"仁义礼智信"道德体系能够提升孩子的基本道德修养，不但有助于塑造优良的品格，更有利于保持心灵的充实与健康。

国学中关于修身炼体的思想也能给孩子以启发。就像中华传统运动方式八段锦、五禽戏、易筋经等健身方式，传递出的是系统的生命观和整体的健康观。融合了中医养生保健的精髓，不应该只是中老年人益寿延年的好办法，而是可以用于提升全民身体素质，特别是要让儿童、青少年从中获益，锻炼出更加强健的体魄。

国学中传递的生活态度、人生境界也能够丰富孩子的精神世界，提升快乐感、幸福感。如今的儿童学习负担过重，家长期望值又过高，容易让儿童忧虑过多、恐惧不安，而"思伤脾""忧伤肺""恐伤志"，既不利于心理健康，也不利于身体健康，严重时孩子甚至会产生自闭、抑郁倾向。而诵读国学经典、学习国学知识能够让孩子体会精妙的大智慧，找回久违的平静、安适，对心理健康有着非常重要的意义。

国学虽好，但其内容浩如烟海，需要选择适宜孩子学习的典籍与方法，才会学有成效。比如，对3~6岁的孩子，我推荐从《三字经》《百家姓》《千字文》《弟子规》开始学习，其中《三字经》《百家姓》《千字文》又被统称为"三百千"，是古代私塾教育的三大启蒙经典，流传十分广泛，影响也非常深远；《弟子规》也是一部国学中非常重要的启蒙书，内容浅显易懂，特别适合家庭教育使用。其中关于个人卫生以及生活习惯等方面的论述像"食不言、寝不语，晨必盥、兼漱口，便溺回、辄净手"等，又好学又好记，孩子牢牢记在心里，每天按照要求去做，有助于保护身体健康、预防疾病。

至于学习国学经典的方法，我介绍三种。

第一是"累积法"，也叫"137"教育法。"1"是诵读国学经典的次数，一天最少一次，最多七次；"3"是诵读的内容，一天最少三样（经类、典、诗文史类各一本，每样读10分钟左右，最多七样，以孩子不感觉烦躁、疲惫为宜）；"7"是诵读的周期，相同内容可以连续读七天，遵守《易经》七日来复的天地循环原则，确保良好的学习效果。

第二是"跟读法"，就是让孩子跟着音频通读经典。老师读一句，孩子跟着读一句，就能解决文言文难读的难题，没有国学基础的家长也能轻松带领孩子学习。

第三是"快乐法"，研究表明，快乐的心态及场景对学习是极有帮助的，所以家长可以有意地创设一些轻松有趣的学习场景，比如给孩子播放优美的古典音乐，让孩子看一些有趣的国学故事，或是和孩子玩一玩"角色扮演"小游戏，让孩子快乐学习国学，从中受到熏陶，提高道德修养，更可增强自信心，创造自己不平凡的未来。

国学教育意义深远，近的来说，为善、为仁、为孝；远的来讲，为无为、和其光、公天下！所有这些，都必须从小开始培养，才能在其幼小的心灵里种下一颗"大智慧"的种子。

小贴士：

> 国学教育从未过时，能够为孩子补充成长必需的"精气神"，家长不妨通过累积法、跟读法、快乐法开展国学教育。

4. 提升文化自信和民族自豪感

在进行国学教育的同时，我们也要进行文化自信和民族自豪感的培养。在当今这个网络化信息化的时代，很多孩子早早接触了手机、电脑，在网络上纵览五花八门的信息，可以说是"见多识广"。然而，网络上的信息鱼龙混杂，青少年对此难辨真假，年龄较小的儿童因身心发展尚不健全、认知能力有待提高，在接收到一些虚假、负面信息的时候往往更易受到不好的影响，有时还会形成一些错误的思想观念。

作为一名中医儿科大夫，我长年和各年龄段的孩子打交道，也发现了不少问题。在和孩子闲聊时，我就发现有的孩子只知道外国的节日，例如3岁大的孩子嚷嚷着要过圣诞节，让妈妈给准备圣诞礼物，还要挂在圣诞树上，可要问他"端午节""腊八节"是什么，他却一脸茫然；大一点的孩子，有些对欧美、日韩明星如数家珍，却说不出几个中华民族英雄、爱国科学家的姓名和事迹；还有些孩子认为国外的东西就是最先进的、最优越的，却对传统民俗文化挑剔不已，说那就是"土气""庸俗"；更有甚者，竟会嫌弃自己生于斯、长于斯的这片土地，动不动就对自己的同胞指手画脚、横加批评，那种尖酸刻薄的态度简直让人齿冷。

更让人痛心的是人们对待中医中药的态度。中医药是中华民族的瑰宝，也是优秀传统文化的重要载体，中医所主张的"天人相应"、形体与精神意识和谐统一的整体观，调理阴阳、补偏救弊的平衡观，以及"未病先防"的预防观，不但揭示了生命的规律，还体现了中华民族的世界观、价值观和方法论。这样一座医学宝库理应代代相承，发扬光大，然而现在一些人提及中医便嗤之以鼻、全盘否定。与此同时，国外的一些医学界人士却在积极地研究中医，部分公众也愿意接受中医治疗。有数据显示，美国从事中医药相关工作者已有4万余人，欧洲受过培训的中医药人员有10万余人，比利时还将针灸纳入了正规医学，更不用说我们的近邻韩国和日本对中医中药有多么推崇。这种强烈的对比反映出的就是一种对自己民族文化的不自信，它会让人变得盲目而肤浅，看不到民族的历史成就和发展道路，摆不正自身的文化身份，因而难以形成强有力的民族自豪感。

想要纠正这样的问题，就要从价值观、道德观、人生观正在形成的童年期着手，让儿童坚定文化自信，树立正确的历史观，对民族、对国家产生强烈的认同感，能够为自己的国家和民族感到骄傲和自豪，将来才能成为"忠于民族、献身国家"的栋梁之材。

为此，家庭、学校和社会都要积极地给儿童提供适当的学习环境。在家里，家长可以引导孩子学习爱国诗词，如岳飞的"莫等闲，白了少年头，空悲切"，文天祥的"臣心一片磁针石，不指南方不肯休"，等等；还可以和孩子一起观看正能量影视剧、绘本、故事书，增强儿童的爱国精神和民族自豪感，让他们从小立志成才、长大报效祖国和人民。

学校可以在历史课上让孩子了解灿烂的中华文明、悠久的历史文化，并可以让孩子学习中华民族英勇抗击外来侵略者、捍卫国家主权的悲壮历史，从而不断增强孩子的民族自信心，让他们以革命先辈的精神激励自己，为中华民族伟大复兴奉献出自己的一份力量。

社会上也应当形成良好的风气，让孩子能够从小受到有益的感染，能够以自己的文化为荣，从而积极对待生活，拒绝消极颓废，早早树立奋斗拼搏的目标和方向，成为祖国现代化事业的接班人。

小贴士：

> 文化自信和民族自豪感的培养同样不能忽略，家庭、学校和社会都要积极地给儿童提供正能量教育环境，使他们能够从小受到有益的熏陶。

第三章　培育"豪气儿童"

第一节　解读"豪气儿童"
（胆气豪迈，心强志坚，不畏艰险，迎难而上）

"四有儿童"的第二个标准是豪气的儿童。所谓"豪气"，在我看来，不仅包括豪迈的胆气，还有勇敢的性格、坚强的意志力等多个方面。

现在有一种比较普遍的现象：孩子从小胆小怯弱、勇敢不足、意志力不佳、缺乏"骨气"。有的孩子一见到生人就躲到家长后面去，稍有风吹草动就哭喊着要"找妈妈"；有的孩子平时总是唯唯诺诺，遇事优柔寡断，缺乏决断力；更有甚者，到了中学阶段还不敢独处一室单独睡觉，这不免让人为这些孩子的未来捏了一把汗——如此胆怯怕事的孩子，将来怎么战胜困难，怎么成就事业？如果家庭遇到了难处，这样的孩子能担当起责任，为父母分忧吗？如果民族、国家的安全遭到了威胁，这样的孩子能挺身而出，为国家和人民的利益英勇斗争吗？

有的家长可能会说：胆气、豪气都是男孩子的品质，我家的是女孩子，是不是就不用重视这方面的教育了？我们可不想把女儿养成粗糙的"女汉子"！我在此提醒这些家长，这样的想法可不利于女孩的健康成长。

女孩并不是天生的弱者，她们可以开朗活泼、热情大方，也可以办事果断、雷厉风行，更可以大气豪迈、敢于担当。将来民族复兴、国家富强的中坚力量固然会有顶天立地的男子汉，却也少不了英姿飒爽的巾帼英豪。所以不管是男孩、女孩，家长都要注意培养他们的豪气，切莫因为性别就将女孩子"看扁"。

还有一些家长怀有侥幸心理，觉得孩子长大了，自然就会变得勇敢、坚强了，这也是不切实际的。家长首先应当分析孩子出现这种情况的原因，看看是与健康因素有关，还是与后天的家庭教育因素相关，再想办法"对症"去调理。

从中医的角度来看，造成孩子胆小怯弱的原因是多方面的，"肝胆不足"就是一个非常重要的因素。《黄帝内经·素问·灵兰秘典论》中提到："肝者，将军之官，谋虑出焉；胆者，中正之官，决断出焉。"这就是说，一个人的谋略、决断能力取决于肝胆能否协调运作。肝胆互相调和、配合默契，人才会有"胆色"；相反，肝胆之气不足，人就会优柔寡断，胆小怕事。

我观察到这样的孩子胆子特别小，周围突然有比较响的声音，或是有什么突发事件，就会让他受到刺激，表现出非常害怕的样子。平时他还经常无缘无故地叹气，晚上容易失眠，入睡的时候特别烦躁、心慌。有的孩子还会有眼睛发干、爱出虚汗、脾气暴躁的问题，这值得家长的重视。

胆小怯弱的第二个因素是"肾气不足"。《黄帝内经》说"肾足少阴之脉……气不足则善恐"，意思是如果肾的精气不足，人就容易感到恐惧。如果孩子属于这种情况，往往会有头晕、注意力不集中、记忆力下降、食欲不足、失眠多梦等情况，平时也总是精神倦怠、疲乏无力，对学习、生活缺乏信心。有的孩子还有尿频、尿急的情况，受到惊吓更会尿湿裤子，这是"恐伤肾"的体现，肾控制水液代谢的功能出现了异常，就会导致这样的问题。

还有一个因素是"脾胃虚弱"。中医认为脾是"后天之本"，担负着运化水谷精微、生化气血的重要责任。儿童本来生长发育迅速，对营养精微的需求就比成人多，但又有"脾常不足"的问题，加上后天养护不当，饮食不节，很容易损伤脾胃，引起运化功能失调，出现呕吐、泄泻、厌食等情况。这会影响孩子正常的生长发育，导致孩子身高、体重增长缓慢，还会有精神不振、容易胆怯、性格内向、不爱说话等表现。

我曾经遇到一个刚上小学的患儿，因为饮食不规律、暴饮暴食出现了食欲不振、腹胀、大便异常等情况。后来又出现了乏力、消瘦、睡眠差、易惊醒的症状。患儿平时也特别胆小，再结合面色黄、鼻周泛青、口唇红赤而干、舌尖红等症状，我诊断为"积滞"，主要的病因是饮食内积、脾胃失运、胆气不和。我主要采用了消导运脾、通利胆气的治法，经过一段时间的治疗，二诊时孩子有明显的好转。

类似这样的情况并不少见，家长总担心孩子营养不足，恨不得顿顿准备大鱼大肉，可孩子的脾胃功能却未完善，如此喂养容易造成饮食内积，壅塞脾胃，导致脾胃运化功能失调，容易化生痰浊，而胆又"喜柔和，不喜壅郁"，痰浊内生会壅塞少阳胆气而致胆脏不宁，所以孩子会出现胆小、睡眠差的问题。

弄清楚了这些原因，家长就不要总是责怪孩子是"胆小鬼"，说孩子"没出息"了，那样只会伤害孩子的自尊心、自信心，对改善胆小怯弱没有任何好处。家长应当尽早求助于中医，对孩子进行辨证调理，先解决好脏腑不足的问题，再改善孩子的生活环境，去除会对孩子造成惊吓的因素，使孩子能够安然成长。

与此同时，家长还要重视孩子"意志力"的锻炼和培养，鼓励孩子勇敢面对自己在生活、学习中遇到的困难，不害怕暂时的失败，始终保持豪情万丈、一往无前的状态，做到"胆气豪迈，心强志坚，不畏艰险，迎难而上"，这才达到了"豪气儿童"真正的要求。

小贴士：

> 从小培养孩子的"豪气"，让他们摆脱胆小怯弱，变得更加勇敢、更有担当，将来才能挑起家庭的重任，为民族、国家的利益挺身而出。

第二节　培养豪气儿童的要点

1. 塑造孩子的"胆气"

在五脏六腑中，与儿童勇敢、怯懦关系最密切的莫过于胆。我们说过，小儿体禀"少阳"，全赖少阳胆气的升发才能维系正常的生长发育，胆气虚弱不但影响身体健康，也容易产生胆小怯弱。清代医家沈金鳌在《幼科释谜》中提到："小儿脏腑脆弱，易于惊恐。"所以家长要注意避免让儿童突然受到惊吓等刺激，否则容易损伤稚嫩的胆气而引发疾病。

中医学里的"胆气"主要是指胆的功能中偏阳、可升可行的那部分，古代文学里面对"胆气"的基本解释是胆量和勇气。胆对情志的决断作用主要也是指胆气，而"胆量"是衡量胆气大小的度量，实际上胆量常常暗含"胆子大"的意思。或许大家还听过一个叫"胆商"的词语，它和智商、情商一样，都是对天赋素质属性的表达，只不过"胆商"更偏重于对胆量、胆识、胆略的衡量，体现了一个人决断、果敢、冒险、负责的精神和气魄，以及敢于锐意创新、敢于冒险、善于冒险的个人素质。

为了塑造孩子的胆气、提升胆商，首先要注重保护先天胆气。《妇科秘方》在讨论胎儿的孕养过程时提到："一月如露，少阳胆养之，二月则厥阴肝养之……十月则少阴肾养之。"由此可以看出，在胎儿的孕育过程中，少阳胆气的作用非常关键，它是胎儿孕育过程中最初的营养物质和功能表现，如果没有疏畅的少阳胆气，就谈不上胎儿的生成和发育。若是胎儿在腹中受惊，使得先天胆气不足，便会导致身体虚弱、容易胆怯、受惊、恐慌。所以孕妈妈身体不能过劳，睡眠的环境要安静，避免噪声打扰，也不能受到惊吓，才不会影响胎儿的正常发育。

当婴儿出生后，因为离开了温暖舒适的子宫，接触到陌生的外部环境，会产生强烈的不安感，此时妈妈的拥抱和暖和柔软的小包被能够给婴儿一些安全的感觉，对于这种本能的需求家长一定要及时满足。

到了婴儿一岁半以后，勇怯意识逐渐发展，这时候要注重两方面的养护。

一方面，婴儿周围的各种环境刺激，像打雷声、鞭炮声、冷热刺激、光刺激等都会对他们造成影响。而婴儿对于惊恐、紧张等情绪的耐受能力本来就比成人要低，所以家长要布置好孩子的生长环境，让他们能够在安宁、富有爱的氛围中健康成长。

另一方面，父母及其他主要养护人的教养方式也会影响孩子的"胆气"。比如：家长对孩子溺爱，什么事都不让孩子尝试，就很容易让孩子变得怯懦、依赖性强；也有些家长会忽略对孩子的爱与呵护，这又会让孩子缺乏安全感；还有些家长对孩子过度严厉，动不动就打骂、斥责，不仅会让孩子受到惊吓，还会伤害他们的自尊心、自信心，时间长了，孩子就会变得勇敢不足、信心不足。

我还发现了一个不好的现象，就是在不少家庭中出现了"父亲缺位"的问题。一说到养育、教育孩子，大家就会觉得这都是妈妈的任务，爸爸还要忙着挣钱养家呢，于是有些爸爸彻底变成了"甩手掌柜"，对孩子的成长问题一点都不操心。有的爸爸甚至连怎么换尿不湿、喂奶粉都不会，更别说去专心地陪伴孩子、悉心地教育孩子了。我在网上也看到了一个流行的说法，叫"丧偶式育儿"，从中不难看出妈妈有多么焦虑、孩子又有多么缺爱。

这种情况和"男主外、女主内"的传统思想有很大的关系，但随着时代的进步，一些过时的观念早就该被摒弃了。爸爸也要及时转变自己的角色，别把自己当成家庭教育中可有可无的环节。

要知道，父爱对于孩子"豪气"的形成非常重要。每一个孩子都渴望着父亲的拥抱、爱抚和陪伴，这能够带给他强烈的安全感，有助于缓解内心的恐惧、焦虑和不安。如果爸爸长期不在身边，或是爸爸对孩子态度冷漠、忽视，孩子难免会出现烦躁、易惊、情绪抑郁等问题，不利于"豪气"的养成。

对于男孩来说，父爱的缺失还会让他缺少良好的模仿榜样。他会变得胆小、畏缩，缺乏阳刚之气。爸爸缺乏家庭责任感、没有担当的做法也会对男孩造成很多不良影响，会让他在日后处理不好家庭关系。

对于女孩来说，从小没有获得来自爸爸的宠爱和呵护，会让女孩的内心产生很多自卑感，而且和父亲的相处模式还会影响到女孩将来与异性的交往，她会不知道该怎么和异性相处，还会极度缺乏安全感，导致在亲密关系中屡屡受挫……

因此，爸爸一定要认真审视和反思自己的做法，要更加重视家庭，重视孩子对父爱的强烈渴求。爸爸平时就算工作再忙再累，也得抽出时间关心孩子、陪伴孩子，还要用男性的坚强、勇敢、乐观等良好品质去影响孩子，才有助于培养孩子的胆气、豪气。

孩子3岁以后，"胆商"逐渐形成，自我意识逐渐发展。有了比较稳定的胆商和自我意识后，孩子的"第一反抗期"也要出现了。本来温顺听话的孩子，一到这个时期就会变得调皮、不听话。妈妈让他穿袜子，他硬是不肯；爸爸让他见到熟人要打招呼，可他就是不理不睬。这时候父母不要采用那种不分青红皂白的强硬教育方式，而是要改为因势利导的教育，不妨及时对孩子的某些好的行为给予适当的鼓励，能够促进孩子自我意识和能力的发展，也能让孩子变得更加勇敢、更加能干。

小贴士：

> 培养"豪气儿童"重在塑造胆气，在孩子出生前，家长要注重保护"先天胆气"，孩子出生后，则要注意从环境、教育方式两个方面塑造勇怯意识。

2. 养好脾肾强"意志"

"豪气儿童"不仅是勇敢的儿童，还是意志力强大、不畏艰险、敢于迎难而上的儿童。这里所说的"意志力"，指的是一个人能够自主、自觉地遵守既定目标，以目标为导向，不断调整自己的行为，约束自己的情绪冲动、克服各种困难，最终实现目标的行为习惯和个性品质。

综观那些在某一领域取得卓越成就的人，没有一个不是意志力坚强的人。举一个大家非常熟悉的例子，我国首位诺贝尔医学奖获得者、卓越的药学家屠呦呦女士，在从事中药抗疟的过程中，曾经研读过成垛成堆的古书，在中医典籍中寻找可行的药方，还不辞辛苦拜访老中医，将自己学习到的中药信息逐字逐句抄录下来，汇集而成《抗疟单验方集》，涵盖640种中药。之后她按照这些验方一次又一次地实验，曾经经历过380多次失败，却仍然没有找到头绪。"我也怀疑自己的路子是不是走对了，但我不想放弃"，坚定的屠呦呦始终不肯认输，她又重新回到医书中，遍读《神农本草经》《圣济总录》《温病条辨》，最后才从葛洪的《肘后备急方》中发现了关于"青蒿抗疟"的记载。

让屠呦呦战胜挫折、迎来曙光的力量就是意志力，这是一种非常强大的精神品质。意志力越坚强，做事就越有始有终；反之，意志力越薄弱，做事就越容易半途而废。

那么，该如何去培养儿童的意志力呢？首先要回到"意志"的物质基础——脾与肾来思考这个问题，《黄帝内经》说"五脏所藏：心藏神，肺藏魄，肝藏魂，脾藏意，肾藏志"，由此便能看出"意志"与脾、肾之间的密切关系。

一方面，"脾藏意，主受纳运化，主肌肉，主思"。脾的功能健全与否，不但会影响儿童食欲的好坏、肌肉的丰满与松弛，还会影响儿童的精神状态。思虑正是靠"脾藏意"加以支配的，如果思虑过度会影响精神，表现为面色偏黄、皮肤缺少光泽、肌肉松软、精神恍惚、主意不定。

另一方面，"肾藏志，主骨，生髓，通于脑"。"志"不但主导肾脏的生理活动，还主导肾脏主持的精神活动，肾脏功能平衡，肾气疏通正常，人的行动就有目标、有激情，表现出较强的意志力，有骨气；反之，肾脏功能失衡，肾气紊乱，意志力就会相对缺乏。这时孩子遇事容易犹豫不决，意志软弱，有时遇到一点小困难就准备退缩。这样的孩子还会有一些明显的体征，像体质虚弱、面色苍白、时有尿床、身上总是汗津津的等。

有个6岁的患儿就有这样的问题。患儿每晚尿床2~3次，小便量多，颜色偏淡。家长试过唤醒患儿起床排尿，但患儿总不配合。患儿平时胃口尚可，但身高与同龄人相比偏矮，还很容易疲劳。我观察患儿形体偏小，面色无华，舌淡、舌苔薄白，诊断为肾气不足型遗尿，治疗要注重补肾益气。

除了接受必要的治疗外，我还给家长提了两条建议。

第一是要规律饮食，儿童有"脾常不足，肾常虚"的体质特点，平时注意不能让孩子过度饮食,更不能暴饮暴食,而是要给予孩子一些健脾养肾的食物,像白术、山药、薏苡仁有健脾的功效,黑芝麻、核桃仁有补肾的功效,可以适当加入孩子的食谱。

第二是通过按摩来帮孩子健脾养肾。按摩接触的主要部位是皮肤,通过摩挲皮肤调理五脏六腑,能够改善脾肾虚弱的问题。像健脾助运可以"补脾经"(左手握住儿童的小手,以拇指、食指捏儿童的拇指,再用右手拇指从儿童拇指指尖推向指根300~500次),也可以和揉中脘、摩腹、按揉足三里、捏脊一起做。而补肾健脑可以"补肾经"(用一只手固定儿童的小指,另一只手拇指掌面从小指指尖向指根方向直推300~500次),也可以和补脾经、揉肾俞、捏脊等一起做。

对于这样的情况,有的家长问可不可以给孩子服用补药,我建议最好不要这样做。毕竟,"是药三分毒",何况孩子禀赋较弱,更是容易损伤先天肾气。而且过度服药可能会加强体内阳气的升发,导致孩子出现过早发育。所以,还是要多注意日常的生活护理,比如上面说到的食补就是不错的办法;再有就是每天用热水给孩子泡泡脚,平时多进行运动锻炼,提升孩子的身体免疫力,孩子看上去会越来越有精神。

在调理保健的同时,家长可以给孩子合理地安排一些有挑战性的小任务(难度要循序渐进),鼓励他靠自己的力量去完成,如果他取得了成功,家长可以适当进行奖励,让他获得成就感。慢慢地,孩子也就不会再惧怕困难,反而会对困难产生"征服感",愿意去尝试一番;即使遇到了挫折,孩子也不会垂头丧气、怨天尤人,意志力也会变得越来越坚定。

小贴士:

> 培养"豪气儿童",不可忽视意志力的培养。家长要注意给孩子调养脾肾,因为这是"意志"的物质基础,同时可以给孩子创造有挑战性的机会,以锻炼孩子的意志力。

3. 不要过度保护孩子

经常在门诊听家长们诉苦，说"现在养孩子太难了"，以前祖辈、父辈一家四五个孩子都没有现在一个孩子让人费心思。在我看来，这种情况固然与社会大环境的改变有关，但也与很多家长对孩子的过度宠爱、过度保护密切相关。殊不知，这种过度的爱不但对孩子的健康没有益处，还会让孩子变得越来越羸弱不堪，只知道依赖家长的保护，与我们想要培养的"豪气儿童"相去甚远。

宋代儿科名家钱乙说过："欲得小儿安，常要三分饥与寒。"之所以会有这样的理念，也是因为儿童体质有别于成年人。儿童脾常不足，消化功能和吸收功能不够完善，必须加以科学喂养，而家长却生怕孩子吃得太少，吃得不够营养，拼命给孩子加一些肥甘厚腻的食物，很容易伤害孩子娇嫩的脾胃。

儿童肺常不足，抵御外邪、抗感染的能力较弱，一旦调护失宜或天气骤变，容易发生呼吸道感染。很多家长生怕孩子着凉感冒，便给孩子里三层、外三层，裹得严严实实，晚上也给孩子盖过多的被子，导致孩子大量出汗，毛孔开泄后被风一吹，更容易受凉生病。

儿童肝常有余，表现出生长旺盛、肝风易动的特点，有时候容易急躁、发脾气。家长对孩子过度保护，不让孩子到大自然中尽情地奔跑、撒野，肝气得不到畅达，情志得不到宣泄，不仅不利于孩子的生长发育，还会让孩子的性情变得越发糟糕。

这些对孩子过度保护的做法都应当尽早改变。其实古人很早就总结了"养子十法"，简单易行，效果也特别好。比如在穿衣方面，古人讲究"背要暖"，因为背部毛孔较多，汗常从这里排出，冷风常从这里吹入，所以要做好防护；"肚要暖"，因为脾胃非常娇嫩，护好小肚子可以预防脾肺受凉；"足要暖"，因为足部是许多经络交汇的地方，穴位众多，与人体脏腑功能关系密切，所以要避免寒气由此入侵。

另外，要注意"头要凉"，因为"头为诸阳之会"，与脚相比，头部温度相对较高，而且儿童活动量大，奔跑玩耍时头部容易出汗，也需要保持适当的凉爽，减少热病的发生。

此外，"心胸要凉"，因为心属火，心胸部过热，可能引起口干舌燥、面红耳赤，甚至还会引发惊厥抽搐。所以要注意给心胸散热，不能裹得太紧。

在饮食方面，要注意"忌寒凉"，以免损伤娇嫩的脾胃，出现腹痛、腹泻、呕吐、不想吃饭等现象；还要注意"啼哭勿喂乳"，以免奶汁、食物吸入气管，造成呛咳、呕吐，严重时甚至会引起窒息；还有一点，要注意"勿服轻粉朱砂"，这是我国有些地方的习俗，出于对新生儿的保护，家长会给孩子涂抹这些药物，认为能除胎毒，可药物中含汞，对孩子有害，而且久用会损伤神气，甚至会导致新生儿夭折，一定要注意避免。

在日常护理方面，古人提出"少洗浴"，这和现代很多家长的观点是正好相反的。这是因为洗浴时全身肌肉宽缓、皮肤舒展、毛孔开放，如果洗浴时间太长、频率过多，就容易着凉生病。最后还有一条"忌忽见非常之物"，这是针对精神调护的，因为儿童脏腑稚嫩，不但身体发育不全，心神也比成人怯弱，容易受到惊吓，导致精神不安，会引发夜啼、癫痫等诸多病证。

从"养子十法"也能看出，古人的养育观念涵盖穿衣起居、喂养、安全用药、精神调护等众多内容，是一个完善的体系；而且古人主张对孩子适度保护，像穿衣、饮食要有节制，用药要非常谨慎，这样才能更好地促进儿童的成长发育。

家长也可以从中吸收有益的经验，改变过度保护式的饮食、穿衣、起居习惯，代之以简单而科学的养护原则。这样不单家长会觉得更加轻松，孩子的身体也会更结实健壮。

与此同时，家长也要改变对孩子行为的过度保护和过度干涉。好奇好动是儿童的天性，过分的保护，会减少孩子练习正常动作的机会，也会限制智能的发展；过多的干涉，则会使孩子胆小、怕事，这样培养出来的孩子往往缺乏独立性、自立性。所以家长不妨对孩子放手，鼓励孩子在安全的前提下自由探索，增长见识。家长还可以带孩子走出户外，接触外界环境，这样一方面能够提升孩子适应气候寒温变化的能力，减少疾病发生的可能；另一方面也能让孩子亲近大自然，增加活动量，让气血运作更加顺畅，情志更加愉快，胸中的"豪气"也会得到增强。

小贴士：

> 宋代医家陈文中撰著的《小儿病源方论》中记载了"养子十法"，可总结为：一要背暖；二要肚暖；三要足暖；四要头凉；五要心胸凉；六者，勿令忽见非常之物；七者，脾胃要温；八者，儿啼未定勿便饮乳；九者，勿服轻朱；十者，宜少洗浴。

4. 树立正确的是非观

在培养"豪气儿童"的时候，有一个问题是一定要强调的，那就是不能只培养孩子的胆气、意志力，却不给孩子树立正确的是非观。要是那样的话，我们教育出的就不是有勇气、够坚强、够豪迈的少年英杰，而是让人避之不及的"混世魔王"了。

相信大家在生活中也没少见过这样的孩子，他们被家长养育得十分壮实，遇事也表现得非常"勇敢"，可这种所谓的"勇敢"更像是鲁莽、蛮横。比如他和小朋友一起玩耍，喜欢上了人家的玩具，劈手就抢，十分霸道；在幼儿园、学校和同学发生了矛盾，他拳打脚踢，一定要让对方给自己服软，哪怕老师批评了他的行为，他也毫无悔意；最让人不能接受的是，这种孩子的身后往往站着一个或几个不讲道理的家长，不但不会阻止孩子的错误行为，还美其名曰"我家的孩子就是有本事"。

这样的教育显然是非常失败的，因为孩子没有形成正确的是非观，连该做什么、不该做什么都不知道；家长只知道给予孩子没有底线的宽容，使孩子越发肆无忌惮，而这将会影响他的一生。所以古人常有"三岁看老"的说法，虽然有绝对化之嫌,但确实有一定的道理。因为在 3 岁以前,儿童的心理发育水平还非常有限,不能理解事物的好坏曲直;在 3 岁以后,儿童才会逐渐形成判断是非的标准,但这时候主要是根据身边的家长对某事物的态度、情绪来进行判断,自身的是非观念还不够清晰。随着认知和思维水平的提升、社会经验的丰富,儿童就会慢慢形成自己的一套判断是非的体系。

因此,家长一定要紧紧抓住 3~6 岁的关键期,给孩子树立正确的行为标准,让孩子以此为参照,去衡量、评判自己和他人的言行。

在孩子面前,家长要有正确的是非观念,恰如王安石在《九变而赏罚可言》中所说的:"是非明而后可以施赏罚。"孩子做错了事,家长先要明辨是非,再清楚地指出错在何处,然后才能进行合理的处罚。比如,孩子与小朋友发生了矛盾,家长就不能总是无原则地庇护孩子,而是要弄清楚事情的来龙去脉。确实属于自家孩子的责任,就要鼓励孩子向对方道歉,或是给予补偿,请求对方的谅解,这样也能避免孩子养成逃避问题、不负责任的坏习惯。

另外,家长还可以让孩子从生活中学会明辨是非。著名教育家陶行知先生说过:"生活即是教育。"家长可以去捕捉生活中的契机,丰富孩子的是非观念。比如,在排队坐公交车时,家长可以告诉孩子为什么要遵守公共秩序,不能抢上抢下;过马路时可以告诉孩子,为什么必须"红灯停、绿灯行",行人又为什么要走斑马线;在吃饭时,家长也可以告诉孩子为什么不能浪费粮食;等等。

天真无邪的孩子犹如一张白纸,幼儿时期正是家长进行正确是非观教育的最佳时机。抓住这个时机,让孩子不断重复正确的行为,摒弃一些不良习惯,"小树苗"才能茁壮成长!

小贴士:

"豪气"与"鲁莽""蛮横"截然不同,家长要注意强化孩子的是非观,使孩子知是非、明善恶,成长为真正的"豪气儿童"。

第四章 培育"智慧儿童"

第一节 解读"智慧儿童"
（聪明睿智，勤于学习，勇于攀登，敢于探索）

培养一个聪明可爱的孩子，是很多家长共同的愿望。不过家长可能没有想过，孩子的"聪明智慧"和体质健康也有分不开的关系。

从中医的角度来分析，聪明、智慧与五脏和神魂意魄志休戚相关。比如"心藏神"，而"神"就包含了精神、意识、思维等智力活动；"肺藏魄、肝藏魂"，这魄和魂是"神"的两种形态，魄相当于"神"的一种低级状态，魂是"神"的高级状态；再有，"脾藏意与智，肾藏精与志"，脾肾不足，思维、智力、记忆力、专注力和意志力都会受到影响，在学习时很难进行有深度的思考，也很难产生积极探索的兴趣。因此，只有五脏功能健全，神魂意魄志正常发挥作用，孩子才能精神健旺、智力健全。

我们想要培养"聪明睿智"的孩子，该怎么做呢？

首先要重视养肾，而这可以从饮食上做好调理。中医说肾是"主骨生髓"的，这里的"髓"就包括脑髓，也叫"髓海"。孩子如果出现肾虚，是会影响脑发育的，进而会影响到智力，所以在饮食上要多吃一些补肾健脑的食物，像核桃仁、黑芝麻、黑木耳、黑豆、板栗等，有助于髓海的充盈。

对于脾，却不能一味地进行食补，而是要做好"健脾"的工作。在人体内，脾就相当于一个水谷精微的转运站，里面的货物不停地进进出出，我们得让它的这种转运功能变得强大起来，才能更好地供应五脏六腑，维持正常的生理活动。这样孩子才不会总是一副面色萎黄、体质虚弱、无精打采，学习起来"心有余而力不足"的状态。为此，我们可以调整平时的饮食结构，让孩子定时定量饮食，多吃清淡易消化又富有营养的食物，还可以多吃一些健脾养胃的食物，如小米粥、山药粥等。

再来看看肺。《黄帝内经》中说："肺为相傅之官。"相傅，就相当于宰相的地位，能够协助心这个"君主"，统一管理五脏六腑。若是肺的运转受阻、呼吸不畅，人体全身都会受损，智力也不例外。这就好比发动机与汽车的关系，没有肺提供充足的氧气，大脑如何高速运转，完成有难度的学习任务呢？所以，家长平时一定要多让孩子做一做户外运动，最好是在天气晴好、空气清新的时候，到绿树成荫的公园、郊外去做运动，这样既能强健肺的功能，又能提升免疫力，增强抵御外邪的能力，孩子就不容易患上一些呼吸系统的疾病。

至于养心，一方面要让孩子保持良好的心态，避免过喜过悲、焦虑愁闷、烦恼忧思；另一方面是做好起居调理，也就是要让孩子养成良好的作息时间，保持充足的睡眠，避免过度劳心、费神。一般在青春期前，孩子必须保证 9~10 小时的睡眠；上初中后，至少要保证 8~9 小时的睡眠；高中的孩子要保证 7~8 小时的睡眠（可以算上午休的时间）。休息的效果好，孩子第二天在学校里，才不会动不动就犯困，也不容易走神、打蔫儿，学习的效率才能有所保证。

还有调肝的问题。肝主疏泄，能调畅气血运行，调节情志，促进脾胃消化。肝的功能失调，比如疏泄过度，孩子脾气会不好，容易发火、多梦、失眠；肝疏泄不及，孩子又会多愁善感、沉闷抑郁；肝血不足，还会造成眼干涩、思维不清、看东西模糊等情况，严重影响平时的学习。调肝除了饮食、起居外，还有一个小妙招，是按揉耳穴。《黄帝内经》中提到"耳者，宗脉之所聚也"，是说耳朵是全身五脏六腑经络的聚集之处，用王不留行籽按揉耳穴（肝、胆、内分泌、神门、三焦等）可达到养肝护肝、疏肝通络的功效。

做好了日常的养护工作还不够，家长还需要从学习方法上帮助孩子进行改善，比如要改变孩子对于学习的看法，提升自主学习的意识，让孩子变得"勤于学习"；再如，要想办法解决孩子的畏难情绪，让孩子不再被学习上的困难吓倒，才能变得"勇于攀登，敢于探索"。这几点都做到位了，培养智慧的儿童就不会是一件难事。

小贴士：

> 孩子的"聪明智慧"和体质健康密不可分，家长可以从调理养护五脏入手，促使"神魂意魄志"正常发挥作用，有助于培养"智慧儿童"。

第二节　培养智慧儿童的要点

1. 不要刻意培养"神童"

毫无疑问，孩子是需要教育的，但问题是如何把握好教育的"度"，在教育的道路上该走多远？

我发现很多家长在这方面有一种盲目的自信，总觉得自家的孩子可能是超凡脱俗的"神童"，对孩子进行教育时也是本着培养"神童"的心态，无限发掘孩子的"先天可能性"。一些研究和实践表明，人为的训练强化确实可以加速孩子的发展，近年来也出现过1岁半的孩子认上千个字、3岁的孩子背上千首唐诗的例子。但这对孩子并不是什么好事，因为它违背了儿童身心发展的规律，会损害孩子的身心健康。

首先，不同年龄段的孩子有不同的生长特征，有些孩子晚熟，有些孩子早熟，同样是三四岁的年龄，接受知识的能力就有很大区别。家长无视这些区别，拼命给孩子填塞知识，强迫孩子死记硬背，由此造成"知识消化不良"，随后就会出现不同程度的生理和心理变化。

像有的孩子天天被家长拘在家里背书，在春天"芽儿"萌发的时节也接触不到阳光，导致阳气难以升发，生长发育状态受阻。一个很直观的表现就是孩子的身高比不上同龄人了，体格也不如同龄的孩子壮实，脸色要么偏黄、要么偏白，不像少年儿童应有的那种红润有光泽的样子。有的孩子因为用眼过度，损伤了视力，五六岁的年纪就戴上了眼镜，着实让人忧心。

再有，家长不让孩子出去和小朋友玩耍，觉得那是浪费时间，结果却导致孩子和社会缺少必要的接触，不知道该怎么和人沟通交流，也不知道该怎么表达自己的心事，这样很容易产生孤独、忧郁的消极心理，严重时可能会发展为自闭症、抑郁症。

不仅如此，"神童"教育的远期后果也是难以预测的。我遇到过这样一件事情，有个孩子上小学一二年级的时候成绩特别优秀，老师讲课，他一听就会，家长非常骄傲，三天两头在朋友圈分享孩子的作业、考卷，自夸这是"清华、北大的苗苗"。没想到刚上三年级，成绩就开始下滑了，半学期过去，孩子直接从"尖子生"变成了"中等生"，家长根本接受不了这种落差，到学校咨询老师，这才逐渐弄清楚了问题。

原来，孩子上小学前，家里给他报过"培优班"，课本上的知识他早就提前学过了，正式上课等于再学一遍，成绩自然比别的孩子优秀。可也因为学习的内容已经不再新鲜，孩子没什么兴趣认真听讲，上课经常走神，作业敷衍了事，平时也很少做预习、复习的工作，学习习惯一塌糊涂，家长却还在沾沾自喜。

上了三年级后，孩子之前积累的知识"老本"已经吃完了，又没有足够的学习兴趣踏踏实实吸收新知识，各种问题很快就暴露出来了。家长对此后悔不已，一个劲地跟我说早知道会这样，还不如按部就班地学习，别去搞什么超前教育、"神童"教育。

像这样的事情在生活中并不少见，甚至在古代也有类似的事情。北宋政治家、文学家王安石也写过一篇流传甚广的《伤仲永》，那里面的方仲永本是个人人称赞的小神童，哪知成年后却变成庸人，这是所有家长都不愿意看到的结果。

因此，我们要重新认识"智慧儿童"的内涵，切勿把所谓的"神童"当成真正的智慧儿童，不能觉得孩子会背几句唐诗、认一些汉字或英文单词就是

"神童",这种接受超前教育、过早教育的孩子最后能成大事者寥寥无几。而现实中能够成就一番功业的人往往都是大智若愚的,在童年时可能并不被大家看好,这背后的原因值得家长深思。

每一个孩子身上都有无限的可能,但我们要合理利用先天可能性,而不应该毫无原则地给孩子"增负"。要知道,孩子正处于机体发育的关键阶段,大脑的形态特性尚未完善,接受能力也是有限的,不宜过早地教孩子学习不适合他的知识,否则会破坏人体和谐发展的正常进程。就算是学习符合年龄段的知识,家长也得注意给孩子制定合理的作息制度,学习时间不宜过长,才不会损害孩子的身心。还有,家长不能只看到孩子记住了什么,还得看他的理解程度、运用程度。我觉得教孩子一些实用的、能够在生活中应用的知识,要比比拼背诗数量有意义得多。

孩子的教育应是日积月累、长期坚持的。父母虽然辛苦一时,但收到成效时却会幸福一生。就像农民撒种在土地上,耐心播种、浇灌、施肥,才能等来地里出产宝贵的谷物。教育孩子也是"静待花开"的工作,需要脚踏实地,一步一个脚印,才能收获硕果累累。

小贴士:

> 教育孩子应当摒弃培养"神童"的心态,拒绝"揠苗助长"。家长要注意把握好教育的"度",才更有利于"智慧儿童"的成长。

2. 不要让孩子"读死书"

《孟子·尽心上》中有这样一句话:"尽信书,则不如无书。"这里的"书"虽然指的是《尚书》,但读书学习的情况却是相通的。书本其实只是知识的载体,不能避免出错,也不能避免内容不完善、不全面,而且随着时代的更迭,很多书本上的知识会逐渐过时,不能拿来指导身边的实际问题,所以我们读书需要带上几分怀疑的态度，不能去"读死书"。

然而现在有些家长、老师在教育孩子的时候，却一再强调书本的作用，好像书上的每句话都是金科玉律，不能改动，那读书不就变得太呆板了吗？

就像读《诗经》的时候，孩子会读到一句"普天之下，莫非王土。率土之滨，莫非王臣"。这句话在一些影视剧里出现得非常频繁，大概都是按字面意思去理解，那就是"走遍天下，没有一处的土地不属于大王；在所有的土地上，没有一个人不是大王的臣民"。

有人曾经提出疑问：舜当了天子以后，他的父亲瞽叟也算是王臣中的一员，那为什么不向舜称臣呢？这其实就是典型的"读死书"，对此，孟子是这么回答的："是诗也，非是之谓也。劳于王事而不得养父母也。曰：'此莫非王事，我独贤劳也。'"原来，这首诗后面还有两句"大夫不均，我从事独贤"，放在一起看，整首诗的意思就完全变样了：以天下之大，都是王需要为之负责的，何况大王还有那么多的臣子，然而同为王臣却劳逸不均，"我"的差事总是特别繁重。可想而知，这是一个小官因为工作任务繁重随手写下的抱怨诗，可不是用来歌颂大王富有天下、威风凛凛的。

这个让人啼笑皆非的例子就向我们证明了"读死书"的害处，那就是会让人受困于肤浅的甚至是错误的知识。这在我们学中医时也是一个需要注意的地方。打个比方，《黄帝内经·素问·四气调神大论》中讲道："夫圣人不治已病治未病，不治已乱治未乱，此之谓也。"要是按照"读死书"的方法去解读，这句话就是不去治疗已经发生的疾病，而是要治疗没有发生的疾病。可要有患儿来看病，你能说"孩子已经害病了，我不治"吗？这不是在出洋相吗？真正的"治未病"是什么？是未雨绸缪，是防微杜渐。一方面在未病的时候，注意预防疾病的发生；另一方面是在已病时，要防止疾病的进一步恶化，或是预防疾病的复发。

由此可见，读书学习一定要"活"。

首先，读书要边读边思考。就像孔子说的那样"学而不思则罔，思而不学则殆"，缺少了思考的读书，只是在完成机械的阅读动作，要问孩子有什么收获，他肯定回答不上来。所以家长得去提醒孩子，让他思考"这本书讲了什么内容""这本书的优点在哪里""这本书对我有什么影响"。有了能动的思考，读书才不会越读越迷茫。

其次，要边读边揣摩，孟子把这称为"以意逆志"，就是读书的时候得把自己的想法投射到作者的心里，去揣摩作者的所思所想，再考虑作者所处的各种情况，才能理解文字真正要表达的意思，体会文章的情感和意境。

最后，我们也不能忘记了，读书求学的真正目的是"学以致用"，所以一定要提倡"活学活用"。我早就发现了这样的现象，很多上学时表现突出、甚至成了高考状元的孩子，最后能够成为国家领导人、企业老总、学科带头人的却寥寥无几，还有那些专门培养尖子生的"少年班"，多年来几乎没出过什么大才，有的孩子甚至因为生活能力太差，又不通人情世故，被大学中途劝退。出现这样的情况，归根结底都是因为孩子是在死读书、死背书，他们在应付考试的时候得心应手，在生活中、工作中遇到了实际问题，却不懂得灵活应用所学，这不算是真正的"智慧"，也背离了教育的真谛，必须进行彻底的改变，才不会让原本天资聪慧的孩子变成"四体不勤、五谷不分"的书呆子。

小贴士：

> 家长要引导孩子灵活学习知识，在学习时要边读边思考、边读边揣摩，还要做到"学以致用"，才不会"读死书"。

3. 意志坚定，学习更有韧劲

学习从来就不是轻松的事情，能够有所成就的人凭借的都是一股子坚强的韧劲。郑板桥的一首诗《竹石》将韧性的强大描写得淋漓尽致："咬定青山不放松，立根原在破岩中。千磨万击还坚劲，任尔东西南北风。"那一竿修竹被狂风骤雨摧弯了腰身，却不会轻易折断，等到风停雨收，它便又会恢复之前挺拔的模样。

我们在对待学习时也应如此。

首先，遇到了解不开的难题，出现了思考的瓶颈，就要拿出百折不挠的韧劲，尝试着从各个不同的角度去思考，一种思路不通，不要先急着泄气，而是要试试另一种思路，或许在不经意间，就能发现思考的突破口。

其次，学习也是需要坚持不懈的，这也对韧劲提出了很大的要求。如果缺乏足够的韧劲，你就会浅尝辄止，无法彻底掌握所学的知识；你也可能三天打鱼、两天晒网，学业难以得到明显的进步；你还有可能见异思迁、虎头蛇尾，结果白白浪费了时间，却没有一样知识能学得扎实、学得到位。

对于这一点，我是有深切体会的。我从8岁起，就跟随父亲学习中医。当时父亲在家教授徒弟徐宗钦，我就在一边旁听。学中医在很多人眼中都是一件非常枯燥、非常乏味的事情，我却凭着一股韧劲坚持了下来，还把几本中医基础著作牢牢背会，做到"烂熟于心"，要是没有不怕苦不怕难的韧劲，我是万万做不到这一点的。

后来我在生产队当卫生员，还没有完全脱产，一边干农活，一边给村民看病，可以说是辛苦到了极点。可就是在这种情况下，我也没有放下中医学习，硬是挤出时间提升自己对中医的认识。若没有这种"拼命三郎"般的韧劲，我是不可能考入北京中医药大学，实现自己的中医梦的。

从事中医儿科工作后，我的韧劲一点都没有减少。我去听北京中医药大学刘渡舟教授讲解的《伤寒论》，深受启发。之后我自己定下目标，先通读后背诵《伤寒论》，又结合自己的思考产生了很多感悟。为了检验自己的学习成果，我参加了北京市"伤寒论读书竞赛"，取得了优异成绩，这也是韧劲带来的良好结果。

我从医多年，在治病救人的同时，致力于中医理论创新，点点滴滴的成果和韧劲也都有着分不开的关系。一个有韧劲的人，是温柔而富有力量的，无论遇到了什么样的阻碍，都能够坚定前行。

我建议家长在培育"智慧儿童"的时候，要注意做好韧性的修炼。一方面，家长可以做孩子坚强的后盾。若孩子遇到难处，家长可以鼓励他迎难而上；若孩子遇到挫折，家长可以倾听他的苦恼，为他出谋划策；若孩子取得成功，家长可以和他一起分享喜悦，再总结成功的经验，向下一个难关发起挑战。

另一方面，家长要注意给孩子鼓劲，使他做到持之以恒，才能将良好的学习习惯巩固下去。曾国藩就曾说："盖士人读书，第一要有志，第二要有识，第三要有恒。"在恒心的推动下，孩子会主动下功夫查缺补漏，拼命学习。或许在短时间内，还看不到孩子身上有明显的变化，但时间长了，就能产生"绳锯木断、水滴石穿"的效果，也就是人们常说的"从量变到质变"，相信那时孩子的进步一定会让家长惊喜万分。

小贴士：

> 家长要注意培养孩子在学习上的韧性。这一方面表现在遇到困难不畏惧、不退缩，能够迎难而上；另一方面表现在学习持之以恒，不会"三天打鱼，两天晒网"。

4. 鼓励孩子积极实践

南宋诗人陆游曾经写过一首教子诗，其中的诗句流传千古，那就是"纸上得来终觉浅，绝知此事要躬行"。诗句的意思浅显易懂，它说的就是书本上学来的知识毕竟是不完善的，想要深入了解其中的道理，就一定要亲自实践，否则学到的知识就没有实际的意义了。

孔子也曾经批评过脱离实践的学习，《论语·子路》中有这样一句话："子曰：'诵《诗》三百，授之以政，不达；使于四方，不能专对；虽多，亦奚以为？'"

孔子说的就是那种熟读诗经三百篇，结果却不能自如应用的人，他们处理政事什么都办不好，出使别国连话都说不清楚，那《诗》读得再多又有什么用呢？

的确，实践才能出真知，否则学了知识却不能用，就等于没有学习，这就是"学而不能行，谓之病"的道理。

古代圣贤如此推崇实践的作用，可随着时间的推移，读书人却还是会陷入同样的怪圈。就像现在社会上仍然可见高分低能的现象，那些特别擅长考试、每每取得高分的孩子，在别的方面却表现得非常差劲，无论是生活自理能力、人际交往能力，还是创新实践能力都出现了很大的问题，这就和家庭、学校只重成绩、忽视实践有很大的关系。

就像在家庭教育中，不少家长觉得："我的孩子只要学习好就行了，不用去做那些没有意义的事情。"家长眼中没有意义的事情就包含了家务劳动、课外实践、兴趣活动、体育锻炼等众多的内容。记得有次我建议一位母亲多让孩子做做家务劳动，既能够锻炼身体，又能够提升生活自理能力。结果那位母亲对我讲：孩子功课多紧张啊，哪能让他做那些没用的事情。再说了，多做些题目才能提升成绩，家务劳动做得再好，也不能帮孩子考出好分数。

正是因为很多家长都有这样的认知，才会导致孩子从小缺乏实践能力、自理能力、动手能力，而这些能力和认知学习需要的观察力、思维力、记忆力、分析力等都是智能的组成部分，并无高下之分。缺少实践，最终会导致孩子的智力结构发展不平衡，也会削弱孩子运用知识解决实际问题的能力。而社会的飞速发展又对实践能力提出了越来越高的要求，缺乏实践能力，孩子的未来堪忧，很难说不会被社会无情地淘汰，到那时，家长只能是悔之晚矣。

由此可见，实践必不可少，真正会学习的人都是按照"学习—实践—再学习"的步骤不断获得提升的。所以我建议家长一定要转变过时的观念，在教育孩子时，既要重视学习方法、学习习惯的培养，又要做好学习与实践的结合。

家长可以根据孩子所处的年龄段、现有的知识结构，以及孩子独特的性格、气质、兴趣爱好等，有计划、有目的地安排实践活动。

比如，让孩子把所学的知识与生活实践紧密结合。孩子学习了简单的数学运算，家长可以让他们尝试超市付账、餐馆买单、计算家庭水电费等；孩子学习了一些汉字，家长可以让他们在逛街时念念招牌上的文字，看看商品介绍、认认路线名称；孩子学习了科学知识，家长可以利用周末、节假日的时间带他们去天文馆、科技馆实地感受一番……只要家长足够细心，随时都能发现这种实践的机会，也能让孩子在玩耍中学习，不亦乐乎。

家长也可以鼓励孩子动手做家务，小一点的孩子可以学着叠被子、扫地、倒垃圾，大一些的孩子可以试试自己做饭、洗衣服，这不仅能够锻炼孩子的动手能力、实践能力，还能让孩子摆脱生活依赖性，不用总是"饭来张口、衣来伸手"。

还有，家长可以给孩子布置一些略有难度的任务，丰富孩子的实践内容。开始孩子可能容易手忙脚乱，把学过的知识都忘了，这时候家长可以耐心地告诉孩子，遇事要保持冷静，然后在大脑中"搜索"自己学过的知识，进行"对号入座"，问题就能迎刃而解。

小贴士：

> "智慧儿童"应当努力参与实践，家长要多给孩子创造机会，使孩子能够在实践中应用所学的知识，不断提升各方面能力。

5. 培养孩子的创新精神

学习不能满足于现状，还得有创新精神，不能因循守旧，否则不但个人得不到提升，学术也得不到进步和更新换代。所谓"沉舟侧畔千帆过，病树前头万木春"，旧的事物必然会被新的事物取代，这是不可违背的客观规律，而支持这种新旧更替的正是可贵的创新精神。

在献身中医事业、从事中医理论的研究时，我一直非常注意两个方面，其一是秉承古训，其二是勇于创新。秉承古训，是为了吸收前辈先贤留下的宝贵精神遗产，让自己在钻研时可以少走弯路；勇于创新，则是要有自己的想法，敢于走出自己的新路，将前辈的研究成果进一步发扬光大。

像我在"五脏证治理论体系"中,就全面继承了钱乙"五脏虚实补泻"的学术思想,进一步发展了"五脏证治"理论体系。我还继承了恩师刘弼臣的"从肺论治"的学术观点,并在此基础上提出了"从胆论治"的学术观点。经过多年临床实践,疗效确切。

我在从事中医教学工作的这些年,也很注意培养学生这方面的素质。在我的鼓励下,很多年轻的弟子大胆质疑、小心求证,努力进行着学术创新,也取得了让人满意的成果,所谓"青出于蓝而胜于蓝",这正是我最希望看到的结果。

不过,我也注意到了现在很多儿童和青少年在创新方面却还有所不足。2018年,我看过一个调查结果,调查人员对21个国家的青少年进行了调研,结果发现中国孩子普遍计算能力很强,在21个国家中排第一位,可在创新能力方面,孩子们的表现却让人大跌眼镜,排名竟然是倒数第五。

这样的结果怎不让我痛心疾首!创新力不足,影响的不仅仅是一个孩子的未来发展,更影响着整个民族、整个国家的前途命运。大家都知道,尽管我们国家的科学技术已经有了飞跃性的进步,但是在诸多关键领域还是屡屡被西方国家"卡脖子",就像芯片无论是制造工艺还是产量都相对落后,还有光刻机、工业软件、高端机床、航空发动机等比起欧美国家都有不小的差距,究其根本,还是因为缺少高层次科技创新人才,导致核心技术供给不足。

想要解决这样的问题,最终还得落实到孩子的教育上,全社会要为他们搭建起利于创新的环境和文化,不断激发他们的创新力,将来才能为祖国源源不断地补充最紧缺的创新人才。

在家庭中,家长应当承担起启发孩子的重任。

首先,家长要帮助孩子养成深入思考的习惯。在学习时要做到"知其然,更知其所以然",比如孩子学到了一个新的数学、物理公式,就不能满足于简单地背会,而是要深入去探究一番,弄清楚公式是如何被推导出来的、可以用于解决哪些问题。只有进行这深入思考,孩子才能将知识真正"化为己用",在需要创新的时候,他们就能够灵活应用自己掌握的知识去解决眼前的问题。

其次，家长可以引导孩子锻炼发散思维，从不同的角度思考问题。比如同一道题目，用一种解法可以解出答案，但比较烦琐，很费时间，家长就可以启发孩子寻找步骤更少更简单的方法，这种发散性思维也是培养创新能力的关键。

最后，家长可以对孩子的一些有创新性的做法给予鼓励。孩子的脑海中总是藏着很多天马行空的想法，有的想法听上去荒诞不经、十分可笑，比如他们会问"树叶为什么不是蓝色的""太阳为什么不能从西边升起"，这时家长千万不要去笑话孩子，因为那是给孩子"泼冷水"，会让他们失去创新的勇气。家长要做的是肯定孩子"爱动脑""敢尝试"的精神，有必要的话可以给孩子一些好的建议，帮他们找到灵感，解决问题。家长要注意发现孩子奇怪的想法，鼓励孩子好奇与求真的精神，不怕失败，勇于探索，为国家民族探索育才之路，力争培养出旷世奇才。

新时代呼唤更多的孩子成为有创新能力的人才。梁启超在《少年中国说》中指出："惟进取也，故日新。"意思就是只有不断进取，才会有不断的创新。我将这句话送给所有的儿童和青少年，希望他们能够尽情施展聪明才智，大胆地创新，推动社会、科学、文化的不断进步。

小贴士：

> 创新精神是"智慧儿童"不可缺少的品质，家长可以从引导孩子深入思考、锻炼发散思维、鼓励创新性做法着手，培养孩子的创新精神。

第五章　培育"强健儿童"

第一节　解读"强健儿童"
（筋骨强健，体态轻盈，动作敏捷，能挑重担）

"四有儿童"的最后一个标准是"强健儿童"，这是从形体和动态上来衡量儿童的健康程度。

名医扁鹊在总结前人经验的基础上，提出了"望、闻、问、切"的四诊法，这个"望"就是通过视觉观察全身的状况。在儿科，我们有总体望诊和分部望诊。总体望诊是望神色、望形态，分部望诊是审苗窍、辨斑疹、查二便、看指纹。形体和动态属于望形态的部分。

望形体，望的是孩子的头颅、躯体、四肢、肌肤、筋骨、毛发、指（趾）甲，从这些部位的壮弱特点，能够测知脏腑的盛衰，看出疾病的发展情况。

像孩子身高正常、胖瘦适中、体形匀称、肌肉结实、筋骨强健，毛发亮而稠密且有光泽，面色红润有光泽，口唇质润，这就是先天禀赋充足、营养良好、发育良好、体魄强健的表现。

但有的孩子明显比同龄人矮小，看上去也不结实，毛发又稀又细，颜色萎黄，面色也不红润，这就是先天禀赋不足、后天发育较差的外在表现。

望动态，望的是孩子身体各部分的动静姿态变化，这也可以反映脏腑阴阳总体的平衡协调状态，多动少静属于阴亏阳盛，多静少动则正相反，属于阴盛阳虚。

有的孩子总是坐也不是、站也不是，平时烦躁不安，让家长不堪其扰，这多是肝阳心火内盛的表现；有的孩子又很不爱动，能坐着绝不站着，能躺着绝不坐着，说话也有气无力的，这可能是气阴两虚的表现。

健康儿童应有的动态表现是活泼好动、精神旺盛、体态轻盈、动作敏捷的，家长不妨对照着看一看孩子有没有达到这些要求。

孩子只有体魄足够强健，才能挑起"重担"。这"重担"首先表现在学习方面，随着孩子进入小学、中学，要学习的科目不断增加，要掌握的知识越来越多，难度也越来越大，孩子必须紧紧跟上教学进度，及时完成学校和老师布置的各种任务，平时还要注意勤学苦练，才能牢固地掌握知识，提升学习成绩。其次是生活上的"重担"，虽说家长可以为孩子挡风遮雨，让孩子安然度过快乐的童年，但孩子迟早是要走出家庭的，家长也不可能永远陪伴在孩子身边。有见识的家长很早就会开始锻炼孩子各方面的能力，最起码也要让他们掌握必要的生存技能，即使家长不在身边，他们也能挑起生活的担子，不至于让自己挨冻受饿；等到家长逐渐老去，他们也能成为家里的"顶梁柱"，为家庭分忧解难。

凡此种种，都离不开强健的体魄。试想，如果孩子体质不佳，三天两头生病，需要频繁请假，怎能挑得起学知识的重担？如果孩子身体孱弱不堪，连照顾自己都成问题，又有什么办法挑起生活的重担？

所以体魄的锻炼和道德、豪气、智慧的修炼同样重要，家长一方面要重视"优生优育"，合理备孕、养胎，以提升孩子的先天禀赋；另一方面也要做好后天的保健养生，以调理孩子的亚健康状态的偏颇体质，让孩子越发强健，成为真正合格的"四有儿童"。

小贴士：

> 儿童是否足够强健，可以从形体和动态来观察，只有体魄足够强健，孩子在学习、生活上才能担当重任。

第二节　培养强健儿童的要点

1. 积极锻炼，增强体魄

孩子体魄的强健离不开长期、合理的体育锻炼。我在前面介绍过，中医认为小儿脏腑娇嫩，形气未充，阴阳二气都处于"幼稚"的阶段，无论在物理基础还是生理功能上，都是不完善的。但在生长发育过程中，却又表现出了生机旺盛、发育迅速的特点，就好比旭日初升、草木方萌、蒸蒸日上、欣欣向荣。

这时家长就要注意让孩子多参加户外的体育锻炼，一方面能够增强体质，提高适应自然环境变化的能力；另一方面又可以愉悦心情，预防情志问题，有助于儿童的健康成长。

不过，儿童锻炼身体要顺应自然界的四季气候和阴阳消长的规律及特点，重点在于"调神"，而调神的重点在于"生志"。这在《黄帝内经·素问·四气调神大论》中就有相应的阐述。因此儿童养生保健也必须注重"志"。

"春三月，此谓发陈。天地俱生，万物以荣……"春季的前三个月是发陈出新、生命萌发的时节，整个世界都富有生气，万物欣欣向荣，此时我们要借助"升发之势"激发儿童的阳气，愉悦情志，摆脱春困，提升抗病能力。在这段时间，家长就不要再把孩子困在家里学文化、练才艺了，而是应该保证充足的户外活动时间，制订合理的体格锻炼计划，比如可以让孩子做早操、散步、跑步、爬山、逛公园、放风筝、跳绳等，都能起到不错的锻炼效果。

"夏三月，此谓蕃秀，天地气交，万物华实。"到了夏天，儿童锻炼要顺应夏至"阳盛于外"的特点，着眼于一个"长"字，开展适宜的运动，也就是《黄帝内经·素问·四气调神大论》所说的"此夏气之应，养长之道也"，借助自然界气候的盛阳之势，固护小儿纯阳之体，促进儿童的身高、体重及生理功能的发育和完善。由于夏季气候炎热，家长在让孩子适宜运动的同时，要注意给孩子补充水分，以利于体内代谢的正常运行。有的家长因为天气热容易出汗，就让孩子一直待在空调房里，不让孩子参加体育运动，这种做法十分不妥，会让孩子难以适应外界温度环境的变化，降低机体的抗病能力，也会让汗液无法正常排泄而影响机体的水液代谢平衡，不利于身体健康。

"秋三月，此谓容平。天气以急，地气以明，早卧早起，与鸡俱兴。"这是在说秋天是万物成熟的季节，此时天气清肃，其风劲急，草木凋零，大地明净。人应当早睡早起，和鸡同时作息。儿童锻炼也要顺应气候特点，注意早起运动、多晒太阳，以借助秋阳之势压制秋风萧瑟之气，达到敛阳养阴、调和阴阳、增强体质、预防疾病的目的。像慢跑、骑自行车、打羽毛球、爬山等都是适合儿童参加的体育锻炼，中医的一些外治保健方法操作简单、疗效确切，也很适合儿童的秋季防病。

"冬三月，此谓闭藏。水冰地坼，无扰乎阳，早卧晚起，必待日光。"这是在提醒我们，冬天是万物生机闭藏的季节，此时水面结冰，大地冻裂，人不要轻易扰动阳气，尽量早睡晚起，等到日光出现再起床为佳。儿童锻炼时也要顺应冬气、养护人体闭藏机能，最好在日出以后再开始户外运动，可以做早操、散步、跑步、爬山、逛公园、滑冰、踏雪等，但要做好防寒保暖工作，减少跌倒受伤的可能。另外，家长要提醒孩子不做剧烈运动或是过度玩耍，以免大汗淋漓、耗伤阳气。

总的来看，儿童锻炼要借助自然界阴阳消长的变化之势，来调节体内的阴阳平衡，这样才能保证"阴平阳秘"，对儿童的健康成长非常有利。

小贴士：

> 培养"强健儿童"，要注意顺应自然界的四季气候，安排孩子合理锻炼，不但能够增强体质，还能够愉悦心情，有助于儿童的健康成长。

2. 如何通过饮食强健孩子的体魄

儿童生机蓬勃，发育迅速，需要营养物质的不断补给和充实，才能满足生长发育的物质需求，并可以养成强健的体魄。

婴儿出生后，以母乳或配方乳喂养为主，到了四个月开始添加辅食。无论是母乳喂养、人工喂养，还是混合喂养的婴儿，都应按时在一定月龄添加辅食，原则是由少到多、由稀到稠、由细到粗、由一种到多种，而且要在婴儿健康、消化功能正常的前提下才能逐步添加，要是加得过多、过快，或者辅食结构不合理，就会损伤婴儿稚嫩的脾胃。

到了幼儿期，小宝宝的乳牙虽然逐渐出齐，但咀嚼功能还很不完善，脾胃功能也比较薄弱，食物要做得细、软、烂、碎一些，品种要多样化，以谷类为主，同时可以进食牛奶、鱼、肉、蛋、豆制品、菜、水果等多种食物，荤素菜搭配为佳。食物的制作方法也要多一些，可以增进小宝宝的食欲。这个时候，家长还要注意让幼儿养成良好的饮食习惯，像按时进餐、相对定量饮食，进食时不玩耍、不看电视、不多吃零食、不挑食、不偏食等，此外还要训练幼儿正确使用餐具和独立进餐的技能。

等孩子上学后，要保证膳食营养充分均衡，才能满足体格生长、心理智力发展、紧张学习和运动的需求。青春期肾气充盛，逐渐进入第二次生长发育高峰期，体格生长迅速，脑力劳动和体力运动消耗大，必须增加各种营养元素的摄入。这时候家长要指导孩子选择营养适当的食物和保持良好的饮食习惯，不要多吃营养成分不均衡的快餐，女孩不要为了追求体形美就随意偏食、节食。

孩子生长发育的阶段不仅要注意膳食营养均衡，还要注意满足以下这些原则。

第一是"饮食有节"，这是因为儿童气血充盛，食物消化得较快，但肠胃功能尚不足，难以消化的食物应该少吃或不吃。但我经常看到，有的家长过于娇惯孩子，不论生冷、肥甘，只要孩子说想吃，家长就不阻拦，这样反而是害了孩子，会导致孩子脾胃受损，发生吐泻或者疳积浮肿。元代医家朱震亨在《格致余论·慈幼论》中就指出："若稠粘干硬，酸咸甜辣，一切鱼肉、木果、湿面、烧炙、煨炒，俱是发热难化之物，皆宜禁绝。只与……熟菜白粥，非惟无病，且不纵口，可以养德。"可见孩子的食谱中应当去除稠粘干硬、味道过重、生冷腥湿、烧炙煨炒等不好消化的食物，代之以清淡易消化的"熟菜白粥"，能够保护好孩子的脾胃，让孩子吸收足够的营养，起到强身防病的作用。

第二是"寒温适度"，也就是注意食物的温度，既不能太冷了，又不能太烫了。特别是在炎热的夏天，饮食不宜过热；而在寒冷的冬天，则要远离寒凉的食物。

这一点容易被家长忽略，但却会引起比较严重的后果。有个5岁的患儿有反复阵发性腹痛、腹胀问题。我观察患儿形体消瘦，面色苍白，表情痛苦，鼻周泛青，但咽不红，扁桃体不大，心肺没有异常。按照家长的说法，患儿平时爱喝冷饮、吃雪糕，但喝完吃完后就会出现腹痛，以肚脐周围最为明显。这种情况已经持续了四个多月，就诊前一周已经发展为喝水都会引起腹痛加剧，而且患儿还有大便稀溏的问题，每日大便2~3次，小便清长。结合各种症状，我诊断为中寒型腹痛。

在临证中，这种类型的腹痛也是最为多见的，主要是因为孩子贪凉喜吃冷食，睡觉又经常怕热，喜欢把"小肚子"露出来，而家长过于溺爱孩子，对孩子有些不合理的要求也给予满足，使得孩子因受寒导致脾胃气滞不通，脾阳不振，脉络受损而发生寒性腹痛。对此，一方面，要按照温中散寒、理气止痛的原则治疗；另一方面，家长要起到监督作用，叮嘱患儿忌食生冷油腻的食物，还要做好腹部保暖，才有助于恢复。

第三是"营养均衡"，古人重视平衡饮食，认为平衡饮食的关键不只包括荤素搭配、营养均衡，还包括五味均衡。不同味道的食物所滋养的脏腑不同：酸味入肝，甘味入脾，苦味入心，辛味入肺，咸味入肾。如果过量食用咸味食物，容易导致血脉凝涩，血液瘀滞；过量食用苦味食物，易导致皮肤枯槁，缺少光泽，毛发脱落；过量食用辛辣食物，容易导致"筋脉拘挛"，指甲薄脆无光泽；过量食用酸味食物，容易导致肌肉失润、毛发粗硬；过量食用甘甜食物，容易导致骨骼疼痛而且易脱发。因此，孩子的饮食要注意五味调和，包括味道浓淡适宜、搭配得宜、五味不会过偏。俗话说"过犹不及"，五味过偏会伤及小儿脏腑，甚至会导致疾病发生。

此外，还有一条"五谷为养，五果为助，五畜为益，五菜为充"的原则。"五谷为养"是指将稻、黍、稷、麦、菽等谷物和豆类作为养育人体的主食。稻、黍、稷、麦富含碳水化合物和蛋白质，菽（豆类）则富含蛋白质和脂肪等。把谷物和豆类一起吃，可以大大提高营养价值。

"五果为助"是指枣、李、杏、栗、桃等水果、坚果，有助于养身和健身。它们富含维生素、纤维素、糖类和有机酸等物质，不仅可以补充维生素、矿物质，还可以助消化、帮助排便，所以五果是平衡饮食中不可缺少的辅助食物。

"五畜为益"指牛、犬、羊、猪、鸡等禽畜肉食对人体有补益作用，能增补五谷主食营养的不足，是平衡饮食的主要辅食。动物性食物多为高蛋白、高脂肪、高热量，而且含有人体必需的氨基酸，是人体正常生理代谢及增强机体免疫力的重要营养物质。

"五菜为充"则指葵、韭、薤、藿、葱等蔬菜。蔬菜中含有微量元素、维生素、纤维素等营养物质，有增食欲、充饥腹、助消化、补营养、防便秘、降血脂、降血糖、防肠癌等作用，对人体的健康十分有益。

上述这些饮食原则也很符合现代营养学观点，家长可以用心参考，认真去做，对于培养"强健儿童"能够起到事半功倍的作用。

小贴士：

> 充足的营养对培养"强健儿童"非常重要，家长在给孩子安排饮食时要做到饮食有节、寒温有度、营养均衡，才能更好地满足孩子对营养的需求。

3. 好睡眠——孩子精力充沛的关键

睡眠是一种正常的生理现象，不管是大人还是小孩，每天到了一定的时间，都会产生睡意，需要从清醒状态进入睡眠状态，这是昼夜阴阳消长决定的自然规律。

中医指出，人的睡眠—清醒变化是以营卫之气运行为基础的，其中又以卫气运行最为重要。《黄帝内经·灵枢·营卫生会》中说："卫气行于阴二十五度，行于阳二十五度，分为昼夜，故气至阳而起，至阴而止。"说的就是卫气运行与人起床、入睡之间的关系。卫气行于阴，阳气尽阴气盛，人就要逐渐安静下来，进入睡眠状态；卫气行于阳，阴气尽阳气盛，人就逐渐苏醒，要起床活动。之所以会出现这种形体的动与静，是受到了"心神"的指使。"神"静则入睡，"神"动则醒来；神安志舒，睡眠的质量就很好；心神不安，便会出现睡不着、睡不好的情况。

睡眠对孩子的健康成长尤为重要，睡不好、睡得少，不仅会影响远不止身高、体能、免疫力等方面的显性发育，还会影响记忆力、活动能力、智力等方面的潜在发育。那我们怎么去判断孩子有没有较好的睡眠质量呢？

首先是看睡眠时间够不够。比如新生儿：一昼夜要有 20 个小时的睡眠时间；2~3 个月的婴儿，每天除了吃奶、大小便外均是睡眠时间，大概有 18 小时；4~6 个月的婴儿，白天要睡眠 3 次，每次约需 2 小时，一昼夜要 15~16 小时；7~12 个月的婴儿，白天睡眠 2 次，每次 2 小时左右，一昼夜要 13~15 小时；13~18 个月时，白天睡眠 2 次，每次 1.5~2 小时，一昼夜共约 13 小时；19~24 个月时，白天睡眠 1 次，2~2.5 小时，一昼夜共约 12 小时；25~30 个月时，白天睡眠 1 次，约 2.5 小时，一昼夜共 11.5~12 小时；31~36 个月时，白天睡眠 1 次，约 2 小时，一昼夜共约 11.5 小时；4 岁以上，白天睡眠 1 次，约 2 小时，一昼夜共约 11 小时……可见，睡眠对于儿童养生保健十分重要。

其次是观察孩子的睡眠状态。如果孩子入睡后很安静，呼吸轻而均匀，头部略有微汗，面目舒展，没有痛苦表情，说明孩子睡眠质量较好。但要是孩子经常睡不安稳，时而哭闹乱动；或是头部多汗（湿枕头）；或是全身皮肤干燥发烫，呼吸急促，脉搏加快；或是睡眠易醒；或是睡着后经常有痛苦难受的表情，都属于睡眠的异常现象。家长可以注意观察一下，如果孩子夜间经常哭闹，多与心肝有关，小儿体质本就是"心肝常有余"，心肝偏旺，则心神不宁，便会影响睡眠质量；但要是孩子频繁翻身，或是趴着睡，则可能是脾胃不舒服。所谓"胃不和则卧不安"，孩子体质也有"脾常虚"的特点，饮食不当，或是吃多积食了，都有可能出现这种情况，如果迟迟得不到改善，家长就要及时带孩子去医院就诊。

有家长问我：孩子睡觉有时候眼睛闭不严，这是怎么回事，是不是孩子生病了呢？其实这是因为孩子年龄还比较小，"神魂意魄志"发展还不完善，还不能很好地主导全身的生理功能，也不能控制好筋脉、肌肉，在孩子处于浅睡眠期的时候，就容易出现眼睛合不上、总是半睁半闭的样子，这属于正常情况，一般不做特殊处理。但要是到了深睡眠期，孩子还有这种情况，家长就要引起注意了。中医将之称为"睡卧露睛"，认为与脾胃功能失调有关，由于脾主肌肉，而孩子又有"脾常虚"的生理特点，再加上后天喂养不当，便会出现这种问题。家长可以咨询中医后进行适当的调理，让孩子的"睡卧露睛"问题得到改善。

还有一种情况是孩子睡觉的时候会突然抖一下，这也让不少家长非常担心。对大多数孩子来说，这也是正常的生理现象，婴儿期出现得多一些，主要还是因为"神魂意魄志"发育不完善，导致对肌肉控制能力欠佳。随着孩子月龄增加，"神魂意魄志"能够更好地主导全身生理功能，这样的现象就会逐渐减少。除了这种生理性的抖动外，还有两类问题是需要家长注意的：一类问题是孩子缺钙引发的肢体抖动，孩子一般还会有多汗、枕秃、方颅、睡眠不安稳的表现，家长需要适当给孩子补充钙和维生素D，还要多带孩子出门晒太阳；另一类问题是孩子睡前过于兴奋，睡着后容易出现不时抖动，家长要避免在临睡前逗孩子或吓唬孩子，也不要给孩子讲情节紧张的故事，或是让孩子看一些剧情刺激的动画片、绘本等。

家长平时也可以采取一些措施，培养孩子良好的睡眠习惯，改善孩子的睡眠质量。比如布置舒适的卧室环境，保持室内空气新鲜、氛围安静祥和，光线略暗，孩子盖的被子轻软、温暖、舒适，不会让孩子觉得过热；晚餐不宜给孩子吃得过饱，但也不能吃得过少，以免因肠胃不适或饥饿而影响睡眠。

　　有的孩子喜欢让妈妈陪睡，满足需求后便会十分安心、愉快。我必须提醒家长们，不要让孩子养成从小抱着入睡的习惯。最好能培养孩子1岁时自己躺下入睡，2岁时能按时上床入睡，且不需父母陪伴，3岁后能自己上床盖被。有条件的最好与父母分床，让小宝宝独自睡在小床上，较大的幼儿可睡在另一个房间。家长应当认识到，只有尽早培养良好的睡眠习惯，才不会影响孩子正常的生长发育，所以对于孩子一些不合理的要求，不应无条件依从。

小贴士：

> 睡眠对孩子的健康成长尤为重要，家长可以从睡眠时间、睡眠状态来衡量孩子的睡眠质量，并要注意培养孩子良好的睡眠习惯。

第二篇

生命的活力
——神魂意魄志

第一章　认识"神魂意魄志"

第一节　了解中医"五神"

遍读中医教材，我发现了一个奇怪的现象，书中经常可见"神、魂、意、魄、志"几个字，但却罕有详细、科学的解释，让人觉得非常遗憾。

不熟悉中医的人一看到这几个字，可能也会产生误解，觉得"神""魂魄"这样的字眼带有唯心的色彩，其实中医中的"神"并非人们想象得那么虚无缥缈。

首先，中医里的"神"不是凭空而来的，它有自己产生的物质基础。《黄帝内经·素问·八正神明论》提到："血气者，人之神。"《黄帝内经·素问·六节藏象论》也有相关的说法："气和而生，津液相成，神乃自生。"这说明了精、气、血、津液是"神"赖以产生的基本物质，正是通过这些精微物质的新陈代谢，才产生了表情、举止、言谈、思维、精神、情感、智慧、意志等方面的生命活动，它们的外在表现的总称便是"神"，而神又能反作用于精、气、血、津液，能够统领、调控它们在体内的正常代谢，从而影响人体的各项生理活动。

其次，中医里的"神"不是单独存在的，而是要以"形"为载体的。《荀子·天论》中有句话说的就是这个道理："天职既立，天功既成，形具而神生。"这里的"天"不是什么"老天爷"的意思，而是指自然界；"形"就是人的形体结构，包括五脏六腑四肢百骸；而"神"就是让机体正常运转起来的"生命活力"。"形"与"神"是相互依存、不可分割的，这体现出的正是中医"形神合一"的理念。只有生命活力被载体接受，相互融合，才能成为机体，使生命力得以显现；没有生命活力，机体也就只是尸体。"神"主宰生命活动，是机体生命存在的根本标志。

那么，"五神"又是怎么回事呢？原来，中医把人体复杂多变的精神、心理活动和部分生理活动分成五种不同的状态——神、魂、意、魄、志，合称为"五神"，这里的"神"是狭义的"神"，主要指人的精神、意识、思维活动，它作为"五神"之首，地位非常崇高，相当于国家的最高元首，统领"魄、魂、意、志"这四神。

那其他四神又是怎么回事呢？人们比较有争议的地方是"魂"和"魄"。其实"魂"可不是什么幽魂、魂灵的意思，它指的是一些非本能的、比较高级的精神心理活动，类似现代心理学经常提到的思维、想象、评价、决断、情感、意志等。"魄"也不是人们常说的"魂魄"，而是指一些与生俱来的、本能的、比较低级的神经精神活动。《难经正义》讲道："人之初生，耳目心识，手足运动，啼呼为声，皆魄之灵也。"这就是在说，刚刚出生的小婴儿，本能地就会啼哭，手脚就会运动，耳朵能听、眼睛能看，这都是"魄"的功劳。

同样，"意"和"志"我们也要分开看，不能把它们等同于耳熟能详的"意志力"，因为它们真正的内涵比这要丰富得多。像"意"就包含意识、思维、注意、推测等多方面的内容，《类经·藏象类》就提到："意，思忆也，谓一念之生，心有所向而未定者，曰意。"可见"意"是一种初步的思维，有一定的指向，但还不够完整，不具有确定性。"意"也有记忆方面的内涵，但主要指"回忆"，相当于把脑海中的信息提取出来的过程。

"志"指的是有明确目标的、比较完整、准确的心理活动，它也有记忆功能，但主要指"记忆存储"，是把识记的信息保留下来的过程；"志"还指意志、志向。另外，人们经常说的"注意力"也可以归属到"志"的范畴，即所谓的"志者，专意而不移也"。

"五神"这五种要素并不是互相分离的，相反，它们互相联系，互相影响，达到了一种微妙而和谐的动态平衡状态，使人体能够进行正常的生命活动。如果人体出现了病变，不仅"形"会受到影响，"五神"也会发生变化。

中医的"五神学说"探讨的就是通过"调神"来解决"神变"的问题，在这方面古圣先贤有很多高超的技艺，可惜随着时代的变迁，"五神"逐渐被人们忽视，无论是在治疗，还是在预防的过程中，"调神"都很少能够发挥应有的作用。我认为很有必要重新发掘"五神学说"的精要，做到"形神共治"，才更符合中医"形神合一"的哲学生命观。

小贴士：

> 中医把人体的精神、心理活动和部分生理活动分成五种不同的状态，即神、魂、意、魄、志，合称"五神"。如果人体出现了病变，不仅"形"会受到影响，"五神"也会发生变化。

第二节 "五神"与"五脏"的关系

在上一节，我提到广义的"神"是生命的活力，而"形"为"神"的载体，具体到"五神"，又分别有自己的载体，即心、肝、脾、肺、肾，也就是中医常说的"五脏"，或者说是"五神脏"。它们和西医解剖学中的脏器名称虽然相同，但却不是一回事，中医里的"五脏"是综合的概念，不但注重人体自身的整体性，还注重与自然环境的统一性。

"五神"和"五脏"的关系在《黄帝内经·素问·宣明五气》中早已被写明："五脏所藏：心藏神，肺藏魄，肝藏魂，脾藏意，肾藏志。"说明了五神是以五脏为物质基础的。五神与五脏之间，就好像电流与电线、电灯等之间的关系，电流是动力，电线、电灯等是载体，二者紧密结合，机体才能拥有生命，才能够发挥生命体的各项生理功能。

首先来看看心与"神"的关系。"心藏神"，这里的"神"不但能够统率全身脏腑、经络、形体的生理活动，还主司精神、意识、思维、情志这些心理活动的功能。而"神"能够正常发挥作用，也离不开"心主血脉"的濡养，心与"神"相互影响，人的生理活动、精神活动才能正常进行。

再来看看"魄"，它的活动以精气为物质基础，即《黄帝内经·灵枢·本神》所说的"并精而出入者谓之魄"。而"肺藏魄"，肺主皮毛，人体的各种感觉也要由皮肤来接收，所以"魄"也管理痛痒等感觉；"魄"还影响啼哭的功能，这是因为人通气、发音与肺有关；魄也主导本能反应与动作，而这些活动都离不开"宗气"的推动（"宗气"就是以肺从自然界吸入的清气和脾胃从饮食中运化而生成的水谷精气组成的生命动力），这些都表明肺和魄在功能上息息相关。

至于"魂"，则和肝的疏泄、藏血功能关系密切。《黄帝内经·灵枢·本神》提到："随神往来者，谓之魂。"这是说"魂"是"神"所派生的，而且它和"神"一样，都是以血为主要物质基础的。如果肝气调畅，藏血充足，"魂随神往"，"魂"的功能就能正常发挥；可要是肝的疏泄功能失调或是出现了肝血不足的情况，"魂"就不能随"神"活动，就会出现狂乱、多梦、梦游等症状。

脾和"意"关系密切，脾主导水谷精微的运化和营气的化生，能够滋养"意"，即"脾藏营，营舍意"，因此脾气盛衰会直接影响"意"的活动状态，而意的状态又会影响脾功能的正常发挥。脾气健运，运化充足，气血充盈，髓海得到丰富的滋养，人就会思路清晰、意念丰富、记忆力强；反之，脾的功能失常，人就会出现健忘、注意力不集中、思维不敏捷及智力下降的情况。

最后来看肾和"志"的关系，《黄帝内经·灵枢·本神》提出"肾藏精，精舍志"，说明"志"以肾精为产生的基础，如果肾的功能失常，导致肾精不足，"志"无所藏，人就会感觉精神疲惫、头晕健忘，之前立好的志向也难以坚持下去。这种情况在老年人身上表现得非常明显，很多老年人因为肾逐渐衰弱，会出现意志消沉、无精打采的情况。可青少年却正好相反，他们正处于肾精充足的年纪，看上去朝气蓬勃，还心怀大志，所以一定要紧紧抓住这个人生中最为宝贵的阶段，努力学习知识、掌握本领，将来能够开创一番事业。

小贴士：

> "五脏"是"五神"的物质基础，"五神"是生命的动力，二者紧密结合，机体才能拥有生命，并能够发挥生命体的各项生理功能。

第三节 "五神"与经络

在我们的体内，分布着一个纵横交错的"交通网"，负责全身各处气血运行和沟通联系的重要使命，也是机体信息的感应传导通路。这个"交通网"就是中医所说的经络系统，包括十二经脉、奇经八脉、十五络脉、十二经别、十二经筋、十二皮部，以及许多孙络、浮络，是一个庞大而复杂的"大家族"。

经络也是"神、魂、意、魄、志"这"五神"的载体通路，"五神"是人体生命的总主宰，决定了生命的生物特征和存在状态，而这样的功能正是通过经络的气血运行、沟通联系、感应传导和气化调节作用来实现的。

《黄帝内经·灵枢·九针十二原》说道："节之交，三百六十五会。知其要者，一言而终，不知其要，流散无穷。所言节者，神气之所游行出入也，非皮肉筋骨也。"这里的"节"指的是腧穴，"三百六十五会"便是全身所有腧穴，它们不但是经络气血出入会合的地方，还是"五神"游行出入的地方。经络把这些腧穴连接在一起，也就成了"五神"游行出入的通道。而"五脏"就好比"五神"在人体内的处所，"五神"行于经络、归于"五脏"，在这一过程中，"五神"通过经络调节精、气、血、津液的正常运输，保证人体形神合一、正常运转；而经络气化产生的水谷之气又为"五神"提供了滋养，使"五神"能够不断壮大。

经络上的每一个腧穴都和外界相通，使经络能够成为沟通外界的渠道，但外邪也容易侵扰腧穴，进而会影响"五神"，所以躯体健康出现问题的时候，往往会伴有精神、情志的不适。中医在针灸腧穴调整经络功能的时候，一定不能忽视调理"五神"的工作，只有把"五神"调理好，人体的生命活动规律才会恢复正常，也才能够促进正气的升发，刺激身体自愈能力的恢复。不过每个人"五神"的具体情况不尽相同，针刺后神气得到改善的程度也就不一样。《黄帝内经·灵枢·行针》就总结了这样的规律："重阳之人，其神易动，其气易往也。"也就是说，阳气偏盛的人"五神"相应壮盛一些，针刺刚开始就会有反应，"神气"得到了调动；而那些阳气偏衰的人，"五神"相应较弱，针刺后可能要很久才能调动"神气"。

另外，"五神"受到外界的连续刺激也会造成紊乱，而这会通过精神、情志、思维等方面的异常表现出来，也会导致经络的气化作用失调，会引发经络堵塞、气机逆乱等问题，精、气、血、津液的运输和废物的排泄也会受到阻碍，由此会引发各种躯体的疾病，而躯体症状加重后，又会反过来作用于精神、情志，从而造成恶性循环。"五神"失调造成情志失调，进而影响机体经络系统，问题积累到一定程度则会百病丛生，所以中医药经络疏通疗法一定要结合"五神"进行辨证治疗，才能提升疗效，改善病人的生活质量，调节好内在精神因素，最终达到"阴平阳秘"的理想状态。

小贴士：

> 经络也是"五神"的载体通路，"五神"通过经络调节精、气、血、津液的正常运输，保证人体形神合一、正常运转；而经络气化产生的水谷之气又为"五神"提供滋养，使"五神"不断壮大。

第四节 "五神"与阴阳、五行

提到"五神",绕不开中医传统的"阴阳五行学说"。很多人一听到"阴阳""五行"这样的词语,就会产生疑惑,觉得这是不是封建迷信的说法。我必须强调,所谓阴阳五行、天人合一、形神合一等,都属于中国古代哲学理论范畴,也是中医学的哲学基础。我们不能因为它是传统的、来自古人的智慧,就对它横加贬斥,这种态度是片面而偏激的。

就像"阴阳",我们就不能把它等同于"阴阳先生"爱说的那一套。其实,真正的"阴阳"一方面是指事物、现象之间最基本的对立关系,另一方面是指同一事物内部相互对应的属性趋向和变化规律。在远古时代,人们掌握的知识还非常有限,却已经通过长期的观察,发现万事万物都存在"阴阳",而且"阴"和"阳"不能割裂,必须相互依存。《荀子·礼记》中说"天地和而万物生,阴阳接而变化起",这是在说万物化生、变化都源于"阴阳"的相互作用。"阳"指的是运动的、外向的、上升的、弥散的、温热的、明亮的、兴奋的等属性;"阴"正相反,指的是相对静止的、内守的、下降的、凝聚的、寒冷的、抑制的等属性。

在日常生活中,"阴阳"的例子比比皆是。就像在一天之中,白天气温较高、相对温暖、光线明亮,所以属"阳";夜晚气温较低、相对寒冷、光线晦暗,所以属"阴"。一年之中,春夏季阳光普照、气候温暖、生命活跃,所以属"阳";而秋冬季气候转凉、日照不足、植物衰败、动物活动减少,所以属"阴"。这种"阴阳"总是处在不停运动和变化的过程中,维持着此消彼长的状态,有时还能相互转化,像一年四季寒暑交替就可以看成"阴阳"转化的情况。

再来看看人体,它也是"阴阳"的统一体,比如生理活动可以看作"阳",维持生理活动必需的营养元素就可以看作"阴"。生理活动消耗营养素的过程叫作"阳长阴消"，营养素代谢消耗生命活动能量的过程叫作"阴长阳消"。如果"阴"和"阳"之间能够保持相对协调和稳定的状态，就是中医常说的"阴阳平衡"的理想状态，人体就会非常健康。可实际情况是"阴"和"阳"很容易出现偏盛或偏衰的情况，如果偏颇情况不严重，人会出现亚健康状态；如果情况严重，就会发展为疾病。

我们还可以从"阴阳"的角度来分析"五神"和经络的关系，经络布于全身各个部位，是五神"神、魂、意、魄、志"的载体通路，它兼有"阴阳"双重属性：对于机体来说，它承载五神运行的主导、支配作用，属"阳"，而机体就属"阴"；对于"五神"来说，它又是属阴的。再如"神"指生命活力，属"阳"；心作为"神"的载体，属阴；神与心相结合，形成了心脏，这个心脏指的是阴阳平衡、搏动的心脏……如果"阴阳"不能彼此平衡、彼此联系、互相转换，而是互相分离的，那人的生命活动也会随之停止。

初步了解了"阴阳"后，我们再来了解一下"五行"。它指的是木、火、土、金、水五类物质属性和运动变化。这五种物质属性又有各自的特点。

具体来看，"木"具有生长、升发、条达、舒畅等属性。在人体中，肝主筋，主疏泄，有主司肢体屈伸运动、促进血液运行、调畅情志等作用，和"木"的特性相符合，所以肝属木。

"火"有炎热、升腾、光明等属性。在人体中，心主血脉，推动血液输注全身，发挥着营养和滋润作用，而且血是红色的，和"火"的特性相符，所以心属火。

"土"有承载、受纳、生化等属性。在人体中，脾胃有受纳、消化水谷再转化为营养精微的功能，能够充养全身，具有"土"的属性，所以脾属土。

"金"有沉降、肃杀、收敛、变革等属性。在人体中，肺喜凉恶热，就像金属一样，能快速吸热，所以肺属金。

"水"有滋润、下行、寒冷、闭藏等属性。在人体中，肾具有调节人体津液代谢的作用，与"水"的性质相符，所以肾属水。

五行之间也不是互相割裂的，而是相互联系的统一的整体，彼此之间还有相生和相克的关系。所谓"相生",就是相互资生、相互促进,即木生火、火生土、土生金、金生水、水生木,如此循环往复;所谓"相克",就是相互制约,即木克土、土克水、水克火、火克金、金克木。正是这种相生与相克,维持了"五行"这一整体相对协调平衡的状态,如果相生相克不能维持正常的水平,五行之间的协调平衡就会遭到破坏,人体就会发生疾病。

既然"五行"与"五脏"相互对应,而"五脏"又是"五神""神魂意魄志"的载体,"五神"之间也会表现出类似的关系,通过相生相克这一规律,源源不断地影响和修复人体的自身健康。我们在研究"五神"对人体健康的影响时,有必要从"五行学说"出发,将人体看成一个统一的整体来分析病机和辨证治疗,才能起到更好的效果。

小贴士:

"阴阳五行学说"不是"迷信",而是古人认识事物的一种思维方式,阴与阳对立统一,五行相生相克的道理能够帮我们更加全面地认识"五神"。

第二章　神魂意魄志的功能

第一节　"神"主导心的生理功能

我们已经知道,"神、魂、意、魄、志"分别存在于人体的心、肝、脾、肺、肾中,支配着五脏基本的生理功能。

以心而言,心的主要生理功能是"心主血脉",心血充足,脉络满盈,人就会面色润泽,容光焕发。而这种"心主血脉"的功能是在"神"的主导下实现的,《黄帝内经·灵枢·本神》里说:"心藏脉,脉舍神。"就是说神藏于血脉中,主导心脏的起搏与规律性搏动,使心脏对人体进行正常的血液供应。如果心与神互相调和,使得心脉安宁、神气安和,人就会有面色红润、血气充足的表现;相反,心神不安,血液运行受到干扰,就会直接体现在人的"气色"上,让人看上去脸色苍白、精神不好。

"神"不但主导心的生理功能,还主导其他四脏的"魂、魄、意、志",通过"魂、魄、意、志"主导全身五脏六腑的生理功能,并统领各种精神活动。"神"安,魂、魄、意、志都会安定,人会表现得生机勃勃、精力充沛;"神"不安,则会导致魂、魄、意、志都不安宁,人会出现心悸、躁烦、失眠、多梦等症状,甚至会出现思维混乱、神志失常等问题。

中医常说"心在志为喜",这里的"喜"就是"心神"对外界刺激产生的良性的情绪反应,这时候心神是安定的,心血、心气是充沛的,心阳、心阴是互相协调的,喜乐的情绪会自然地产生,对"心主血脉""心藏神"的功能也有益处。可"喜"也要有一定的限度,要是大喜过度,笑个不停,反而会让心气涣散、神不守舍,这时候人就会精神恍惚、"心神不属";同样,其他情绪也不能过度，否则都会损伤心神，这也是《黄帝内经·灵枢·邪气脏腑病形》说"愁忧恐惧则伤心"的原因。

有个7岁的患儿，半年来入睡困难，每天闷闷不乐，不爱吃饭，身体越来越瘦弱。有时患儿早晨起来情绪就不好，经常说"没意思""烦死了"。家长想带她出去玩耍，她也不愿意去。我观察她面色萎黄，神态疲倦，舌淡苔白。经过反复问诊，才知道半年前患儿的小弟弟出生了，全家的注意力转移到新生儿身上，对患儿的关注不如以前，再加上患儿开始上学，对校园环境不太适应，导致性情变化，情绪烦恼、抑郁，引起"心神不宁"，才出现了上述这些症状。

这也提醒了家长们，平时一定要多关注孩子的情绪状态，发现孩子情绪低沉、食欲下降、睡眠不安，要及时帮孩子疏导情绪、打开心结，使他们恢复积极愉悦的情绪状态，有助于缓解"心神不宁"的问题。

小贴士：

> "神"不但主导心的生理功能，还主导其他四脏的"魂、魄、意、志"，神不安，魂、魄、意、志都不安宁，人会出现精神、神志方面的多种问题。

第二节 "魂"主导肝的生理功能

"魂"主导肝藏血、产生胆汁与解毒等生理功能。肝有一个重要的生理功能是"主疏泄"，所谓"疏"，有疏通的意思；"泄"，可以理解为"发泄、升发"。人体不断地发生着升降出入的气化作用，脏腑经络、气血津液、营卫阴阳的正常运作，都有赖于气机的正常升降出入，而"魂"主导肝的生理功能，又与"神、魄、意、志"相联系，因而能够对全身各脏腑组织的气机升降出入起平衡协调的作用。"魂"安，肝的疏泄功能正常，人就会气机调畅、气血和调、经络通利，脏腑组织的活动也就会正常协调。

"魂"是否安定，还会影响人体正常的消化吸收。这是因为在"魂"的主导下，肝的疏泄功能也能协调脾胃的气机升降，从而能够促进脾胃正常的消化吸收功能。"魂"不安，肝失疏泄，会影响脾胃功能，出现嗳气、呕吐、食欲不振等肝胃不和的症状，也有可能出现腹胀、腹泻等肝脾不调的症状。

在"魂"的主导下，肝的疏泄功能还能影响人的精神情志活动，《黄帝内经·素问·灵兰秘典论》中指出"肝主谋虑"，这会让我们想到"深谋远虑"之类的成语。的确，这种功能正是"肝魂"辅佐"心神"，参与调节思维、情绪等神经精神活动后才能实现的。"魂"安宁，肝气自然升发，既不亢奋，也不抑郁，舒畅条达，人就能很好地协调精神神志活动，表现为精神愉快、心情舒畅、头脑清醒、思维敏捷。要是"魂"不安，肝的疏泄功能受到影响，就容易引起精神情志活动的异常：如果是疏泄不够的话，人会郁郁寡欢、多愁善感；如果是疏泄太过的话，人会烦躁易怒、头胀头痛、面红目赤。

同样，情志的变化反过来也会影响"肝魂"。中医常说"肝主怒"，所以爱生气的人最易得肝病，这和怒伤"肝魂"有很大的关系。相信大家也有这样的经历，平时发怒的时候，会觉得胸膛发闷，好像被什么东西堵住了一样，有的人还会出现脸色发红、头昏眼花、两臂麻木的情况，这些都是"肝魂"受到损伤的结果。所以要养"肝魂"，就是要少生气，不仅要减少生气的次数，还要尽可能地缩短生闷气的时间，让自己有开朗乐观的情绪。

此外，养"肝魂"还要注意养肝血。《黄帝内经·灵枢·本神》说"肝藏血，血舍魂"，这可以从两个角度来理解：首先，肝血能够为"魂"的正常功能提供能量；其次，肝血是"魂"在肝的载体，换句话说，"魂"就像是一个"客人"，以肝血为居舍。要想让魂安和，就要养足肝血，肝血充足，就不会出现"魂不守舍"的情况。反之，要是肝阴血不足，"魂"不守舍，就容易游离，不受"神"的支配，不能随"神"往来，那就要引发各种各样的病证了，像多梦、易醒、惊厥、腹泻、手脚冰凉等。因此，对于这些病证，中医会采用肝、神、魂共治的原则，注意滋阴补血、清火潜阳、安神定魂，往往能够收到非常好的疗效。

小贴士：

> "魂"不但主导肝的生理功能，还与"神、魄、意、志"相联系，能够对全身各脏腑组织起平衡协调的作用。

第三节 "意"主导脾的生理功能

"意"主导胃肠在餐饮后规律性的运动与水谷精微吸收、运化，完成脾为人体气血生化之源的生理功能。脾是人体的"后天之本"，它最重要的生理功能是"主运化"，也就是帮助我们消化饮食、吸收营养、输布津液，这里"运"就有"运送"的意思，"化"有"变化"的意思。在消化、吸收的过程中，胃、大肠、小肠、三焦、膀胱也要参与进来，共同完成对"水谷精微"的转化功能。

脾的这些消化功能需要依赖"意"来完成，《黄帝内经·灵枢·本神》中说："脾藏营，营舍意，脾气虚则四肢不用，五脏不安，实则腹胀，经溲不利。"这是在说，如果"意"不安，脾的消化功能就会失调。如果属于脾气虚，不能化生水谷精微，导致营气不足，四肢肌肉得不到滋养，五脏功能得不到调和，就会出现"四肢不用、五脏不安"的情况；如果脾气机升降失常，就会出现腹部胀满、大小便不利的情况。

有个1岁的患儿，食欲不振、不思饮食已有6个多月，大便每2~3天一次，偏干，晚上睡觉不安稳，身体消瘦，还有枕秃、面色泛青、眼下虚浮紫暗、鼻腔黏膜充血、口唇干红、地图舌、双侧扁桃体Ⅱ度肿胀等情况。我在综合各种症状后，诊断为厌食（脾气虚证），在治疗上采用了健脾益气、软坚散结的治法。在服药治疗的同时，我叮嘱患儿的父母平时要注意饮食卫生，不要给孩子吃生冷、油腻、煎炸的食物，海鲜和水果也要禁用。半个月后二诊，患儿食欲有所好转，体重增长了2千克，但仍有面色青暗、鼻腔黏膜发红、口唇干红、咽部充血、双侧扁桃体Ⅰ度肿胀等情况，我调整了方剂，患儿服药14剂后，所有症状消失。

像这种情况就是脾气虚、脾胃运化失调的结果，幼儿本来就有"脏腑娇嫩""脾常不足"的特点，如果家长喂养不当，或是饮食稍有不节，都容易损伤"脾意"，进而会出现食欲差、营养不良、生长发育迟缓之类的情况。

在"意"的主导下，脾与人的精神、思维活动也息息相关。《黄帝内经·素问》遗篇《刺法论》把脾称为"谏议之官"，这可是一个非常重要的"职位"，需要进行思考、判断，再将结论呈报给"君主之官"，这样"君主"才能做到"神而明之"。这些思考、思虑的过程也是通过"意"来实现的。

正是因为"意"的存在，人才能思路清晰、意念丰富、记忆力强盛，可要是思虑过度，导致疲劳，就会损伤"意"而影响脾的功能。如果属于脾阳不足，就会出现思虑短少、想不清楚问题的情况；如果属于脾阴不足，就会出现记性不好、容易忘事的情况。"脾意"受损还会影响机体的正常生理活动。其中最主要的是影响气的正常运行，会出现气滞、气结的情况，人就会有食欲不振、脘腹胀闷、头目眩晕等问题。所以为了养护"脾意"，就要减少过度的思虑。生活中如果遇到"百思不得其解"的问题，就不要强迫自己去"钻牛角尖"，而是要学会放宽心，减少压力。另外，可以做一做自己感兴趣的事情，转移思维的焦点，也会让自己感觉轻松不少。

小贴士：

> "意"不但主导脾的运化功能，还会影响人的精神、思维活动，如果思虑过度，会损伤"意"，进而影响脾的功能。

第四节 "魄"主导肺的生理功能

"魄"主导小儿出生肺的起搏与一身规律性的舒张与收缩。肺的主要生理功能是"肺主气",这个"主气"包括两个方面:第一是主"呼吸之气",就是通过肺有节律的一呼一吸,从自然界吸入新鲜的空气,再把体内新陈代谢产生的浊气呼出去,这样人才能神清气爽。那些喜欢抽烟的人,脸上好像蒙着一层雾气似的,看上去气色不太好,就说明新陈代谢不佳;第二是主"一身之气",也就是全身气机的运行都和肺有关,包括宗气的生成、气血的运行、津液的输布都离不开肺的功劳。而肺的这种主气功能正是在"魄"的主导下进行的,"魄"不但主导肺的启动和规律性运动,还通过与神、魂、意、志的联系,维系全身"气"的运行流畅。

"魄"是否健旺也和肺气是否强盛有关。肺气盛,"魄"才会健旺。又因为"魄"与生俱来,主感觉能动,"魄"强盛,人的全身气机才会顺畅、精神状态才会良好,知觉灵敏、动作协调;要是肺气不足,不能正常濡养"魄",就有可能出现"肺不藏魄"的情况。《灵枢·天年》提到这样的例子:八十岁的老人,因为肺气虚出现"魄离"的情况,头晕眼花记不住事,说话都容易出现失误。另外,青壮年人要是出现昏昏沉沉、不能正常说话、想睡又睡不着等情况,也可能和"神魄失守"有关。《续名医类案》就介绍了这样的病例:"一人病昏昏默默,如热无热,如寒无寒,欲卧不能卧。"书中明确指出,这是因为"肺藏魄,神魄失守",才会出现这样的症状。

肺的另一个生理功能是主一身之皮毛,而皮毛被称为"人体第六感官",和全身经络相联通,进而联系五脏六腑,构成密不可分的整体。而肺藏魄,"魄"通过皮肤的经络联系神、魂、意、志,进而影响五脏六腑和人体全身的生理功能。如果"魄"安宁,肺的生理功能正常,全身皮肤致密、皮毛有光泽、抵御外邪入侵的能力也会变强，不容易感染疾病；可要是"魄"不安宁，肺气不能正常输布津液给皮毛，那就不仅仅是不美丽的问题了，而是会引起皮毛功能减弱，抵御外邪侵袭的能力下降，人就容易患上感冒等疾病。有的人没有任何疾病却感到皮肤发痒，这是感觉过敏，也有"魄"不安宁的原因，通过推拿按摩皮肤等方法调理"魄"，不但能够安"魄"，减轻这方面的症状，还能够达到调理五脏六腑的目的。

有家长因孩子反复感冒找我就诊，我了解到孩子正在上幼儿园，几乎每个月都要感冒、发热，而且舌苔厚，咽部充血，嘴里有异味。孩子食欲不佳，排便间隔时间也变长了，从以前的每天一次，变成了每2~3天一次。我认为孩子有"食积内热"的情况，建议家长控制孩子的晚饭进食量，在用药物治疗的同时，可以给孩子做做按摩，方法是开天门（两拇指自下而上从眉心到前发际做交替直推）、推坎宫（两拇指从眉心向眉梢做分推）、揉太阳（用两中指指端揉两侧太阳穴）、揉耳后高骨各50次；分手阴阳（两拇指从掌后腕横纹中点向两旁做分推）2分钟；清胃经（沿拇指近掌端第一节向指根方向直推，或是自大鱼际桡侧缘从掌根向指根方向直推）5分钟；退六腑（拇指或食、中指指面自肘横纹推向腕横纹）3分钟，顺时针摩腹2分钟，捏脊5遍。经过一段时间的调理后，孩子的进食、排便情况逐渐好转，反复感冒的问题也得到有效的解决。由此也可以看出推拿按摩确实有平衡阴阳、调理脏腑、行气活血、扶正祛邪的功能。

中医还指出，"肺在志为忧悲"。情志的异常变化会使"魄"不安宁，进而会影响肺的功能，特别是悲哀、忧伤很容易损伤"肺魄"。《红楼梦》里的林妹妹经常为一些小问题忧愁烦闷，还动不动就独自垂泪，导致"肺魄"受到损伤，咳嗽的毛病总是好不了，最终红颜薄命，令人惋惜。所以为了保护"肺魄"，就要注意调节好自己的情绪，保持开朗的心境。

小贴士：

> "魄"不但主导肺的生理功能，还通过与神、魂、意、志的联系，维系全身"气"的运行顺畅。

第五节 "志"主导肾的生理功能

"志"主导肾完成对血液滤过与养分重吸收以及主骨生髓、主生殖的生理功能。肾的重要生理功能是"主骨生髓，主人的智慧与意志"。肾中精气充盈，才能很好地充养骨髓；要是肾中精气不足，就会出现骨髓空虚的问题。如果是孩子，可能有囟门闭合较迟、全身骨软无力、发育迟缓之类的情况；如果是老人，会有骨质脆弱、容易骨折的情况。

肾所生的"髓"，不仅有骨髓，还有脊髓、脑髓。脑髓也被称为"髓海"，如果肾中精气充盈，脑的发育健全，人就会精神健旺、思维敏锐、记忆力好；反之，就会出现《黄帝内经·灵枢·海论》中描述的情况，即"髓海不足则脑转耳鸣，胫酸眩冒，目无所见，懈怠安卧"（髓海不足导致头晕目眩伴耳鸣，小腿酸软无力，自觉天旋地转，站立不稳，眼前看不见东西，终日乏力嗜睡等）。

肾的这些功能正是在"志"的主导下实现的，而"志"和"神"关系非常密切，常被称为"神志"。在"志"的推动下，肾和其他脏腑也关系密切，可以影响人体全身的生理功能。

"志"也会通过肾影响人的志向和精神活动。肾常被称为"先天之本"，婴儿在出生后肾精本来是非常充足的，再加上后天水谷精微的不断滋养，肾的功能在青少年时期达到了巅峰状态，此时肾精充盈、"志"得到了滋养，便会非常强盛。在这个时候我们会发现年轻人有远大的理想，做起事情也是风风火火，有一种令人羡慕的激情和锐气。可是进入中年后，肾精逐渐衰退，"志"得不到滋养，人们就显得"务实"多了——不再说一些豪言壮语，也抛弃了很多不容易实现的想法。

除了志向外，"志"还会影响其他的一些精神活动。比如"志"安宁的时候，人们晚上睡眠质量会比较好，即使会做梦，也是另一种放松大脑的形式，不会影响正常的休息，醒来后没有特别不舒服的感觉。可要是"志"不安，人就会出现多梦、睡不安稳的情况，有时还会从梦中惊醒，醒后也会感到全身疲惫不堪。由于精神恢复得很不好，白天做什么事情都会无精打采，工作、学习的效率也会比较低下。

中医常说"恐伤肾"，"肾志"最容易受到惊恐情绪的损害，比如受到了过度惊吓，有的人会出现大小便失禁、遗精、四肢冰冷等情况，还有人会发生精神错乱、癫病。

为了守护"肾志"，在生活中我们应当尽可能地避开各种恐惧因素。对于孩子来说，家长要避免过于严厉的教育方式，不要动不动就责备孩子这不好、那不好，以至于让孩子产生恐惧心理，一看到家长就感到害怕，这对于身体和心理健康都是非常不利的。

小贴士：

> "志"主导肾完成主骨生髓、主生殖的生理功能，还通过肾影响人的志向和精神活动。肾精充盈，人的志向也会强盛；志安宁，人的睡眠质量好，精神状态稳定。

第三篇

儿童成长
——神魂意魄志

第一章　总述

第一节　"神魂意魄志"与儿童的感知系统发育

很多人认为刚刚出生的小婴儿每天只知道吃和睡，其实不然，他们一降生就已经具备了一定的感知能力，而且他们还有惊人的学习能力，感知系统的发育速度常常会让家长大吃一惊。

婴儿感知的种种变化和"神魂意魄志"有很大的关系，《黄帝内经·灵枢·本神》记载："故生之来谓之精，两精相搏谓之神，随神往来者谓之魂。"这是在说，随着阴阳两精结合，生命运动产生，也就形成了"神"，而"魂"主导的知觉机能是随着"神"的往来活动出现的，所以别看新生儿总是嗷嗷待哺，一天要睡十几个小时，其实他们也是能看、能听、能嗅的，而且他们也有自己的味觉和触觉。

首先来看看视觉的发育。视觉的形成与五脏六腑的功能息息相关，神魂意魄志安好，脏腑功能正常，视觉才会更加敏锐。而新生儿的脏腑娇嫩，形气未充，视觉尚未发育完全，看东西是模糊不清的，瞳孔虽然对光有反应，但是很怕受到强光的刺激。有的家长发现新生儿不会盯着人看，就怀疑他的眼睛是不是有问题。其实家长也不用过于担心，因为这个美好的世界画卷会逐渐在宝宝的眼前展开。

在出生后 1 个月，婴儿就可以凝视光源了，他的小脑袋会不自觉地跟随水平方向移动的物体转动 90 度；3~4 个月的时候，他对自己的小手产生了兴趣，喜欢看小手，手眼协调度越来越好，小脑袋转动的幅度也变大了，可以随物体水平转动 180 度；6~7 个月的时候，他的目光能够随上下移动的物体沿垂直方向移动90度，还能改变体位、协调动作，他也开始分辨不同的颜色；8~9个月的时候，他有了对深度的感觉，也能看到比较小的物体；到了18个月时，他已经能够区别各种形状……一直到6岁时，他的视深度才算是发育完全了。

听觉又会有怎样的变化呢？中医认为，听觉是否灵敏，与肾中精气盛衰有分不开的关系，而肾藏志，志主导肾的生理功能，新生儿的"志"尚未发展完善，自然会影响听觉，何况刚出生时中耳充满了黏液，也会妨碍声音的传导。等黏液逐渐被吸收，鼓室里充满空气，听觉的敏锐性才能逐渐提高。好在这种提高的过程是非常迅速的，到出生后3~7天时，他的听觉就有明显提升；3~4个月时，他的头会转向声源，听到悦耳的声音时，还会做出可爱的微笑表情；7~9个月时，他就能够确定声源的位置，还能够区别语言的意义；13~16个月时，他会寻找不同高度的声源，还能听懂别人叫自己的名字；到4岁时，听觉就算是发育完善了。

与视觉、听觉相比，味觉的发育过程就要简单得多。一般婴儿在出生后几天内味觉就已经相当灵敏，可以识别甜、苦、酸的味道。而嗅觉要到出生数月后才有所提升，这时候婴儿会对强烈的气味有反应；7~8个月时，嗅觉更加灵敏；2岁时，他就能够很好地鉴别各种气味。

最后是触觉的发育，这与"魄"的作用有直接的关系，因为"肺藏魄"，而"肺主皮毛"，与皮肤有关的生理现象都可以从"魄"上找原因。在"魄"的推动下，婴儿有了最早的触觉，特别是口唇部分，触觉最为灵敏，要是有东西接触口唇，他就会做出吸吮的动作。另外，他的手掌、脚掌和颜面的皮肤也比较敏感。此外，他的温度觉发育得也比较好，来到较冷的环境时，他感觉不舒服，就会啼哭不止；如果回到温暖的环境里，他就会慢慢地安静下来。

了解了这些发育特点，家长就可以有针对性地对孩子进行感知觉提升训练，比如经常温柔地抚摸婴儿，能够让他的触觉得到更好的提升，还能达到"安魄"的目的，有助于他的健康发育和成长。

小贴士：

> 婴儿的感知能力，包括视觉、听觉、味觉、嗅觉、触觉的种种变化都和"神魂意魄志"有分不开的关系，家长可以据此对婴儿进行感知训练。

第二节 "神魂意魄志"与儿童的心理活动发育

可能大家并没有想到，人的心理活动从新生儿期、婴儿期就已经开始发育。有的婴儿特别"好带"，哺乳后会表现得情绪很愉快，不久便会安静地入睡，家长也会觉得非常轻松；可有的婴儿就不一样了，他们会表现得烦躁不安，还会啼哭不止，有的还成了人们常说的"夜哭郎"，弄得家长疲惫不堪、精神崩溃。其实这种情况就和新生儿期的心理活动有关系，而它的背后自然也少不了"神魂意魄志"的影子。

像啼哭、吸吮、手足运动、听见声响这些本能的反应，便是在"魄"的主导下出现的，这些反应的出现，也意味着婴儿心理活动的"萌芽"。随着婴儿的快速成长，"神魂意魄志"得到脏腑的支持、血脉的滋养，会变得越来越强盛，在它们的主导和推动下，婴儿的心理活动也会越来越丰富。

比如1个月的婴儿，就有记忆能力和分辨性学习能力，他会对妈妈的气味和声音表现得很敏感；1~4个月的时候，他会重复偶然发生的动作，还表现得乐此不疲；4~8个月的时候，他似乎已经体会到了事物的属性，但还不能完全探索清楚；8个月的时候，他开始有了物体永存的概念；8~12个月时，他会表现得更加聪明，行动也不再是完全盲目的，而是有了自己的目的；12~18个月时，他开始试图了解事物的本质，也不满足于某一种动作的重复，此时他还会表现出回忆的能力，体现出了"意"的作用；1~2岁时，他开始应用文字信号；2岁后开始应用符号，还能较好地利用记忆储存，这显然与"志"的发展有分不开的关系；3岁后，他已经拥有了初步想象的能力；5~7岁时，他思考问题的方法会发生巨大的变化，记忆能力有所增强，认知能力有了新的发展，能较好地控制自己的注意力；6~11岁时，他的抽象能力进一步提高。

同时，随着年龄的增长，他有意识控制自己情绪的能力也在逐渐增强，他也会产生信任感、安全感、同情感等，并会逐渐形成自己的个性与性格。家长要注意观察这些心理发展和情绪变化，让孩子能够拥有健康的心理和良好的性格。

小贴士：

> 孩子的心理活动从萌芽到不断发展，每一个让家长感到惊喜的表现背后，也都藏着"神魂意魄志"的影子。

第三节 "神魂意魄志"与儿童的肢体动作发育

随着婴儿一天天成长，肢体动作越来越丰富。在中医看来，肢体动作的发育和五脏六腑都有关系，特别是皮、筋、肉、骨更是动作发育的关键所在。而"心藏神，心为君主之官"，身体机能的各项发展都离不开"心神"的主导作用，再加上"肺藏魄，主皮毛""肾藏神，主骨""肝藏魂，主筋""脾藏意，主肌肉"，因此，儿童肢体动作的发育也和"神魂意魄志"密切相关。

家长如果注意去观察，会发现儿童的动作发育有一定的规律。首先是"由上到下"的规律，婴儿先是会抬头，然后会按坐、爬、站、走的顺序逐渐发育。具体来说，2个月时，婴儿在直立的时候能抬头；3~4个月时，婴儿趴在床上，头就能抬起45度；4个月时，婴儿在趴着的时候，能用胳膊肘支起上半身；6个月的时候，他就能翻身了；7~8个月的时候，不用去扶，他也能独自坐住；

8~9个月时，他已经会爬了；9~10个月时，他能扶着东西站住；12~15个月时，他能独自行走；1岁半时，他可以自由地行走了，还能爬上台阶；2岁时，他能够小跑、快跑。民间把这个过程总结为："一听二视三抬头，四撑五抓六翻身，七坐八爬九扶站，1岁娃娃会走路。"

其次是"由近到远"的规律，也就是说，婴儿的肢体动作是按照从臂到手、从腿到脚的顺序发育的。

再有"由粗到细"的规律，就是说婴儿的动作越来越精细化了。比如，在6~8个月的时候，他还只能用手掌握住物体；9个月后，他就能用拇指配合着抓取一些比较细小的物体。

另外，肢体动作的发育还有"由简单到复杂""由低级到高级"的规律，像婴儿从只会画最简单的直线，发展到会画圈、画复杂的图形等；婴儿先学会看、听、感觉事物，再学会认识事物，逐渐有了记忆、思维分析、判断能力等。这也说明孩子的"神魂意魄志"正在一点点完善，可以更好地主导脏腑的功能。

对于儿童的肢体动作发育，家长抚养的重点是"顺其自然"，也就是根据他表现出来的行为、动作进行自然的教育，不用去做多余的干涉。我看到有的家长给小宝宝用上"学步车"或是别的辅助工具，想要让他过早学习自己本不该掌握的技能，这就违背了人体正常生长发育的规律，很容易造成动作失衡、身体协调性变差，有的时候还会造成骨骼变形，出现"X"形腿、"O"形腿之类的问题，所以一定要注意避免。

小贴士：

> 孩子的肢体动作按照"由上到下""由近到远""由粗到细"的规律不断发展，这些变化也和"神魂意魄志"密切相关，家长不要对孩子做过多干涉，以免影响孩子正常的发育。

第四节 "神魂意魄志"与儿童的情志问题

很多人总觉得幼小的儿童天真烂漫、懵懵懂懂，不存在什么情志问题，可事实并非如此。情志不论是对成年人还是对儿童都有很大的影响。

喜、怒、忧、思、悲、恐、惊这七种情志本来是人体对外界环境的生理反应，如果情志的变化在正常范围内，对身体没有什么大的影响，一般情况下也不会直接致病。可要是情志活动剧烈、过度，超越了人体能够承受的限度，而且持久得不到平静，那就必然会影响脏腑的功能，也会让"神魂意魄志"不得安宁，严重时就会出现疾病状态。《黄帝内经·素问·举痛论》就提到"怒则气上，喜则气缓，悲则气消，恐则气下，惊则气乱，思则气结"，即：大怒会引发肝气上逆；过喜会导致心气涣散；过悲会耗伤肺气；过恐会导致气机下降，出现肾气受损的一系列症状；大惊会引起心气紊乱；过度思虑会导致脾气郁结，影响正常的运化功能。这些情况对于成人和儿童都是适用的。

比如中医认为"心藏神，主惊"，儿童神气怯弱，容易受惊而出现夜啼的情况。突然遇到危险、看见可怕的东西、听见恐怖的声音等，都会让儿童受到惊吓。

有个3岁的患儿就出现了这种情况，晚上睡觉时常常会突然坐起来，又哭又喊，显得十分惊恐，这时候他的意识却还处于朦胧状态，家长喊他的名字，他也不回应，要持续1分钟左右，才能缓解过来。我详细询问了家长，又知道孩子平时有胆小气急的问题，经过一番诊察，我认为孩子夜啼的外因是"惊恐伤神"，内因是"胆虚神怯"，因此从调胆入手，以柴芩温胆汤为主方，起温胆宁神的目的，配合有宁心安神、息风止痉等功能的中药进行治疗，起到了很好的效果。三诊后各种症状消失，又调治了一个月巩固效果，此后随访半年未发作。可见在治疗夜啼时，要找对症结，选好治法，达到宁神、安五脏的目的，才能收到良好的疗效。

忧愁也是七情中常见的情志，正常情况下不会损伤儿童的身体健康。可要是忧愁过度，就会让魄不安，引发很多问题。有的孩子面色㿠白，皮肤缺少光泽，气息不足，郁郁寡欢，忧心忡忡，愁眉苦脸，整日长吁短叹，垂头丧气，就连出汗都会出现异常。如果这种情况长期得不到缓解，或是极度忧愁，还会出现"过悲伤肺，肺伤气消"的现象，也就是会损伤肺气，还会波及脾气，影响脾胃正常的受纳运化功能，儿童就会出现食欲下降、疲倦乏力等症状。有些儿童的头发会因为过度忧愁而早早变白，所以民间有"愁一愁，白了头"的说法。

思虑这种情志要受到"脾藏意"的支配，而儿童具有"脾常不足"的生理特点，有时就会表现得喜静多思。适度思考本来是一种优点，可要是思虑过度，就会影响身心健康。儿童会有面色偏黄、缺少光泽、肌肉松软、多愁善感等亚健康脾虚质的表现。如果思虑太过，还会让"意"不安，一方面会让脾气受损，影响消化功能，吃饭就吃不香了；另一方面会出现睡眠问题，像晚上爱做梦、还常常被惊醒等。时间长了，思虑还会造成"气结不畅"的问题，它会让儿童出现体质下降、百病丛生的情况。

怒和"肝藏魂"的关系十分密切，而儿童具有"肝常不足"的生理特点，有时候稍有不如意就会情绪激动、发火愤怒，这属于"善怒体质"。一般情况下，怒不会对身体造成伤害，但要是过度愤怒，或是长时间发怒，就会让"魂"不安宁，从而影响肝的疏泄功能。轻者面色偏青、缺少光泽，还会出现亚健康的偏肝亢质；重者会出现两胁胀痛、胸闷不舒、腹部疼痛、食欲不佳等症状。

恐与"肾藏志"的关系密切，一般情况下恐不会对儿童的身体造成伤害，只是有可能让儿童变得胆小、容易害怕。我接触过不少这样的儿童，他们胆子特别小，晚上不敢单独睡觉，要和父母睡在一间房子里，甚至还要睡在一张床上，这属于胆小怯弱质。如果"恐"过度，而儿童又有"肾常虚"的生理特点，就会使"志"不安宁，进而引发轻重不同的健康问题。轻者出现胆小恐惧、面色偏黑、缺少光泽、骨头细弱、身材矮小等偏肾虚质的情况；重者会出现"恐则气下，气机逆乱"的疾病体态。

对于这些情志问题，家长应当早"上心"，要帮助孩子控制好情绪，尽量不要让他出现过喜、过忧、大怒、受惊、恐慌的情况。另外，家长自己也要学会调节情志，避免把不良情绪"传染"给孩子。

每天来找我看诊的家长和小患者很多，我注意到家长如果特别焦虑、烦躁，或是气冲冲的，孩子也会受到影响，情绪会偏压抑，还很容易哭闹，这时候我会劝家长先冷静一下，别在孩子边上吵吵闹闹，或是发火、抱怨。对于这样的问题，家长应当有充分的认识，才不会在不知不觉中加重孩子的情志问题。

小贴士：

> 儿童也会有情志问题，情志过度，持久得不到平静，必然会影响脏腑的功能，也会让"神魂意魄志"不得安宁，严重时就会出现疾病状态。

第五节　刺激"魄"为什么能够调理五脏六腑

孩子感觉不舒服的时候，家长也会非常担心。想要帮孩子缓解不适，家长却找不到合适的办法——喂药经常会遭到孩子的抗拒，打针更是痛苦无比，家长不免左右为难。

其实，儿童康复保健和养生调护完全可以采用一种无不良反应、疗效好的方法，那就是按摩。

给幼小的孩子按摩时，相当于用手指代替针灸用的针，在体表进行揉按、拿捏等手法操作，以此达到保健治疗的目的。这种按摩的原理就是"肺藏魄"与"肺主皮毛"，《类经·藏象类》提到："魄之为用，能动能作，痛痒由之而觉也。"这说明人体的一些知觉和动作都是"魄"作用的结果，而且"魄"的功能突出表现在皮肤，人通过皮肤感知寒热、疼痛和瘙痒，所以会有"魄藏于玄腑，主感觉，皮毛者皮肤也"的说法。而人体皮肤感觉最敏感的地方往往是毛发较集中且茂盛的地方，像头皮、口周、腋窝等。"魄"参与形成人体最基本的感觉，通过用手轻轻触摸皮肤，就能达到"安魄"的作用，再通过"安魄"达到调理"神、魂、意、志"的作用，进而可以调理五脏六腑，这就是小儿按摩的理论基础。

自古以来，小儿按摩就是中医儿科治疗保健的主要方法之一，可以用于治疗小儿常见病和疑难杂症，对预防亚健康、调理体质也有意想不到的疗效，而且它没有什么痛苦的感觉，也不会引起不良反应，属于"绿色疗法"。

婴幼儿体质娇嫩，容易受到外邪侵扰，会影响"肺魄"，让"魄"不安宁，轻者会有失魂落魄、脸色发白、容易"打蔫"的情况，重者会有冷汗直流、自汗不止的情况；另外，魄不安宁，会影响心、肝、脾、肾所藏的"神、魂、意、志"，导致出现其他脏腑的反应，这时候进行按摩就能够刺激肺魄，达到安五脏、调六腑的作用，所以中医有"轻摩调其五脏六腑，重按以理其肌肉筋膜"的说法。

当然，除了采用按摩法外，家长还是应当注意咨询有经验的中医，将调胆与调理"神、魂、意、魄、志"相结合，再合理使用药物，才能让孩子尽早康复。

小贴士：

"魄"的功能突出表现在皮肤，用手轻轻触摸皮肤能达到"安魄"的作用，可影响"神、魂、意、志"，进而达到调理五脏六腑的作用，这就是小儿按摩的理论基础。

第二章　孕产阶段

第一节　备孕期

1. 孕前如何"益精养血"

心心相印的年轻男女走进了婚姻的殿堂，接下来，生儿育女的人生大事就要提上日程了。我发现很多夫妻特别关注妊娠后的保健和检查问题，对备孕相对没有那么重视。其实"优生优育"离不开科学备孕，这一点不光现代医学一直在强调，我们的传统医学也有很多值得学习的观点。

在中医看来，妊娠前有一个特别重要的任务，就是"益精养血"。清代名医沈金鳌在《妇科玉尺·求嗣》中提到："男子以精为主，女性以血为主。阳精溢泻而不竭，阴血时下而不愆，阴阳交畅，精血合凝，胚胎结而生育滋矣。"

这句话的意思是，男性的精、女性的血是生命诞生的必要条件。男性肾气充实，精子才能随时溢泻；女性气血调畅，月经不会过期，也不会提前，排卵期才会正常。只有这样，才可能生育健康的子女。所以，备孕的时候一定要记住"男益精""女养血"这两个要点。

怎么才能"益精"呢？清代方昌翰在《竹林女科证治》中介绍了一系列的方法，放在现代看也不会觉得过时。

第一是要"安神惜精"。就是说，平时不要思虑过多，否则容易伤脾，还会损伤心神，更会造成精气耗损，正气衰竭，不利于顺利受孕。

第二是要注意"节劳"。这又包括两个方面：一方面，房事不能过度，不然会耗损精气，导致精液稀薄，精子质量差，受孕就会异常困难，即使受孕了，孩子出生后也会身体羸弱；另一方面，身体不要过于劳累，像现在很多年轻人喜欢长时间看手机、电脑，这属于"目劳"，长时间戴着耳机听音乐属于"耳劳"，思虑过多、心不静属于"心劳"，想要保持良好的身体状态，孕育健康的子女，这些事情在备孕期间都应少做。

第三是要注意"戒怒"。因为生气发怒容易损伤"魂"，影响肝的功能，而肝肾关系密切，所谓"肝藏血，肾藏精"，肝血充盈，血液才能顺利转化为肾精。肝气受损，肾精不足，自然影响受孕。

第四是要"戒酒"。中医把醉酒入房视为性事大忌，这是因为酒性热，不仅会扰乱人的性情，还会让精气衰减。现代医学也通过研究发现，过量饮酒会导致精液质量下降，受孕后会造成胚胎染色体畸变，容易生出先天愚型儿。

第五是要注意饮食。少吃"肥浓之物"，也就是那些肥厚油腻、味重刺激性强的食物，因为它们非但不能化生气血津液、滋养五脏六腑，还会损伤脾胃、滋生痰湿，更会损伤精气。所以古人更提倡"淡泊之味"，就是说备孕时饮食要吃得清淡一些，尽量保持食物的原汁原味，才有助于"补精"。

说完了"男养精"的问题，我们再着重讲讲"女养血"有哪些要点。女性的经、带、胎、产都和"血"有密切的联系，中医说任脉主血，任脉不通，月经不会正常，排卵也会紊乱，妊娠就会变得非常困难。即便是在妊娠以后，胎儿也是需要母体气血滋养的，气血不足会出现"血不养胎"的情况，容易导致流产。不仅如此，妈妈分娩后还得给新生儿哺乳，乳汁也是由气血生化而成的，可见"养血"是多么的重要。

那备孕期间女生该怎么做呢？

首先是要观察经血的变化，中医认为血属于"阴"，而"阴"和月亮对应，所以女性的月经就和月满月亏的周期关联在了一起，一般是28天来潮一次。如果女性有了月经病，这个周期就会发生紊乱，要么提前，要么推迟。同时，月经的频率和经血量也会出现异常，有的一个月来两次月经，有的两个月甚至更长时间才来一次月经，有的经血不断，总也不干净，有的来月经的时候小肚子疼得受不了。

有各种各样月经病的女性，在备孕的时候就得抓紧治疗月经病了。中医在这方面积累了很多经验，会根据不同的症状"辨证施治"，但想要治本，还是要"补命门，养真阴"。真阴受损，阴血不足，就不能育胎生子，阴气不足也不能保胎。这些保胎育子的功能又与命门相关，所以要注重填补命门。

既然精血的根源都是在命门，精血之源又在心脾之间，所以还要养好心脾。心藏神，主血，养好了心，自然会生血；脾藏意，主运化，统摄血液，脾胃健旺，才能气血充盈，滋养脏腑。而心和脾互相调和，能够达到气畅血行的效果。所以在备孕期间，有月经病的女性不但要重视经脉调理，还要注重情志调理、饮食调理，这才是"补阴"的关键。

小贴士：

> "优生优育"离不开科学备孕，妊娠前年轻夫妻就要注意做好"益精养血"的工作。只有男性精气旺盛，女性气血调畅，才能为孕育健康宝宝打下良好的基础。

2. 孕前饮食、用药要注意什么

很多孕妈妈在得知自己妊娠后，在饮食、用药方面都会特别注意，生怕一不留神就会伤害腹中的小宝宝。然而，大家不知道的是，胎儿的"先天禀赋"往往是在受孕的那一刻决定的，父母受孕时身体健康、肾气旺盛、气血调畅，才能孕育出健康、聪明、漂亮、可爱的宝宝。所以在备孕阶段就要注意增加营养、调理身体，并要避免食用对身体有害的食物、药物。

清代王春亭在《济生集·胎前饮食》中写道："忌食诸物：椒、姜、煎炒、野味、螃蟹、鳗、鳝、猪肝血、龟、鳖、自死肉、苋菜。勿多饮酒……"这里就提到了备孕期间饮食方面要注意的几个要点：男性要避免吃一些损害肾精的食物，像生蒜、辣椒、胡椒、酒精饮品等；女性也要少吃辛辣食物，因为它们会刺激脾胃，不能正常化生水谷精微，还会引起脾胃不适，会出现腹痛、腹胀、便秘等症状，甚至还会引起痔疮，给日后的妊娠、分娩造成很多困难。另外，我注意到有些爱美的女性经常靠节食减肥，这对健康非常不利，在备孕期间更是要注意避免，否则长期少进食或不进食，也会导致脾胃受损，气血生化的功能会受到影响，容易造成月经不调、经量减少，甚至还会造成不孕。

在用药方面也要谨慎，清代吴谦在《妇科心法要诀·嗣育门·胎前用药三禁》中指出："胎前清热养血主，理脾疏气是为兼。三禁汗下利小便，随证虚实寒热看。"这就是说，备孕期间，应当注意清热养血，避免服用耗伤阴血的药物。如果需要调理的话，要配合理脾、健脾的药物，以调和气血，有助于受孕。

另外，有些常用的治疗方法在备孕期间就不适用了，像宣发肺气、促进发汗的"汗法"，疏通肠胃、通利大小便的"下法"都不宜采用，否则过度出汗会损伤阳气，过度泻下会损伤津液气血，这样的身体状态是不适合受孕的。

因此，在备孕期间需要用药的话，最好咨询有经验的中医，让医生根据不同的体质和身体阴阳的偏颇情况适当用药，才能既有疗效，又不影响受孕。

小贴士：

> 在备孕阶段，年轻夫妻不但要注意增加营养、调理身体，还要避免食用一些对身体有害的食物、药物。

3. 孕前父母先养"神"

中医有这样一句话："药养不如食养，食养不如精养，精养不如神养。""神养"可以说是养生保健的最高境界，因为"五神"是互相关联的，养好了"神"，对"魂、魄、意、志"也能产生良好的影响，不但有助于调养精神情志，还能让全身脏腑和谐、气血调畅、阴阳平衡，因而能够让人体达到自然健康的状态，会让受孕更加顺利。

由于"心藏神"，孕前养"神"当然要先养心。《黄帝内经》认为养心重在

"恬惔虚无"，也就是要保持平淡随和、乐观豁达、宁静淡然的心态。北宋沈括在《苏沈良方·养生说》中也写道："心安则物之感我者轻，心和则应物者顺，外轻内顺，则生理备矣。"也就是说，内心安定、心平气和，便会感觉事事顺心，有这样的心理状态，生理也会更加健康。所以在备孕期间，要注意做好心理调节，不要过分纠结于小事，同时要避免情绪过分波动，像过喜就会对心神造成损害，可能引起心慌、心悸、失眠、多梦、健忘等，因此即使遇到了特别开心的事情，也要提醒自己不可"大喜过望"。

备孕期间还要注意避免"怒伤肝""思伤脾"，《黄帝内经》告诫过我们"百病皆生于气"，备孕期间经常生气，会损伤肝魂，使肝气不舒，一方面会引起肝郁化火，损耗津液气血，不利于受孕；另一方面肝木克脾土，容易导致脾虚，也会影响正常的消化吸收。同样，多愁善感、思虑过度也会伤及脾意，造成消化不良，"胃不和则卧不安"，脾胃不舒服还会导致失眠，使人精神不振、身体虚弱，对备孕非常不利。

在调理情志之余，正在备孕的年轻男女还可以通过运动、睡眠来养"神"。运动可以强身健体，还能放松身心，减轻工作、学习中积累的压力；睡眠充足也能让心神安定，并能缓解疲劳、改善情绪、提升免疫力，所以备孕期间要养成规律的作息，最好早睡早起，晚上 11 点至凌晨 1 点（子时）之前入睡，中午 11 点至 13 点（午时）找机会休息至少 30 分钟，这叫睡"子午觉"——子时和午时是阴阳交替的时间，此时让身体安静下来，进入睡眠状态，有利于养阴、养阳，还能安心神、充精力，为正常受孕提供良好的条件。

小贴士：

> 孕前还要注意养"神"，养好了"神"，对"魂、魄、意、志"也能产生良好的影响，不但有助于调养精神情志，还能让人体达到自然健康的状态，对顺利受孕很有帮助。

4. 受孕的原则：顺其自然

人类和一切生物都是大自然的一部分，所有的生命活动需要遵循客观自然规律。就像受孕（即中医所说的"种子"），也要顺应"天时"、讲究"地利"、做到"人和"，才能顺利繁衍子嗣。

从受孕的"天时"来看，中医有"阴盛精气足"的说法，在一天之中，夜间最符合这样的要求，因为这时候阳气内敛，阴气上升，万物归巢，人的心境也趋于平和，正是受孕的好时机。年轻夫妻可以选择在亥时（21~23点）同房受孕，之后可以舒适地进入梦乡，经过一夜酣睡，第二天也能精力充沛地生活、工作。

从受孕的"地利"来看，那就是要有一个安静、舒适的环境。南宋妇科医学家陈自明在《妇人大全良方》中传授了这方面的经验，指出受孕要避开大风、大雨、大雾、过热、过冷、雷电交加、地震、日食、月食等自然现象。这样的观念，年轻人听完可能会不屑一顾，其实它是有科学依据的，也符合优生理论。因为身处不利环境中，会让人心神不宁。如雷雨交加、风雨大作，会让人缺乏安全感，这会直接影响到"精血交感"，对孩子"先天禀赋"的形成非常不利。

最后来看看"人和"的因素，中医认为女子二七、男子二八，肾气盛，任脉通，太冲脉盛，才能有子嗣。不过这是理论上的受孕条件，在实际生活中，这个年龄段还处在人的"青春期"，生殖系统虽然发育迅速，但还没有完全发育成熟，过早孕育有害无益。所以中医一般提倡"三七肾气平均，四七筋骨坚，身体盛壮之时"适合受孕，这时候人体肾精强盛，气血相对平衡，可以说是一个非常理想的阶段，适合有计划地孕育新生命。

"人和"除了年龄要"和"，还要求情志要"和"，《景岳全书》说男女同房应在"时和气爽，情思清宁，精神闲裕"下进行，这样"得子非唯少疾，且聪慧贤明"。所以受孕之时，夫妻双方要情投意合，如果有一方三心二意，或在惶恐不安的情绪下受孕，那对后代就是极其不负责的。

生活中这样的例子并不少，有的夫妇一方对要孩子非常迫切，另一方却在考虑经济、养育问题，内心焦灼不安；或是夫妇中有一方对孩子的性别问题很执着，受孕时心理压力很大，导致心神不安，魂魄意志也都不安定，在这种情况下受孕，会给胎儿的发育埋下隐患。

所以我提醒年轻夫妇，在受孕前要先把情志调理好，天时地利准备好，在情志愉悦、身心轻松的情况下自然受孕。受孕后，原则上第一胎一定要保住，不要随意去做流产手术，否则不但会损害胞宫，还可能引发一些妇科疾病，后患无穷。有的女性在手术后可能产生心理障碍，内心充满愧疚情绪，整日郁郁寡欢，严重时可能造成抑郁，所以如果准备受孕，一定要做好准备，坦然迎接宝宝的来临。

小贴士：

> 受孕也讲究"天时""地利""人和"，也就是要选择适宜的时机、舒适的环境，同时要具备良好的身体条件、和谐的情志，才更有助于孕育健康可爱的宝宝。

第二节　妊娠期

1. 妊娠期间的保健准则

孕妈妈的身体健康关系着胎儿的正常发育，我发现在妊娠后，很多妈妈在起居、饮食方面都会比较讲究，尽量避免患病影响胎儿。但有的时候，疾病的发生并不会以人的意志为转移，遇到孕期需要服药的问题，该如何处理呢？

一般而言，身体没有明显不适的话，孕妈妈千万不要乱服药。经常有孕妈妈问我要不要吃一些补药，还希望自己和胎儿都能吸收营养，算是"一举两得"。我建议最好不要这样做，因为任何药物包括滋补性药品都不是绝对安全的，有些药物的不良成分会通过胎盘进入胎儿的血液循环，反而对胎儿有害。一些热性的补品吃多了会上火，如果孕妈妈本来就有阴虚内热的问题，那就好比"火上浇油"，会引起血热、气机失调，严重时可能见红流产或早产。中医经常说"药补不如食补"，体弱的孕妈妈完全可以通过合理搭配膳食来调理身体，平时吃得香、睡得好、营养到位，照样能够达到滋补身体、促进胎儿发育的目的。

即使是在患病后，用药治疗也要非常谨慎。明代医学家万全就提到了孕期用药需要"医者审度病势轻重、药性上下"，要按照"中庸"的原则处置。这倒不是说绝对不能用药，而是要选择既能治病，又能对胎儿影响小的药物——绝不能用猛药，也不能过量，更不能用一些有"滑利、祛瘀、破血、耗气、散气"功效的药物，以及有毒的药品。以中药来说，各植物药中的毒草类、破血药、吐下滑利药、辛温辛热药、动物药中的毒虫类及香窜破气药，以及某些矿物药类都在禁忌范围内。有些药物可在必要时慎用，也有的经过炮制后可以使用，像姜半夏就是现在临床治疗妊娠恶阻的常用有效药。至于西药，抗生素类、消炎类、镇痛类、激素类、抗过敏类、抗癫痫类等药物可能会导致胎儿畸形、早产、流产、黄疸、智力低下、痴呆等。这些药物在妊娠期间都要禁用或慎用，有非用不可的情况，必须在医生指导下谨慎进行。

等到病情缓解，就要停止用药。这样做的目的是尽可能治疗孕妈妈的疾病，同时确保不会伤害到胎儿。这一点在妊娠前3个月更为重要，因为这段时间正是胚胎的形成期，用药不谨慎，会影响胎儿的生长发育，还有可能引发流产。

上面说的这些就是孕期最为重要的一条保健准则：孕期应以养生保健为主，调理康复为辅，药物治疗要放在最后面，而且服药应审时度势，及时停药，避免滥用药物或过度治疗。

小贴士：

> 孕期服药应当特别谨慎，没有不适症状不要随意服药，即使是患病后，也要避免滥用药物和过度治疗。

2. 孕期爸爸妈妈如何做胎教

现在人们对优生优育越来越重视，年轻夫妻普遍很重视胎教，想让自己的宝贝赢在"起跑线"上，这是无可厚非的。

胎教也不是什么舶来的观念，而是中医的瑰宝，历代医家都非常重视这一点。因为胎儿期是生长发育的关键期，也是生命的起点，人生的教育就应当从"胎教"开始。《列女传·胎教论》中就提到，周文王的母亲太任非常重视胎教，在妊娠初期，就开始对腹中的宝宝实施胎教"；万全《育婴家秘》中也有"胎养以保其真"的说法。

总体来讲，中医胎教的理论是"外象内感"，也就是通过母亲调理情志、谨避寒暑、合理营养、劳逸结合、谨慎用药、节制房事，间接对胎儿进行体格、智力、个性、感情、能力等方面的综合教养。

很多年轻父母在孩子刚刚到来时，可能还比较懵懂，不知道该如何进行胎教，这时候就可以参考中医的这些胎教理念，不但能够让胎儿在生命的起跑线上茁壮成长，还能让孕妈妈更加顺利地度过孕期。

比如在饮食方面，有的孕妈妈生怕会"亏着"腹中的宝宝，在孕期毫无节制地增加营养，还经常吃一些肥甘厚味的食物，殊不知这样会增加脾胃的负担，导致脾胃受损，反而不能滋养胎儿。古人在这方面的经验是"饮食有节，富于营养"，孕早期注重"饮食精熟，酸羹受御，宜食大麦，毋食腥辛"，孕中期则讲究"食稻麦，其羹牛羊"，孕晚期宜"调五味，食甘美"。

另外，孕期要少吃寒凉的食物，否则容易引起脾胃虚寒，会引发呕吐、腹痛、腹泻，严重时还会造成流产。万全就告诫说妊娠后应当"调饮食、淡滋味"，不宜吃"辛酸、煎炒肥甘生冷之物"，以免损伤脾胃，甚至导致流产。所以孕妈妈尽量不要吃这些食物，可以多吃些粳米粥、小米粥等，有益气养生的作用，可以阻挡外邪侵入身体。

在起居方面，孕妈妈要注意"适寒温、避外邪"。这是因为妊娠后妈妈在生理上会发生特殊的变化，气血汇聚下养胎元，自身的抵抗力有所降低，容易被外邪侵犯而导致疾病，并会对胎儿造成不良影响。所以孕妈妈要少去人群密集的地方，少参加聚会，以免感染各种外邪；平时注意按照气候变化及时增减衣被，特别是在冬春季天气变化比较大的时候，更是要注意这一点；而空调要尽量少开，以免着凉受热；居家要注意多通风换气，让室内污浊的空气或外邪可以及时扩散出去；床上用品和居家服、睡衣等要勤洗换、晾晒，不让病菌有侵入的机会。

在做好以上几点的同时，孕妈妈和准爸爸可以多做语言胎教。明代医学家张介宾说过："子在腹中，随母听闻。"这就告诉我们，胎儿在腹中已经有了一定的语言感知能力，尤其是到孕5个月后，胎儿的听觉功能已经完全建立，爸爸妈妈的说话声已经可以传递给胎儿了。这时候做语言胎教是非常适合的，妈妈可以用亲切、温柔的语调和胎儿"交流"，爸爸则可以用低沉、浑厚的声音给胎儿唱歌、讲故事，对胎儿进行良性刺激。爸爸妈妈还可以给小宝宝先起个乳名，经常呼唤，使宝宝有深刻记忆。等到宝宝出生后哭闹的时候，对他唤乳名，他会很神奇地安静下来。

爸爸、妈妈还可以做做抚摩胎教，在轻轻地抚摩之后，宝宝会产生触觉反射，能促进大脑功能的协调发育。抚摩胎教一般可以在妈妈晚上睡前进行，妈妈先排空膀胱，再平躺在床上，放松腹部，用双手从上到下、从左到右，轻轻地抚摩胎儿，就好像在抚摩出生后的婴儿一样，这时候胎儿往往会用轻微的胎动来回应。抚摩的时间不用太长，5~10分钟就可以，如果胎动比较厉害的话，说明宝宝"不高兴"了，这时候就要马上停下来，以免发生意外。

语言胎教和抚摩胎教还可以和"国学胎教"相结合，也就是爸爸妈妈选取《三字经》《百家姓》《千字文》《弟子规》《诗经》《论语》等国学经典中的章节，对胎儿朗诵、讲解，这样一方面能够陶冶妈妈的情操，改善妈妈的情绪；另一方面也能够促进胎儿的大脑发育，会让出生后的宝宝更聪明。

需要提醒的是，胎教的目的是激发宝宝内在的潜力，提高宝宝未来的素质，可不是要培养什么"天才"或"超常儿童"，如果爸爸妈妈抱着这种想法，就会偏离胎教的目的。其实，成才的因素有很多，除了胎教外，遗传因素、教育因素、环境因素以及个人的兴趣、意志、品德等都会决定孩子能否成才，而胎教只是人生起点的基础之一，所以爸爸妈妈应以平常心看待，才能达到更好的效果。

小贴士：

> 胎教必不可少，但应按照科学的原则进行，可以由孕妈妈通过调理情志、谨避寒暑、合理营养、劳逸结合、谨慎用药、节制房事，间接对胎儿进行体格、智力、个性、感情、能力等方面的综合教养。

3. 妈妈情志愉悦很重要

胎教的方式有很多种，除了听音乐、讲故事、念儿歌、看名画外，还有一种最好的"胎教"，但却常常被年轻父母忽视，那就是孕妈妈的情志问题。

虽说怀上小宝宝是一件幸福美好的事情，可孕妈妈也要面对不少挑战，不仅生理上会出现很多特殊的变化，心理上同样也会发生相应的反应，导致孕妈妈情绪不稳定，这对胎儿的成长可是非常不利的。

特别是在十月怀胎的前三个月里，胎儿各个系统和器官正在加速分化和形成，大脑也要早早发育，如果孕妈妈情志调和、心情舒畅，就能促进胎儿的健康发育，反之则会抑制胎儿发育，甚至会引发各种疾病。

明代万全告诫说："受胎之后，喜怒哀乐莫敢不慎。过喜则伤心而气散，怒则伤肝而气上，思则伤脾而气郁，忧则伤肺而气结，恐则伤肾而气下，母气既伤，子气应之，未有不伤者也。其母伤则胎易堕，其子伤则脏气不和，病斯多矣。盲聋、音哑、痴呆、癫痫，皆禀受不正之故也。"也就是说，妊娠后，喜怒哀乐等情绪都不能太过，否则会导致气机异常，有可能引起流产，还会让胎儿出现各种发育问题，到那时候后悔就来不及了。

所以我提醒孕妈妈要保持情志愉快，使"神魂意魄志"皆安，全身气机调和、血脉顺畅，才能更好地为宝宝提供安宁的发育环境。

首先，孕妈妈要避免惊吓，因为惊吓对胎儿的影响最大，"肾主惊"，惊恐易伤肝肾，一旦受到惊吓，孕妇产前及产后容易出现抽搐等子痫症状，宝宝出生后发生抽搐、癫痫的概率也比较大。想要避免这样的情况，孕前就要安排良好的居室环境，一定要保证安静、安全，杜绝惊吓隐患。

其次，孕期不宜悲伤忧愁。因为"肺主忧"，经常伤春悲秋，会让肺的气阴耗散，容易引发感冒、咳嗽等症，宝宝生下来后免疫力会低下。而且"肺藏魄，主皮毛"，问题还会表现在皮肤上——宝宝出生后皮肤会失于润泽。所以孕妈妈自己要学会调整心情，遇事多往好的方面想。丈夫和其他家人也要多给孕妈妈一些心理上的呵护，千万不要觉得妊娠生子是妈妈一个人的责任，而是要全家人齐心协力、共同努力，才能为宝宝降生提供最好的条件。

再次，孕期必须禁止暴怒。"怒伤肝"，肝失疏泄，肝气郁结，容易肝阳上亢，会出现胸胁胀痛、烦躁不安、头昏目眩、面红目赤、血压上升等症状，孕妈妈还容易患上妊娠高血压，严重时可能导致流产，《傅青主女科》中就有"大怒小产"的记载。所以孕期家人要多理解孕妈妈的心情，体谅她的不便，尽量不要刺激她的情绪。如果孕妈妈在工作单位和人发生矛盾，家人可以主动劝解，疏导她的坏情绪。当然孕妈妈自己也要学会宽容、忍让，不要揪住小问题不依不饶，更不能随意大发雷霆。

最后，孕期不要过度思虑。过思易伤脾意，影响气血化生，会导致气血不足，孕妈妈会出现乏力、头昏、心慌、贫血等症状，将直接影响宝宝的生长发育，导致"胎怯"、胎儿生长发育迟缓等问题。排解思虑最好的方法就是倾诉，所以孕妈妈不要把事情都憋在心里，可以向丈夫、亲人、好朋友、好同事等诉说心事，这在心理学上也是一种很好的自我疏导的方法。

情志不是小问题，希望孕妈妈都能加强自身品德修养，保持心态乐观、性情温和、情志稳定，这样的"胎教"会让腹中的小宝宝受益无穷。

小贴士：

> 孕妈妈要保持情志愉快，使"神魂意魄志"皆安，全身气机调和、血脉顺畅，才能为宝宝提供良好的发育环境。

4. 孕期妈妈如何"养性情"

南宋医学家陈自明在《妇人大全良方·胎教门·娠子论第二》中提到了孕期的一些注意事项，包括"行坐端严，性情和悦，常处静室，多听美言"等，古人尚且重视孕期"养性情"，现代文明社会更应如此。

那么，孕妈妈如何更好地"养性情"呢？我建议做好这样几点。

第一是陶冶情操。胎儿是能够感受到母亲的言谈举止的，孕妈妈在妊娠期间的所作所为，可以直接影响到胎儿出生后的性格、习惯、道德水平、智力。所以，孕妈妈在学识、礼仪、审美、情操等各个方面均要特别注意，比如行坐要端严，性情要和悦，平时可以适当阅读一些能让人精神振奋、情绪良好的文学作品，这样不仅可以充实、丰富自己，还能让腹中的胎儿受到有益的熏陶。这种胎教会使胎儿事先拥有了"朦胧的美"，出生后较其他婴儿更加聪明、活泼、可爱。此外，孕妈妈可以适当旅游，或欣赏一些美好的艺术作品，这也有利于调节情绪、陶冶情操。

第二是要杜绝不良嗜好。有些孕妈妈在受孕前有一些不良嗜好，如喜欢打麻将、吸烟、喝酒等，孕后也没有改变，这对胎儿的发育会产生极为不利的影响。比如有的孕妈妈在孕期觉得非常无聊，就和家人、朋友长时间打麻将，持续保持坐姿，使腹部受到压迫，不但会引起肠胃不适，还会让大腿内侧及小腿背侧出现静脉曲张、下肢浮肿等现象，不利于胎儿的正常生长。不仅如此，打麻将时的输赢心理也会影响到孕妈妈的情绪，会让她感觉紧张，或是患得患失，不利于胎儿的大脑发育。

第三是进行音乐胎教。胎儿是具有听觉的，最令人感到惊讶的是胎儿竟然有乐感！做做音乐胎教，可以促进听觉发育，还能激发胎儿的内在潜能。古人对这方面也是很重视的，有"始受胞胎，渐成形质，子在腹中，随母听闻"的说法，《备急千金要方·养胎》里也有"弹琴瑟，调心神，和性情"的描述。这琴瑟是古人发明的乐器，琴与瑟都由梧桐木制成，琴为七弦，瑟为二十五弦，孕期弹琴瑟可以说是中医音乐胎教的雏形，我们现在也可以使用其他乐器的乐曲来进行胎教，像笛子、二胡、古筝之类的乐器演奏的曲子都很适宜。

第四是要"静心"。为了不引发情绪波动，孕妈妈不要去看丑恶的东西和现象，要多接触美好的东西来影响胎儿，比如多与贤人君子、圣德大师接触，还可观赏礼乐钟鼓等。

最后，我建议孕妈妈不要总是闷在屋里，平时要经常到空气清新、风景秀丽的环境中享受大自然的美，这样既能开阔眼界，增长知识，又能使自己心情愉快，让胎儿健康成长。此外，居室环境对孕妈妈也很重要，居室布置要以整洁大方、轻松温馨为宜，可以在居室的墙壁上挂一些活泼可爱的画片、照片、油画等，还可以喂养几条漂亮的金鱼，经常去观赏、喂养，也能让孕妈妈放松情绪、消除疲劳、增添情趣，对促进胎儿体格、智能的健康发育是有好处的。

小贴士：

> 孕期还要重视"养性情"，孕妈妈可以从陶冶情操、杜绝不良嗜好、进行音乐胎教、静心休养等方面怡养性情。

5. 动静结合，安度孕期

在妊娠期，孕妈妈应当按照"动静结合"的原则安胎保养，也就是说，既不能贪图安逸、不做任何运动，也不能让自己过于劳累。民间也有"5个月以前宜稍逸，5个月以后宜小劳"的说法。

一般在妊娠早期，受到早孕反应的影响，孕妈妈会不太想动，这时候可以适当休息，让自己"小逸"一下，但绝不可"过逸"，否则会导致全身气血不畅，"五神"不安，不利于胎儿的发育。万全在《万氏妇人科·胎前》中就提醒孕妈妈注意"行动往来"，能够让血气通畅，减少难产的可能，但要是"好逸恶劳，好静恶动，贪卧养娇"，就会造成"气停血滞，临产多难"。当然，孕妈妈也没有必要做剧烈的活动，以免引起身体疲惫，还有引发流产的危险，所以最好适当做些户外活动，才不会出现中医所说的"过逸则气滞，过劳则气衰"的情况。

在妊娠中期，孕妈妈宜"小劳"，如果此时正在家待产，可以适当做些轻松的家务活，如擦桌子、扫地、买菜、做饭等，只要身体没有感觉不适，就可以继续"小劳"；对职场孕妇来说，则要注意避免过量的体力劳动，有条件的话可以与单位沟通，争取减少工作量，或调到相对轻松的工作岗位。此外，在上下班的路上，要注意走路不要太急，下坡不要太猛，平时不要登高负重，更不要随意涉险。

到了妊娠后期，孕妈妈不要认为这时候可以什么都不做了，要知道，生产时是需要力气的，所以孕妈妈还是要经常活动筋骨，以备战分娩。

小贴士：

> 妊娠后，孕妈妈既不能贪图安逸、不做任何运动，也不能让自己过于劳累，应当遵守"动静结合""适度小劳"的保健原则。

6. 产前要做好哪些准备

"十月怀胎，一朝分娩"，这是一个伟大的孕育生命的过程，需要夫妻双方共同投入和参与。比如临近产前，准爸爸和准妈妈就要做好一些必要的准备，才能安然迎接小宝宝的到来。

由于各家各户的实际情况不同，做产前准备的时候侧重点也会不太一样。我建议主要从三个方面进行产前准备。

第一是经济准备。毕竟，在孩子出生后，母子俩的吃、用、穿等都会让家庭开支大幅度增加，在经济方面就得事先筹划好，避免产后花销捉襟见肘，大人小孩都得不到很好的照顾。当然我的意思也不是说要大手大脚地消费，添置一些没有太大用处的物品，那样反而会造成浪费。年轻夫妻要本着勤俭节约的原则来选择物品，能代用的尽量代用，或者利用旧物改制。

第二是物质准备。入院分娩需要携带的证件有准生证、户口本或身份证及复印件、围产期保健手册（卡）、母子健康手册、门诊病历等，可以把这些证件提前整理好，放在固定的地方，也能让准妈妈心里更踏实。除了证件外，还要准备妈妈和宝宝的用品，妈妈要带上洗漱卫生用品、容易穿脱的睡衣、方便哺乳的内衣和舒适的鞋袜等；宝宝的襁褓、衣物、各种卫生用品也是要提前备好的。另外，考虑到母乳喂养可能会不顺利，所以还要准备吸奶器、热奶器等用品。

第三是心理准备。这是很容易被准爸爸准妈妈忽视的问题。接近分娩，孕妈妈可能会觉得非常紧张，还会产生许多疑惑和担忧，如担心胎儿是否健康、会不会有畸形、会不会发生难产等问题。这时候孕妈妈要积极地进行自我调整，才不会因为持续的坏心情导致"神魂意魄志"不安，否则不但影响自己和胎儿的健康，还有可能造成分娩困难。

因此，孕妈妈一定要说服自己相信医院和医生，现代医学已经比较发达，能够应付分娩中可能出现的各种意外，保证母子的安全；孕妈妈可以提前了解分娩过程，知道该怎么配合助产人员，这会让自己心中有底；孕妈妈还要保持一种"瓜熟蒂落、泰然处之"的心态，这样不仅能更好地克服种种不适，还能缓解产中的痛苦，促进产后尽快恢复。大量事实早已证明，有充足心理准备的产妇，比没有心理准备的产妇分娩要顺利得多。

所以孕妈妈要做好这些心理准备，消除对分娩的恐惧，保持平静的心态，平安度过分娩这一关。

小贴士：

> 产前家庭要从经济、物质方面做好足够的准备，孕妈妈也要调整好心态，做好心理准备，以坦然的心态迎接宝宝的到来。

第三节 产褥期

1. 新妈妈"坐月子"的注意事项

在新妈妈分娩后，一家人的注意力往往都被可爱的小宝宝吸引了过去，可是在护理小宝宝的同时，新妈妈的身心健康也需要家人的关注。像产后怎么"坐月子"，就需要提前做好比较周详的规划，才有利于新妈妈的恢复。

关于"坐月子"的问题，长期以来，一直都有很多争论，我不止一次听人说"坐月子"是落后的陋习。我必须指出，这种观点有失偏颇。

在分娩时，女性要调动全身气血，产程中失去的气血津液比较多，所以产后容易出现气血亏虚、抵抗力减弱的情况，如果不进行及时的保养、休息，再感染风寒六淫之气，就很容易落下产后病，缠绵难愈。所以从古至今国人一直有"坐月子"的习惯，为的就是让新妈妈从身体和心理上得到调养，以顺利度过这段人生中的关键期。

最早的"坐月子"可以追溯到两千多年前的西汉，在《礼记·内则》中已经有相关的说法，只不过"坐月子"被称为"月内"。但是这个"月"可不是一个月30天，中医讲究"朔望月"，按照潮汐规律，月经周期为28天，"坐月子"也应如此，以28天为一个基本的恢复周期，根据新妈妈个人的体质可以有所调整，如果在28天内，身体能够完全康复的话，就可以"出月子"了。

有的新妈妈一提到"坐月子"就会愁容满面，只因家里的长辈总有太多的规矩，像什么"坐月子"不能刷牙、不能洗头洗澡、不能开窗通风等，有的长辈甚至要求新妈妈尽量不要下床活动，这些所谓的"禁忌"并没有什么医学方面的依据，中医也从没有类似的说法。而且古代的医疗卫生条件、居住条件都和现代有很大的差别，"坐月子"的方法也要与时俱进。所以新妈妈不必受到这些"条条框框"的拘束，不妨吸收中医产后保养的精华，学会科学"坐月子"，才能让自己的身心尽早恢复到健康的状态。

关于"坐月子"，我总结了三条最基本的原则。

首先是"寒温适宜"。老一辈的人总觉得"坐月子"要"捂"，即便是在炎热的夏天，也要求新妈妈穿得严严实实的，再热都不准开空调，还不让开窗通风。可室内温度太高，妈妈和宝宝都不舒服不说，也容易大量出汗、耗损津液而生病，而且门窗紧闭，空气不流通，也容易滋生病菌，对妈妈和宝宝的健康都很不利。所以中医主张根据自然气候和居住环境合理调节温度，并要适当通风。室内温度以妈妈感觉舒适为宜，在25~26摄氏度比较好，妈妈也不用捂得太严，可以穿上长袖上衣、长裤、袜子，避免受到风、寒、湿的入侵。

其次是"适度劳逸"。传统"坐月子"让产妇长时间待在床上，尽量不活动身体，这显然不利于恶露的排出，也不利于筋骨的恢复。所以产后新妈妈可以根据个人的恢复情况适度运动，产后最初觉得虚弱、头晕、乏力，可以多卧床休息，随着体力逐渐恢复，每天活动的时间可以慢慢延长，但不要长时间坐着或站着，以免引起腰酸、背痛、下肢疼痛。

最后是"勤加清洁"。古代人们的洗浴条件比较简陋，也很难持续提供热水，家里又没有空调、吹风机这样的设备，月子期间洗澡、洗头确实容易着凉生病，所以才会有月子不洗澡、不洗头的说法。可现在各家各户的生活条件已经非常优越了,日常洗浴十分方便,新妈妈就不用再让自己忍受脏污之苦了,适时洗头洗澡,洗后尽快擦干身体,换上干净衣服,就能享受一个清清爽爽的"月子"了。

小贴士:

> 产后"坐月子"由来已久,能够让新妈妈从身体和心理上得到调养,因而是很有必要的,但"坐月子"要避免一些陋习,按照科学的方法调养,才能让新妈妈尽快恢复。

2. 产后妈妈的心理调适

产后不仅要注意新妈妈身体的恢复,还要做好心理的调适。相信新爸爸和其他家人已经发现,产后新妈妈的脾气有了很大的变化,有的新妈妈甚至像"换了个人"似的,情绪很不稳定,还经常为一些小事郁郁寡欢或焦虑、生气,让大家觉得很不理解。

其实新妈妈并不是"矫情""娇气",才会出现这样的情况,按照中医的说法,产后气血亏虚,无法很好地滋养"神魂意魄志",容易出现各种各样的情志问题。"心神不安",新妈妈就会入睡困难,睡着了也容易醒;"肝魂不安",新妈妈容易激动、爱发脾气,或是心情极度抑郁;"脾意不安",新妈妈会有食欲不佳、消化不良的情况,还会有多思多愁、喜钻牛角尖的表现……

如果产前性格就比较内向、固执,产后情志问题往往表现得更加明显,有的新妈妈经常出现不明原因的哭泣、忧郁、烦闷、伤心、愤怒,甚至发展为产后郁闷、焦虑、失眠、食欲下降、注意力不集中、不合群、对任何事情失去兴趣,严重者甚至会产生自杀的念头,即所谓的"产后抑郁"。一旦出现这种严重的症状,应当尽快就医。中医在治疗产后忧郁综合征时常以调和气血、安神定志为主,但是会根据症状的不同,安排相应的治疗。清代《医宗金鉴·妇科心法要诀》就指出，产妇有"产后血虚"的情况，由于"神志怯弱"，出现了惊悸、恍惚不宁等症状，可以用茯神散来调治，如果产妇因为"忧愁思虑"损伤心脾，可以用归脾汤加朱砂、龙齿来调治。

症状较轻的话，也要做好心理上的护理，这时候丈夫、家庭的支持和关怀是最重要的。新妈妈可以每天和丈夫聊天，发泄心中的不良情绪，或是找好朋友倾诉自己的不快，也可以经常出去散散步、喝喝茶，或是给自己换个发型，或者变换服饰，听听悠扬的音乐、唱唱歌等，这些做法都有助于缓解郁闷的情绪。

小贴士：

> 产后气血亏虚，"神魂意魄志"得不到很好的滋养，新妈妈容易出现情志问题，此时家庭成员和新妈妈自己都要重视做好"心理护理"。

第四节　初生养护

1. 新生儿的发育特点

伴随着清脆的哭声，小宝宝呱呱坠地，从这一刻到出生后28天，属于小宝宝的第一个成长阶段——"新生儿期"。离开了"宫殿"般的母腹，新生儿就像初生的嫩芽一般，充满生机又脆弱易折，需要在短时间里适应新的内外环境变化，这是很不容易的。

这时候的新生儿脏腑器官已经完备，开始发挥各项生理功能：肺系开始呼吸，脾胃、大小肠开始输布精微、排泄糟粕；心主神明、肝主疏泄、肾主生长的功能开始发挥……他很快就会表现出惊人的成长速度。体重每天能增加30~40克，每周增加200~300克，一个月内体重竟然可以增加约1千克。

他们的身长变化也很迅速，一个月可以增加3~5厘米，头围可以增加2~3厘米。

在第1~2周，他们虽然还不能自主活动，但是在"魄"的推动下，已经有了吸吮反应，下巴、手能够轻微颤抖。快满月时上下肢的活动逐渐顺畅起来，下肢有时会出现类似骑自行车的动作；腹部朝下时，下肢会做爬行运动，像是要撑起来的样子。在一个月内，新生儿的手大部分时间紧握成拳，手指运动非常有限，但可以屈伸手臂，把手放在自己的眼睛看得到的范围内，或是塞到嘴里；如果把物品或手指放入他的手心中，他会紧紧地握住。

这些动作大多数是不自主的，现代医学称之为"生理反射"。从中医的角度看，这就是魄所主导的本能感觉和动作，当然这些本能的反应不是永久的，一般在出生2~4个月后会自然而然地消失。

由于"肺藏魄"，在这个阶段，为了让魄更好地发挥作用，家长一定要保护好新生儿的肺，特别是在出生时要注意防止呛入羊水。胎儿在母体中时，口鼻都被包裹在羊水中，出生的那一刻，口鼻开始呼吸，容易呛入羊水，如果宝宝动力过大，还可能直接呛到肺部，引起新生儿吸入性肺炎，所以一定要及时处理。如果呛入的羊水比较少，不影响呼吸，宝宝生命体征也很平稳，只要清理呼吸道、吸出羊水就可以，之后注意观察，一般不会有大的问题。

可要是呛入羊水过多，宝宝出现了呼吸困难，皮肤已经呈现出青紫色，这时候要慎防窒息，立即吸出羊水，进行抢救。

宝宝脱离危险后，家长也不能掉以轻心，毕竟"肺为娇脏"，是人体最"娇嫩"的器官，容易受到内外因素的损害，所以平时喂奶、喂水姿势一定要正确。如果家长用配方奶喂养，奶嘴的开口不能太大，免得新生儿吸入太多的空气，导致吸入性肺炎发生。喂食后，最好把新生儿扶正，给他"拍嗝"，让他把胃里的空气排出来。另外，在小宝宝出生后，家长应该安排一个干净舒适的生活空间，还要彻底消毒护理用具，避免细菌引发的肺部感染。

小贴士：

> 新生儿脏腑器官已经完备，还在"魄"的推动下，出现了本能的感觉和动作。因为"肺藏魄"，所以一定要注意呵护好宝宝的肺，除了要防止呛入羊水外，还要避免呛水、呛奶。

2. 新生儿的体质特点

新生儿的降生让家庭成员沉浸在幸福和喜悦之中，可有时候烦恼也会随之而来，那就是有的新生儿体质不佳，出生后三天两头生病。家长不得不在医院和家之间来回奔走，常常有不堪重负之感，看到小宝宝不舒服的样子，家长的内心更是极为痛苦、纠结。

那么，新生儿的体质问题到底是怎么造成的呢？

在这里，"先天禀赋"发挥了很大的作用。《颅囟经》说"盖儿未生之初，禀受气于父母"，这是在说父母是"先天禀赋"的决定因素。父母体质不佳，肯定会影响到新生儿，像"母热儿热、母寒儿寒、母弱儿弱、母惊儿惊"说的便是这种情况。所以妊娠期间一定要谨慎养胎，才能让新生儿拥有较好的"先天禀赋"。但是在生活中，有的家庭在这方面做得不够到位，孕妇没有做好情志调养，经常脾气急躁，或是没注意忌口，经常吃辛辣热性食物，影响到了胎儿，出生后母乳喂养，乳汁也是热性的，会导致心火上炎、积热上扰，使得心神不宁，这是应当避免的。

除此以外，后天的喂养方式、护理方式也关系着新生儿的健康生长和发育，也是影响新生儿体质形成的重要因素。有的家庭喂养不合理，要么喂养时间不对，要么掌握不好喂养量，让新生儿出现呛咳、呕吐、积滞不化等情况，而食积容易化热而改变新生儿的体质。

从"神魂意魄志"的角度来分析，新生儿的偏颇体质有这样几类。

第一类是偏心神不宁质。家长会发现新生儿面色忽青忽白，嘴周围是青色的，指纹也是青色的；新生儿动不动就啼哭，还会出现受惊的样子，总是睡不踏实。这与"心主神明"的功能失调有关系，"心主血"的功能失调则会引起"面色无华、口唇苍白，指纹青，脉细无力"。

第二类是偏肺魄不安质。这类新生儿出生时面色偏淡，毛发稀少无光泽；而且新生儿呼吸不平稳、气息偏弱、体温略低、四肢运动较弱，对冷热痛痒的敏感性较低，哺乳时吮吸力也较弱；晚上睡眠不安稳，容易哭闹，这些现象都与"魄不安"有分不开的关系。有的新生儿还经常出汗，这也可以从"肺藏魄"寻找原因，清代黄元御的《素问悬解》中有这样的说法："魄者，肾精之初凝者也，火炎肺热，收敛不行，精魄郁蒸，化为汗液。"

第三类是偏肝魂不安质。家长会发现新生儿出生时面色有些发青，肌肉偏软，手指甲颜色偏淡，晚上睡不踏实，偶尔会被惊醒。这与气血不和，无法滋养肝魂，导致肝魂不安有关。

第四类是偏肾志不安质。这类新生儿经常啼哭不止，容易惊醒，出生时身长偏长，体重偏低，毛发稀疏，面色偏黑，缺少光泽，耳郭小而薄、软软地贴着头。这些情况和肾精薄弱、肾志不宁有很大的关系。

第五类是偏胆怯质。由于胆气不足，胆的功能弱而影响脾胃的消化，甚至还会影响其他脏腑的功能。这类新生儿容易受惊，不爱喝奶或是容易吐奶，睡梦中也会突然哭闹起来，平时显得没什么精神，面目、皮肤发黄。

想要避免新生儿体质偏颇，一方面是做好备孕准备，注意胎儿期的养护；另一方面是出生后要根据不同的症状进行适当的调理，让偏颇体质逐渐转化为平和体质，为新生儿的成长保驾护航。

小贴士：

> 新生儿体质偏颇问题不容小视，这与父母体质有关，也与后天喂养、护理不当有关。出现体质偏颇后可以根据不同的症状适当调理，使偏颇体质逐渐转化为平和体质。

3. 如何做好脐部护理

脐带是妈妈和宝宝气血经络相连通的纽带。在宝宝出生后，脐带就要"功成身退"了。这时候要给宝宝"断脐"，这也是区分"先天"和"后天"的一条分界线。

古人一般会先给小宝宝洗浴，之后再"断脐"，这是正确的处理方式。要是把顺序倒过来，容易造成不好的影响。南宋刘昉在《幼幼新书·断脐法》中就介绍说，如果先断脐再给孩子洗浴，脐中进水，可能会造成感染、腹痛。

断脐以后，还不能"万事大吉"，还要进行裹脐、护脐的护理，否则断脐处被污染，就会引发多种疾病。脐中总是湿乎乎的，叫"脐湿"；脐中出现了红肿、糜烂，甚至流出脓液，叫"脐疮"。这两者其实属于一类疾病，只是轻重程度不同，现代医学把它们统称为"脐炎"。至于脐部肿大突出的情况，叫"脐突"，现代医学称为"脐疝"。如果脐带护理不当，还有可能引起破伤风，严重者可导致败血症。

为了预防这些疾病，不仅要注意断脐的方法，还要做好围产期的护理。古人会采用药物或温粉填敷在肚脐处，可以保持局部干燥，促进愈合，这对今天的新生儿护理也是有指导意义的。《医方辨难大成中集·幼科·小儿初生证治全篇》对此进行了解说，提出在断脐以后，用豆豉、黄蜡、麝香来填敷，首先捣碎豆豉，再把黄蜡烧熔，然后加入少许麝香，做成饼状贴在脐外。再用陈年的艾绒，加雄黄和成丸，放在药饼上烘烤，这样可以发挥豆豉"宣扬以祛邪"的功效。黄蜡能起封固作用，可以避风；麝香起诱发的作用，可以"通关"，从而达到护脐的目的。现代多采用2%碘酊消毒后，再用75%酒精脱碘（也可使用0.5%碘伏消毒），让断脐部位创面干燥，最后用质量好的护脐带防止碰触或浸湿。

一般来说，脐带末端在出生后4~10天会自然脱落，年轻的妈妈可不要心急，千万不要把快要脱落的脐带撕扯下来，那是给宝宝"帮倒忙"，是万万不可的。

小贴士：

> 新生儿脐部护理有讲究：应当先洗浴、后断脐，还要进行裹脐、护脐的护理，避免断脐处被污染而引发多种疾病。

4. 怎么帮宝宝"拭口"

宝宝刚刚降生时，嘴里还含着从妈妈体内带来的羊水或污血、脏物，必须马上清理干净，这叫"拭口"去胎毒。如果护理不及时，让宝宝把脏东西吞进了肚子里，会产生很多不良影响。

那么，如何帮宝宝"去胎毒"呢？孙思邈在《备急千金要方·少小婴孺方·初生出腹第二》中提到："小儿初生，先以绵裹指，拭儿口中及舌上青泥恶血，此谓之玉衡。"这里就指出了一种"去胎毒"的常用方法——用棉裹住食指，擦去小宝宝口中和舌面上的脏污，这也叫"玉衡"。

张景岳在《景岳全书·谟集·小儿则》中介绍了更多更详细的方法，比如取少量甘草细细切碎，用开水泡汁，味道宜淡不宜太甜，泡好后用柔软的丝帛蘸着，给宝宝拭口；再如对妈妈体质虚寒，小宝宝体质偏弱的，只用姜汤拭口，这样能去胃寒，避免出现腹泻呕吐的症状。

另外，张景岳还指出了一些错误的做法，比如把牛黄与朱砂用蜜调和，让小宝宝吮吸，认为这样可以"辟痰邪、去秽恶、除热安神"，可朱砂中含汞，对小宝宝是有害的。还有用大寒大苦的黄连拭口的，这也会损伤脾阳，会引起呕吐、腹泻，使得小宝宝的体质变差，如果本来天生禀赋就较弱，经过这样一番"去胎毒"，无异于雪上加霜，很容易引发多种疾病。所以张景岳才会苦口婆心地劝说大家不要用朱砂、轻粉、白蜜、黄连等物去胎毒。

从这也能看出，古代医家对"拭口"是非常重视的。如果护理得好，小宝宝能够聪明智慧，健康成长，即使偶感外邪，病变也是比较轻浅的，容易调治。相反，如果任由小宝宝把秽恶污血吞入腹内，则会遗患无穷。所以，古人把"拭口"作为新生儿必不可少的常规护理之一。今天我们的产科对于新生儿娩出后的口腔清洁也非常重视,会清除掉口腔内的羊水或异物,这样才有助于婴儿的呼吸,也能避免很多疾病的发生。

小贴士:

> 新生儿"拭口"也很重要,能够清除掉口腔内的羊水、异物,有助于宝宝呼吸,但要注意避免使用对宝宝有害的朱砂、黄连等。

5. 母乳喂养有讲究

说到最适合新生儿的天然食物,那自然非母乳莫属。妈妈第一次给小宝宝哺乳,被称为"开奶",乳汁中含有小宝宝需要的所有的营养素,也容易消化吸收,能够满足小宝宝迅速成长的需要。不过我得提醒新妈妈,小宝宝本来就有"脾常虚"的生理特点,在哺乳时应当按需喂养、有所节制,才不会伤害"脾藏意"的功能而引发一些疾病。

《小儿卫生总微论方·乳母法》说"又当视儿饥饱节度",这就是在提醒我们要注意观察婴儿的饥饱程度,再合理安排哺乳的频率。清代曾懿在《女学篇·自乳之得宜》中也指出"不可一哭即与乳食",要控制好哺乳时间,每2~3小时喂养一次,每次约15分钟。随着婴儿逐渐长大,喂奶的间隔时间也要逐渐增加,夜间哺乳的次数可以慢慢减少,像这样才能做到"乳哺有节"、不伤脾意。

哺乳还要注意方式和方法。首先要控制好出奶的势头,这是因为"小儿咽乳不及,防止呛噎",所以涨奶时应先挤出一部分奶再哺乳;其次要观察婴儿的状态,在婴儿大哭、大喜,气息还未平稳时,应当暂停哺乳,以免引起呛奶。

再有,哺乳要选择放松的环境、舒适的姿势。夜间哺乳的话,可以参考万全在《万氏家藏育婴秘诀·鞠养以慎其疾四》中提倡的"母必起坐床上,抱起儿乳之，勿侧卧乳"，不可"使含乳而睡"，以免母亲酣睡时乳房不慎堵塞婴儿口鼻，造成窒息死亡等意外发生。

哺乳也和妈妈的身心状态有关，所以妈妈也有一些要注意的地方，像盛夏天气炎热，妈妈过多使用凉水洗浴，乳汁会受寒凉之气所侵，如果妈妈气息未定便去哺乳，会让婴儿脾胃受损，容易引起消化不良。另外，妈妈在大醉后、大劳大怒、患发热性疾病等后，也都不宜哺乳。

此外，妈妈心情的好坏也会影响乳汁的分泌，有的妈妈总是担心自己的奶水不足，怕婴儿吃不饱会影响生长发育，因而总是特别焦虑，殊不知这样更会抑制乳汁分泌。所以，妈妈们一定要保持心情愉快，才能让乳汁分泌更加旺盛。

小贴士：

> 母乳喂养要注意按需喂养、有所节制，新妈妈也要注意调整好心情，使得乳汁分泌旺盛，宝宝才能得到最好的哺育。

第三章　婴儿期

第一节　生理发育

从出生后 28 天到满 1 周岁是"婴儿期",由于这个时期的小宝宝以乳食喂养为主,所以也叫"乳儿期"。

很多家长认为小婴儿只要长得白白胖胖就是健康的,其实不然,想要了解宝宝发育的状况,应该从身长、体重、囟门、头围、牙齿等多方面去观察。

在这个时期,小宝宝生机蓬勃、发育迅速的生理特点最为明显。一年时间内,体重比刚出生时能增长 2 倍,身长也能增长 0.5 倍,出生时身长大约是 50 厘米,1 岁时就能长到大约 75 厘米。

婴儿的囟门有前囟、后囟之分,前囟是额骨和顶骨之间的菱形间隙,后囟是顶骨和枕骨之间的三角形间隙。前囟的大小是指囟门对边中点间的连线距离,家长可以试着去看一看。一般来说,前囟会在婴儿出生后的 12~18 个月闭合。后囟在部分婴儿出生时就已经闭合了,没有闭合的话,在出生后 2~4 个月内闭合也是正常的。要是出现了囟门早闭,婴儿的头围也明显小于正常值,就被认为是"头小畸形";囟门闭合得太晚,而且头围大于正常值,可能有解颅(脑积水)、佝偻病等问题。有的婴儿有囟门凹陷的问题,中医认为这是"阴伤液竭之失水";而囟门凸出多见于"热炽气营"引起的脑炎、脑膜炎等。

我接诊过一个 5 个月大的患儿,观察发现其头部膨大,囟门高高地凸起,体形瘦弱,面色苍白,眼珠总是朝下瞟,显得白眼球特别明显,吃饭、排便比较正常。我判断患儿属于先天肾气不足,"肾藏志,主骨生髓",肾虚则髓海空虚,由此导致囟门不能如期闭合,所以治疗时要注意补肾扶正,又因为患儿有气血循运不利的情况,所以还要注意益气养血。经过一段时间的治疗后,患儿的情况有所好转。

除了要关注囟门外,还要多观察婴儿的头围。足月儿出生时头围在33~34厘米,出生后前3个月和此后9个月各增长6厘米,1周岁时约为46厘米。头围的大小可以反映大脑的发育情况,头围明显小提示脑发育不良,头围过大一般提示为脑积水、佝偻病等疾病。

最后是牙齿的发育情况。婴儿出生后5~10个月开始出乳牙,一般1岁时出8颗牙。出牙过晚多见于佝偻病、营养不良、先天愚型等。6~24个月正常的出牙数可以用一个公式计算:牙齿数=月龄－4(或6)。

家长可以对照着这些标准,看看婴儿的生长发育有没有达标,如果没有达标,就得赶紧去医院接受检查,排除疾病因素,养育婴儿才能更加放心。

小贴士:

> 婴儿期小宝宝发育得好不好,家长可以从身长、体重、囟门、头围、牙齿等多方面去观察。

第二节 智能发展

在人生的道路上,没有哪一个年龄段能比婴儿期的发展更快。如"芽儿"般娇嫩的小宝宝身上蕴含着巨大的发展可能性。《黄帝内经》有"生而神灵"的说法,这里的"神"可以理解为神气、神采,"灵"就是灵性、聪明,家长可以看一看婴儿的眼睛,如果是炯炯有神、灵动非常的,那就是有"神"有"灵"的表现,婴儿的智能迅速发展,学东西的速度会特别快。

在这个阶段,家长会发现小婴儿的感觉、运动、语言、思想意识等机能都在快速进步，所以根据自家小宝宝的具体情况，科学地给予有预见性的干预和指导，会收到良好的结果。

我建议家长要多锻炼婴儿五官的感觉和知觉，随着"神魂意魄志"逐渐强盛，婴儿的视觉、听觉、触觉等感知能力变得越来越发达，认识外部世界的能力也越来越强。家长可以多给婴儿提供一些有益的刺激。有的家长把漂亮的彩球放在婴儿眼前，吸引婴儿双眼的注视，然后家长慢慢移动彩球，让婴儿的眼睛跟着彩球移动。这就是一种非常好的视觉锻炼方法，简单易行，花不了多少时间，家长可以经常做一做，对孩子视觉的发展很有好处。

家长还可以拿起小摇铃，在婴儿耳朵附近轻轻摇，也可以放一些轻柔、舒缓的音乐，这样能够锻炼婴儿的听觉，还能为音乐审美能力的发展奠定良好的基础。不过这种锻炼时间不能过长，音量也不能过大，要是为了锻炼而损害婴儿的听力，那就得不偿失了。

触觉的锻炼可以用"抚触训练"来进行，家长温柔地轻抚婴儿的皮肤，他会露出舒适的微笑，而且抚摸皮肤还能起到"安魄"的作用，有利于保健防病。

家长还可以对婴儿进行动作训练。小婴儿从抬头、翻身、坐爬到学会站立、走路，从无目的地挥动小手到有目的地抓握东西，每一个新动作的掌握都是智力和能力发展的结果，也离不开"神魂意魄志"的推动作用。家长可以有意识地进行引导和锻炼，让婴儿变得智力更聪明，动作更敏捷、更协调。婴儿在3~4个月时，家长可以在婴儿床上挂一些色彩鲜艳的玩具，让他们主动去抓，这能够锻炼手眼协调能力；婴儿在5~6个月时，家长可以让他们抓住大人的手，试着站一站、跳一跳；婴儿6个月以后，可以教他们用两只手来玩东西……在家长的锻炼下，婴儿的动作会越来越复杂、精细，比如他们最初只能用两只手相互撞击两个物体，慢慢地，就会学做复杂一些的动作，像用小棒敲打小鼓、小铃等；婴儿在8~12个月时，家长还可以把"模仿游戏"加入进来，让婴儿学着大人的动作拍娃娃、捏有声的玩具、做拍手"欢迎"的动作等，这样既能引发婴儿模仿的兴趣，又能达到锻炼的目的。

此外，这个阶段的宝宝要面临添加辅食的问题，我特别提醒家长，可以在宝宝2个月的时候给他加蛋黄。有的家长可能会问：这个时间是不是太早了？其实，孩子正处在智慧发育最关键的阶段，他们大脑的发育还在形体之前，最明显的信号就是头围的快速发育——在出生后的前半年，头围能增长8~10厘米，后半年增长的速度会明显放缓，增长2~4厘米；从大脑的重量看，宝宝到5岁时，大脑的重量约是成人的75%，6岁时约是成人的90%，可以说是非常接近成人了。大脑发育速度这么快，自然需要补充足够的营养，尤其是含有丰富卵磷脂的食物如蛋黄、带鱼、牛肉等更是不能缺少。像带鱼表面那层银白色的膜就富含卵磷脂，吃的时候可千万别给刮掉了。

给孩子添加这些食物的时候，家长一定得注意科学喂养，像蛋黄的量可以从五分之一开始，逐渐增加到四分之一、三分之一……千万不要一上来就喂很多，避免孩子被噎着。添加蛋黄的方法也有很多，开始可以把蛋黄碾碎，掺在奶里慢慢喂养；等孩子大一点，可以给他拌在果泥、米粉里；再大一点，还可以拌在饭里。添加蛋黄的同时，家长可以注意观察宝宝的大便是不是正常，正常的话就继续添加，这对宝宝的智慧发育是很有好处的。

说到这里，我还想讲点题外话。如今阿尔茨海默病患者这么多，和食物结构不合理有一定的关系，所以不光孩子要多补充点蛋黄，中老年人也得适当地吃一些。有的人担心蛋黄的胆固醇含量高，会导致心血管疾病及动脉硬化。但凡事有利就有弊，我们不能只看蛋黄对人不利的一面，还得看到蛋黄中卵磷脂能避免智力衰退及增强记忆力的功效，有的专家甚至把卵磷脂称为"老年痴呆的克星"，所以蛋黄该吃还是要吃的，只是不能吃太多，一般情况下，中老年人一天吃1~2个就可以了。

小贴士：

> 婴儿期小宝宝的感觉、运动、语言、思想意识等机能都在迅速发育，家长可以进行科学的干预和指导，促进宝宝的智能发展。

第三节　情志表现和心理需求

1. 听懂不一样的哭声

婴儿在前 3 个月哭得最多，平均每天哭的时间能够达到 120 分钟。4 个月以后减少到每天哭 60 分钟。在一天之中，一般晚上睡觉前哭得最多，平均能达到 34 分钟；下午也比较多，平均哭 24 分钟；上午较少，平均 20 分钟；夜里最少，平均 10 分钟。

我发现一听到小宝宝啼哭，父母、爷爷奶奶、姥爷姥姥就会特别着急，会马上把小宝宝抱起来哄。可这并不是正确的做法，因为有的宝宝是在用哭的方式表达自己的需求，还有一些宝宝是在用这种方式"做运动"。如果一哭就抱，家长就弄不清楚宝宝身上到底出了什么问题，也会干扰运动机能的正常发展。而且总是抱着哄，宝宝会变得特别"黏人"，会养成坏习惯，一放下就哭，这大大提升了养育的难度。

对于这样的事实，古人早就有了正确的认识。《万氏家藏育婴秘诀·啼哭》便有相关说法："小儿啼哭，非饥则渴，非痒则痛，为父母者，心诚求之，渴则饮之，饥则哺之，痛则摩之，痒则抓之，其哭止者，中其心也。如哭不止，当以意度。"这里提出了婴儿啼哭的几个常见因素，包括饥饿、口渴、皮肤瘙痒、腹痛。家长可以按照小宝宝的"需求"及时处理，解决问题后，宝宝自然就不会啼哭了；但宝宝若还是啼哭不止，家长就要考虑一下宝宝是不是生病了。

也就是说，在宝宝哭闹时，既不能置之不理，又不能一哭就抱。我建议家长先找找原因，看看他是饿了还是渴了，是拉了还是尿了，是不是身上有哪里不舒服了。

家长可以先把小包被打开检查一下，看看有没有什么尖锐的东西扎到了宝宝，或是有丝线缠住了小手小脚……排除了这些原因后，家长再把宝宝抱起来，轻轻摇动或是来回走动，让他贴近大人的身体，再轻轻对他说话或是哼唱歌谣，可以增加他的安全感。

家长也可以用连续、轻微的动作抚摸宝宝的躯干和四肢，这种办法在一些东方国家很流行，它可以让宝宝的肌肉放松，使他感觉很舒服，从而停止啼哭。经常进行这样的抚触，还可以增强宝宝与父母的交流，能够让他获得安全感，培养他对父母的信任感。

如果采用了各种方法安抚宝宝，都不见效，家长就要提高警惕了，这时候要仔细听一听宝宝的哭声，看看是不是音调过高、哭声急促；或是哭一阵停一阵，但总是不见好转；或是哭声已经变得喑哑，气息也开始急促；再看一看宝宝的脸色是不是显得苍白，身上是不是多汗。如果有上面说的这些情况都要及时就医，以防延误病情。

小贴士：

> 小宝宝哭闹不要急着抱，而是要先找原因，再及时处理。如果用各种方法都无法安抚宝宝，还可以观察宝宝表现、听一听哭声，发现异常应及时就医。

2. 看懂丰富的"肢体语言"

1岁以前，小宝宝基本不会说话，但这不代表他就不会表达自己的心理需求。聪明的宝宝已经学会用"肢体语言"和家长交流了。孙思邈在《千金要方》中就讲道："生后六十日，瞳子成，能咳笑应和人。"可见小宝宝才出生60天就已经能用笑来回应大人了。

如果他有什么心理方面的需求，也会通过表情和身体语言来表达。他在微笑，表示心情很兴奋或很愉悦；可要是做出了瘪嘴、难过的表情，那就是啼哭的先兆，可能是他对大人有所要求又说不出来，所以会急得要哭。比如，他觉得肚子饿了想要吃奶，或是觉得无聊寂寞了，想让大人抱一抱、哄一哄等。如果他做出噘嘴、咧嘴的表情，或是表情显得"一本正经"的，则代表他想小便、大便了；如果他不吵不闹，安静地玩弄舌头或吐气泡，表示他已经懂得"自娱自乐"了；但眼神无光，大多是身体不适、有病的征兆，家长一定要及时处理。《黄帝内经》指出"肝开窍于目"，而肝肾同源，如果肾气不足，肾水就不能滋养肝木，两眼就会显得无神；相反，肾气充足，眼睛就会清澈明亮，显得非常"有神"。所以家长可以从孩子的眼神来判断他的健康状况。

6个月到1岁的宝宝，使用"肢体语言"更加熟练了。他除了会用面部表情来表示自己的意愿之外，还会用各种动作来传达思想感情。如6个月时，宝宝会张开双臂扑向妈妈，要求搂抱、亲热；可要是家里来了陌生人，他会转头将脸避开，表示不愿与陌生人交往。7~8个月的宝宝会用拍手和笑脸表达高兴的心情，用点头表示对别人的"谢意"，用摇头表示自己不想做某件事情，如家长给他吃不爱吃的食物，他会拼命摇小脑袋。9~10个月的宝宝如果想出门玩，会用小手指着门的方向，嘴里还会发出"嗯嗯"的声音，有的宝宝还会用小手拍拍自己的头，意思是想让妈妈帮他戴上帽子。

宝宝的这些肢体语言，家长要用心去体会，读懂了宝宝的心，才能更好地满足他的需求，安抚他的情绪，宝宝也就不会总是表现出不高兴的样子，或是莫名发脾气了。

小贴士：

> 小宝宝会用表情、肢体动作与家长进行"交流"，家长可以用心观察，从而了解小宝宝的需求，并及时地进行满足。

第四节　保健防病

1. 认识宝宝"变蒸"现象

不到 2 岁的孩子，突然间发热了，不想吃东西，嘴里热得"呼哧呼哧"的，家长心急火燎。有的家长会马上把孩子带到医院，一打针一吃药，热退下来了，家长也放心了，可再看看孩子，却总觉得没有发热前那么有"神"了——孩子精神不太好，特别爱黏人，食欲也没过去旺盛了，有的孩子还起了一身疹子……

我在临床没少遇到这样的例子，很多家长就是弄不明白，孩子的发热不一定都是病理性的，还有可能存在生理性的发热反应，不能盲目退热治疗。

从中医的角度来说，这种生理性发热就是"变蒸"。西晋王叔和在《脉经·平小儿杂病证其九》中最早描述了它的典型症状："是其日数应变蒸之时，身热脉乱，汗不出，不欲食，食辄吐见者，脉乱无苦也。"家长可以重点关注"身体发热""不出汗""不想吃东西""吃下东西就吐"这些症状。

历代医家对"变蒸学说"又做了很多补充，但也有少许争议。中医共同的认识是，"变蒸"包含着"变"和"蒸"两方面的表现。"变"，是"变其情志，发其聪明"，说的是孩子的情志、智能方面的变化。老辈人讲孩子发一次热就是长一次脑子，越长越聪明。这话也有一些道理。有的家长就发现，怎么孩子前几天还不会叫"爸爸"，发了次热后就会叫了，这就是"发其聪明"的表现。

至于"蒸"，叫"蒸其血脉，长其百骸"，说的是孩子在形体方面的发展变化。有的孩子发烧之后手能握了、脚能站了，或是学会走了、开始长牙齿了，这都是"蒸"给孩子带来的"长进"。

"变蒸"的过程就好像种子发芽。植物的种子无论是埋在土壤里，还是放入水中，都需要有适宜的温度，才能加速生长，会发出小芽，再逐渐长大。古代医家把孩子比作"芽儿"。其生长发育的过程也是同样的，正常的"变蒸"发热对身体不但没有害处，反而会让孩子的"精气神"整体上一个台阶，行动比以前灵活，智力比以前发达，"心眼"也比以前多了；而且脏腑的气血也在"变蒸"中得到完善，免疫机制建立起来了，身体才会越来越强健。

当然，"变蒸"不是一次两次，而是有一定的周期规律，并且每次"变蒸"孩子的"形"和"神"都会同步发展变化。《诸病源候论》等医家典籍里提到："小儿自初生起，三十二日一变，六十四日变且蒸。"这样过了320天，孩子要经历"十变五蒸"，这里的"蒸"也叫"小蒸"。

每次"变蒸"，孩子都可能有发热的情况，脏腑、经络也在按这个周期生长发育。《小儿药证直诀·变蒸》里讲过，三十二日一变，生肾（经）生志，也就是孩子开始有了自己的意识；六十四日再变，生膀胱（经）；九十六日三变，生心（经）喜，孩子会笑了；一百二十日四变，生小肠（经），孩子容易出汗和微惊……十次变化以后，第一阶段的成长就算完成了，这时候孩子开始长牙齿、学说话，也懂得喜怒哀乐了。

"小蒸"以后还有"大蒸"，共有三次。按照《诸病源候论·变蒸候》里的说法，第一、第二次大蒸间隔各六十四日，第二、第三次大蒸间隔一百二十八日。至此，小蒸、大蒸合计五百七十六日，变蒸完毕。

所以，想要知道孩子发热到底是"变蒸"，还是有其他病理性的原因。家长可以先记住上面这些关键的时间点，再通过"一看二摸三查"，看看孩子有没有以下"变蒸"的特点。

"一看"是看孩子是不是有"神"。变蒸时孩子看上去不烦躁、不焦虑、不"打蔫"，给他一个玩具，他能抓、能玩；嘴里"咿咿呀呀"的，挺想和大人交流；白天孩子精神头很足，晚上睡觉也很安稳。

"二摸"是摸孩子的耳朵、尾骨，如果发凉就属于"变蒸"。这可以参考《医宗金鉴·幼科心法要诀·初生门下》诀中的一句："变蒸之状身微热，耳尻骨冷无病情。"

"三查"是查看孩子上唇内侧有没有"浊珠"。《慈幼新书·变蒸》提到："但变蒸则耳冷,上唇发,状若浊珠。"这个"浊珠"是白色的,有粟米大小,很好观察。

如果这些特点都具备,孩子发热也是以低热为主,偶尔出现高热,那就可以继续观察,同时可以多给孩子喝一些温开水,作用是促进发汗,减少脏腑的压力,防止出现脱水。参照宋代儿科医家钱乙的观点,无汗的发热,用发汗法来退热;有呕吐者,用微下(药理轻微的泻药)的方法来治疗。除此以外,最好不要再用其他的治疗方法,不能人为干预孩子正常的生长发育过程。

不过不治疗不代表不护理,在饮食上,家长可以给孩子吃得清淡一些,辅食可以加大米粥、小米粥、藕粉、鸡蛋羹等,每次少喂一点,不要强求孩子进食。做妈妈的自己也要注意饮食,不要吃热性、刺激性的食物。

在衣着上,"变蒸"的孩子不用穿过多的衣服,一般跟妈妈穿得差不多就可以了。小婴儿也不用裹得太紧,可以把包被松一松,但头、脚、胸和小肚子要做好保暖,才不会着凉感冒。

小贴士:

> 宝宝"变蒸"是一种生理性的发热,对身体不但没有坏处,反而更有利于宝宝的生长发育。家长应注意观察分辨,不要盲目给宝宝退热治疗。

2. 添加辅食的学问

婴儿生长速度特别快,自然需要补充大量的营养物质,所以除了哺乳外,还必须按月增添辅助食品,这样才能满足生长的需要。不过我得提醒家长,辅食并不是越早添加越好。孙思邈在《千金要方》中写道:"儿早哺者,儿不胜谷气,令生病,头面身体喜生疮,愈而复发,令儿尪弱难养。"在这里,"药王"就告诉我们,辅食加得太早,会损伤脾的运化功能,而婴儿本来就有"脾常不足"的生理特点,就会让问题愈演愈烈,导致婴儿从此体弱多病。

比如"乳食伤脾、运化失职、气液耗伤"会引发疳证。有个患儿从3个月以来，形体就日渐消瘦，食欲差不说，还表现得非常烦躁，每天啼哭不安，有时还会发热。家长带着患儿辗转治疗，效果都不理想，后来经亲戚推荐求治于我。我观察患儿面黄肌瘦，皮肤干燥褶皱，毛发枯槁，心烦易怒，日夜啼哭不休，哭声无力，腹部胀大，小便黄赤，大便黏稠不爽，有恶臭，再结合其他体征诊断为疳证。但考虑患儿有火热证，在健脾补中的同时必须兼顾疏肝凉肝、降火透热，所以我选用人参养营汤配合柴胡、芦荟、胡黄连、地骨皮等中药，患儿服用3剂后症状大大减轻，精神好转，睡眠安稳，也有了食欲，且不再发热。我又对患儿进行了近1个月的治疗和调理，使患儿大体上恢复了健康。

这个病例也提醒了广大家长一定要保护好孩子的脾胃，不能盲目添加辅食。因为饮食结构发生改变，脾胃容易出现不适反应，小宝宝饮食又不知节制，容易贪食，还不善表达，等家长察觉不妥时，往往疾病已经形成。所以建议家长给宝宝添加辅食时，一不要过度依赖理论知识，二不要盲目听从长辈的意见，正确的做法是要观察宝宝的生长发育情况，主要看宝宝的脾胃能不能应付得了新的挑战——消化吸收辅食中的水谷精微。

要判断这一点也不难，就是在宝宝4~6个月的时候，每天注意观察进食、排便和睡眠情况。宝宝食欲旺盛，大小便正常，大便里面没有明显的食物残渣，也没有其他不正常的情况，晚上也睡得安稳，说明由"意"主导的脾功能是健全的，可以考虑添加辅食了。

除了观察消化情况外，还要重点关注几个信号。

第一是观察宝宝的发育指标。如果宝宝的身高、体重等发育指标在一两个月中，一直远远低于标准值，家长就要当心了，因为这说明母乳已经不能满足宝宝的营养需求了，需要添加比较适合的辅食。

第二是观察宝宝的情绪变化。排除疾病因素后，如果发现宝宝异常烦躁，连续几天都在哭闹，但是吃饭正常，睡眠良好，大小便正常，玩闹也和往常一样，这也许就是宝宝在提醒家长，要给他加辅食了。

第三是观察宝宝的动作行为表现。家长吃饭的时候，宝宝表现得很有兴趣，特别是在大人夹起食物的时候，宝宝会目不转睛地盯着看，这也是一种需要辅食的信号；另外，宝宝抓起东西后的第一反应是往嘴里放，这也说明他想要吃东西了，家长在准备辅食的同时切记要把家中不安全的物品收好，不要让宝宝误食。

添加辅食不能过于着急，要按"由少到多，由稀到稠，由细到粗，由一种到多种"的原则进行，在宝宝身体健康、脾胃功能正常时逐步添加。北宋儿科医家阎孝忠在《阎氏小儿方论》中也给出了建议，对于半岁以后的宝宝，可以"煎陈米稀粥"（这里的"陈米"指的是经过妥善保存的带壳稻米，脱壳后煮粥，不伤宝宝脾胃），取粥上面那层米油汤水给宝宝吃；10个月以后，逐渐加一些"稠粥烂饭"，能够起到补中气、少生病的作用，但要注意忌食"生冷油腻荤茹甜物"。家长可以参考这些做法添加辅食，既能给宝宝供应更多的营养，又能避免损伤娇嫩的脾胃。

在添加辅食的过程中，家长也可以观察孩子的身体变化，比如可以闻一闻嘴里的味道，一般宝宝嘴里会有一股奶香味，可要是出现了"食积"，嘴里就会有难闻的酸臭味，这时候宝宝可能还会有食欲下降、便秘的情况。有的宝宝好几天不大便，摸摸小肚子，会发现肚子是鼓鼓的，宝宝还会表现得非常烦躁，经常无缘无故哭闹，晚上"哄睡"也很是费劲，家长就要控制宝宝的进食量了，不能逼着宝宝吃东西，而是要根据他的食欲情况采用"少食多餐"的办法，让他吃一些清淡的、容易消化的食物，然后适当带他做做户外训练，促进消化。此外，家长还可以给宝宝做做揉腹，以促进胃肠蠕动，有助于缓解"食积"。

小贴士：

> 给宝宝添加辅食并不是越早越好，家长要考虑宝宝的消化情况，并要关注宝宝的发育指标、情绪变化、动作行为表现等，再决定添加辅食的时间，添加时也要循序渐进，避免损伤宝宝娇嫩的脾胃。

3. 做好婴儿期的疾病预防

我在前面讲过，小宝宝具有"脾常不足、肺常不足"的生理特点，脾胃运化能力较弱，肺卫娇嫩未固。再加上 6 个月以后，从妈妈那里获得的免疫力逐渐消失，而自身后天的免疫力还没产生，所以容易发生脾胃疾病、肺系疾病，像咳嗽、呕吐、便秘、腹泻之类的毛病都会找上门来。

小宝宝和外界接触的机会越来越多，也容易让病毒、细菌找到"可乘之机"，所以传染病也是需要重点防范的，一定要按照规定准时去打防疫针，不要拖延。

另外，我建议家长定期带宝宝到医院做健康检查和体格测量，6 个月以内的宝宝每月检查一次，7~12 个月的宝宝每 2~3 个月检查一次，这样可以更好地把握宝宝的生长发育情况，有问题可以及时发现、尽早采取干预措施。

为了预防脾胃疾病，要特别注意饮食卫生，还可以通过保健推拿来健脾和胃、补肺益气、温阳通督，提高整体的抗病能力。

此外，由于小宝宝越来越好动了，家长得有一些"忧患意识"，要把家里的危险物品清理干净，以免宝宝吞下异物引起窒息、中毒。再有就是做好平时的看护，尽量不要让宝宝一个人待在床上、沙发上，防止跌伤。

如果宝宝患病了，在治疗时不要盲目。我记得有个患儿才出生 4 个月，就因为急性咳喘住院了，经过输液、雾化治疗有所好转，但家长平时听孩子的声音，总觉得喉咙里有痰。9 个月的时候，患儿又出现了喘咳，喉中有痰鸣音，晚上咳喘得更厉害，精神也不太好了。家长带到医院门诊输了 2 天液，做了 5 天雾化，没有见到任何好转的迹象，只得求助于中医。我见患儿脸色青黄、神气怯弱、面容发呆，结合其他体征，判断是"因惊失魄、魄落肺虚"引起的喘咳，也就是说，患儿因为受到惊吓导致"魄"不定，进而影响到肺司呼吸的功能，而且惊吓还导致肝脾不调，脾虚则容易生痰。所以我考虑按照镇惊化痰、温化痰湿的原则治疗，服药的同时叮嘱家长要保持环境安静，不能再惊吓患儿。二诊时我发现患儿情况大大好转，半年后家长反馈说患儿情况良好，未再发生感冒、喘咳。

在此提醒家长，对于1岁以内的小宝宝，不要一感冒、一发热、一咳嗽就去吃消炎药或是去输液，因为感冒大多数是病毒性感冒，服用抗生素不但没有效果，还会破坏孩子正常的免疫力；发热、咳嗽也要弄清楚原因，随便输液退热，容易掩盖病情、延误治疗，对此家长一定要有清楚的认识，才不会走入误区，让宝宝白白遭受疾病的折磨。

小贴士：

> 婴儿期容易发生脾胃疾病、肺系疾病，也容易被传染病侵害，家长应准时带孩子打预防针，做健康检查和体格测量。宝宝患病后治疗不能盲目，以免破坏正常的免疫力。

第四章　幼儿期

第一节　生理发育

终于,在家长的精心养育下,宝宝跨过了1岁的门槛。这时他的体重和身高的增长没有1岁前那么快了。

一般来说,1岁以后,幼儿的体重平均每年增加约2千克,1岁体重大概是10千克,2岁体重大概是12千克,3岁体重大概是14千克。有的家长看到幼儿体重增长过快,2岁就超过了17千克,还觉得很开心,认为孩子营养吸收得好、体格强壮,殊不知这种情况常见于"肥胖症",会引起很多健康问题。不过体重过低也不好,可能表示营养不良,像3岁的幼儿体重只有11千克,家长就得注意了。

1岁以后,幼儿的身高每年差不多要增长10厘米。从2岁开始,直到青春期,身高增长速度都很平稳,每年大约是7厘米。这样的话,幼儿1岁的时候身高大概是75厘米,2岁时大约是85厘米,3岁时大约是92厘米。

为了掌握孩子生长发育的情况,家长可以在孩子1岁时,带他去儿科体检,医生除了测量身高和体重外,还会观察头围、胸围和囟门。

头围的大小和脑的发育有关,一般1岁时头围约是46厘米,2岁时约是48厘米,3岁时约是49厘米。

测量胸围的时候,要让幼儿躺下,两手平放,两眼平视,等他处于安静状态时再测量。胸围的大小和肺、胸廓的发育有关。1岁时胸围大概是45厘米,和头围的数字接近,2岁后胸围渐渐地就要超过头围了。如果胸围超过头围的时间过晚,家长就要看看是营养不良还是缺少锻炼才造成了这样的情况。

至于幼儿的囟门，正常情况是在1岁至1岁半闭合，家长应密切观察，发现问题及早处理。

除了上面这几点外，医生还会看看幼儿的牙齿，这也是一个重要的发育指标。所谓"齿为骨之余""肾主骨"，牙齿的好坏可以反映出肾气是否强盛、肾精是否充足。1岁的幼儿一共长6颗牙齿，下面4颗，上面2颗，这是乳牙。到了2岁半，乳牙基本出齐了。

要是乳牙萌出太晚，比如3岁的幼儿乳牙还没出齐，可能是两方面原因造成的。第一个原因是"先天禀赋不足"，像父母体质较差、气血虚弱，或是孕妈妈体弱多病、妊娠期间营养不足，等等，都可能影响宝宝的正常发育。除了乳牙不能正常萌出外，往往还会有头发又稀又黄、站立不稳、囟门宽大等症状，我在调理的时候会注重滋养肝肾、填精补髓；第二个原因是"后天的不足"，像产后妈妈乳汁不足，或是对宝宝的照料不到位，导致损伤了脾胃，引起气血不足，牙齿也不能正常生长。如果属于第二种情况，宝宝身体一般比较消瘦、平时胃口不好，还总是懒洋洋的，调理的时候就要注意改善脾胃运化功能，才能促进乳牙的萌出。

小贴士：

> 幼儿期生长发育的情况如何，可以从身高、体重、头围、胸围、囟门和牙齿等因素进行考察，发现问题要及时调理。

第二节　智能发展

经常有家长问我什么时候给孩子"启蒙"最合适，他们总是有太多的顾虑，怕孩子接受不了新知识，也怕影响孩子正常的生长发育。其实，智慧发育在5岁之前是最重要的，中医认为"脑为元神之府"，而儿童的神经发育早于身体其他各部位，孩子5~6岁的时候，大脑的重量已经接近于成年人了，所以启蒙应是越早越好。

在幼儿期，孩子的语言、动作和思维活动的发展本来就很迅速，家长抓住这个"黄金时段"进行启蒙，往往能够收到特别好的效果。

就拿孩子的感知发展来说，1岁的幼儿已经可以区别圆形和方形的东西了。大人叫他的名字，他也能够听懂，会马上看向说话人的方向；2岁的幼儿更聪明，会去看落地的小球，还知道妈妈在叫自己吃饭、睡觉。

再来看孩子的运动发展情况，1岁的幼儿慢慢会走了，会拿小勺子，还会乱涂乱画；2岁的幼儿可以做双脚跳，还会摆积木，也知道怎么翻书；3岁的幼儿会骑小的三轮车，还会穿简单的衣服，这些都是孩子智能快速发展的表现，也是"神魂意魄志"越来越强盛的结果，家长不妨多给孩子安排一些能锻炼智能的游戏，让孩子一边愉快地玩耍，一边取得更大的进步。

那么，幼儿的语言发展又是怎样的呢？1岁的幼儿会说"走""拿"这类简单的生活用语；1岁半时，他能用语言表达自己的要求；2岁的幼儿能简单地和大人交谈，会说自己想要什么东西；3岁的幼儿就能比较完整地说出自己的要求了。但也有一些孩子出现了语言发育迟缓的问题，中医将其归属为"五迟"中的"语迟"。隋代巢元方在《诸病源候论》中指出，"语迟"可因先天禀赋不足或后天失养引起，病机为"阴阳不和或不足"，致使"心神语塞，神志不明"。

又因为"心藏神，开窍于舌""肾生髓，脑为髓海"，所以智力、语言发育障碍，要从心、肾、脑等方面寻找原因。像父母体质较差，或胎儿在妈妈体内受到惊吓，导致先天禀赋不足，引起心气不足、肾气不足、肾精不充，都可能造成语言发育迟缓。后天调理不当，导致脾胃虚弱，无法很好地运化、吸收水谷精微，造成"清气不升、气道失养"，也会让孩子迟迟开不了口。为此，家长一方面要积极带孩子就诊，辨明病因，及时治疗调理；另一方面要顺应孩子的语言发展特点，平时多跟他对话交流，给他提供一个语言发展的环境，也能够促进语言能力的发育。

小贴士：

> 幼儿期孩子的语言、动作和思维活动发展非常迅速，家长应抓住这个启蒙"黄金期"，促进孩子智能发展。

第三节　情志表现和心理需求

幼儿生机蓬勃，发育迅速，把"纯阳之体"的特性体现得淋漓尽致。不仅生理、智能在快速发展，幼儿的性格、情志、心理也在不断发生着显著变化。1岁的幼儿会对外界不同的事情做出不同的面部表情反应，看到自己喜欢的东西会笑，碰到不喜欢的东西会哭；2岁的幼儿对母亲的依赖在慢慢减弱，妈妈不在时也不会大哭大闹，也不再害怕陌生人了；3岁的幼儿已经会和小朋友做游戏，而且很喜欢听到大人夸奖自己。

由于每个幼儿的生活环境不同，家长的养育和教育方式也不一样，幼儿会慢慢表现出与众不同的心理特点，他们对人或对事的兴趣、各方面能力的发展、对环境的适应程度等都会出现差别。

有的幼儿对父母特别依恋，总想和父母亲近，表现得很是"黏人"，父母去上班，他就会表现得很烦躁，甚至还会哭闹起来。有的家长就会埋怨幼儿："你怎么这么不乖，这么磨人？"幼儿感受到的不是亲切，而是冷漠、厌烦，这肯定会影响他的心情，会让他情志消极、心里不安。

有的孩子为了引起家长的关注，会故意把房间弄得乱七八糟，或是在家里搞破坏，把东西打烂，或是反复强调自己的不舒服，说"我肚子好疼""我被虫子咬了""我生病了"。家长往往感到不理解，经常把孩子狠狠地责骂一顿，让孩子觉得更加失落、忧愁。《黄帝内经·素问·阴阳应象大论》说："怒伤肝，喜伤心，思伤脾，忧伤肺，恐伤肾。"孩子多怒、多忧、多思是会损伤肝魂、肺魄、脾意的，也会引起多种疾病，所以我提醒父母多考虑孩子的心理需求，即使平时再忙再累，回家后也应该抽一点时间专心地陪伴孩子。这里说的"陪伴"可不是让孩子自己玩，家长拿着手机在旁边"陪着"，而是要让家长和孩子玩在一起、笑在一起，做做身体上的亲密接触，让孩子知道家长对他是非常疼爱的，他的心中会感到很幸福、很满足，平时就不会总是发愁或发脾气了。

幼儿期还有一个明显的心理特点是孩子开始有了"逆反"心理。一般在2岁前，孩子还是比较"听话"的，基本上能够接受和服从大人的安排；2岁之后，情况就有了变化，家长会发现孩子似乎有了自己的"意志"，能够对一些事情做出选择和判断，这正是"五神"中的"意"逐渐发展的结果。

孩子会自己选择穿哪件衣服了，还会霸占家里的电视，非得看动画频道，家长让他干什么，他会当作"耳旁风"。等到大人真的严厉起来，他们才会不情愿地去做事，可只要大人一有些退让，他们就会继续"捍卫"自己的选择。对此家长也不必跟幼儿"置气"，更不要责骂他们"一点都不听话"，要知道，过分听话就等于"没有主见"，对孩子的成长来说并不是一件好事。所以家长不妨给孩子一点自由选择的空间，不用事事强求孩子按照自己划定的标准去做。

此外，家长可以给孩子一些锻炼的机会，请他帮忙做一些小事，既能满足他的自主意识，又能锻炼他的能力。比方妈妈在拖地、收拾房间的时候，孩子总想过来"插一手"，妈妈最好不要拒绝他的"好心"，而是可以教教他怎么做，让他从行为中看到自己的力量，体会到自己对这个世界的控制力，由此得到成就感和自尊感的体验。

小贴士：

> 幼儿的性格、情志、心理在不断发生着显著的变化，家长要多考虑孩子的心理需求，促进孩子心理的健康成长。

第四节　保健防病

1. 儿童长湿疹为什么要"安魄"

幼儿身上长了一大片一大片的"红疹子"，瘙痒得受不了，有的幼儿因此非常烦躁，饭吃不香，觉睡不安稳，家长十分心疼，可给孩子抹了很多药膏都不见效。这就是好发于婴幼儿的湿疹（中医称之为"湿疮"）。

想要治疗湿疹不能乱用药，而是得分析清楚湿疹到底是怎么来的。由于"肺藏魄，肺主皮毛"，所以皮肤上的瘙痒问题，得考虑到"魄"的影响。在"魄"的主导下，肺的宣发功能能够正常运转，可以让水谷精微输布于全身皮毛。如果"魄"不安宁，"肺主皮毛"的功能就会失调，像有的人皮肤缺少光泽、面容憔悴、枯槁，就与水谷精微不能营养皮毛有关；而肺经热盛时，会循经上扰，胸口、面部皮肤就容易长湿疹、红斑；再加上肺与大肠相表里，"魄"不安也会影响大肠传导糟粕的功能，会引起便秘，此时热毒更是难以排出，会走窜皮肤，让湿疹等问题变得越来越严重。所以，对于这类湿疹要从"安魄"入手，让"肺主皮毛"的功能恢复正常，才能从根本上解决问题。

有一个 3 岁的患儿，双下肢出现皮肤红斑、水疱，黄水淋漓，瘙痒不适，来找我就诊。我观察患儿双下肢皮肤潮红、生有丘疱疹，有的地方已经破溃流水，还有黄色的结痂，有的地方还有抓痕。患儿表现得情绪烦躁，询问家长得知患儿食欲差，晚上睡眠不安稳，大便干结，小便短黄。我采用了清热利湿、疏风止痒的治法，用药4剂，并叮嘱家长别让孩子吃生冷食物，以及肉蛋奶鱼虾等发物。

4天后二诊，家长告诉我，患儿皮肤瘙痒已经明显减轻，双下肢湿疹消退了一半，胃口变好，睡眠情况也比之前好一些。我在原来的药方中加入了炒薏苡仁，以加重祛湿效果，再连服3剂，前后一共治疗了一周时间，疹退痒消，随访半年也未见复发。

这位患儿的情况属于急性湿疹，治疗前要注意分辨是热重还是湿重，热重的特点是红斑水疱，渗出黄液，瘙痒感很剧烈，所以要注意采用疏风清热的药物，起"安魄"作用，达到治疗湿疹的目的；如果是湿重，则会渗出清液，这种情况又得从"脾虚"的方向考虑，小儿体禀少阳，脾常不足，湿由内生，与外在的风热之邪相搏，也会引发湿疹，此时就要采用祛风利湿的药物来治疗。

如果是慢性湿疹，也和脾虚有关，脾虚易生湿浊，湿性重浊黏腻，会耗血伤阴，化燥生风，所以湿疹会缠绵不愈、反复发作。治疗时按照健脾燥湿、清热养血润肤的原则，合理用药，再配合中医的针灸等疗法，可以调节"神魂意魄志"，促使脏腑疏泄功能恢复正常、气机畅达、气血调和，从而能够治愈让人烦恼的湿疹顽疾。

在接受中医治疗的同时，我给家长也安排了一些"任务"。第一是调整孩子的饮食，该忌口的要忌口，像鱼虾、羊肉等发物就要避免；第二是做好皮肤清洁，但是不要用热水刺激长湿疹的地方，也不要用肥皂或刺激性较强的沐浴液，洗完后轻轻抹干水分，保持皮肤干爽；第三是防止孩子搔抓患处，比如给孩子戴棉布手套，或是把双手指甲剪短，尽量减少抓伤引起感染的可能。对于促进湿疹的康复，这些日常保健措施也是非常重要的，一定不能忽视。

小贴士：

> 婴幼儿患上湿疹不能乱用药，应考虑"魄"的影响，从"安魄"入手，让"肺主皮毛"的功能恢复正常，才能从根本上解决问题。

2. 不可小视的"急喉喑"

很多家长认为幼儿感冒着凉是常见的事，有的孩子喉咙里时常发出吹哨一般的声音，咳嗽的声音是"哐哐哐"的，有点像小狗的叫声，说话声音也变得很嘶哑，家长还是没当回事，会让孩子先喝点药再继续观察。可是孩子白天情况良好，到了晚上病情却突然加重，出现了呼吸困难、口唇青紫的情况，十分危险。

这种情况就属于中医所说的"急喉喑"，俗名"锁喉风"，相当于西医的急性喉炎。它的特点就是发病迅速，来势凶猛，症状险恶，如不及时抢救，是会危及生命的。

为什么这种疾病会这么凶险？这是由喉的位置和功能决定的，在人体中，喉是呼吸的门户，也是重要的发音器官，而这些功能也都离不开"肺藏魄"的影响。《黄帝内经·素问·五脏生成》说"诸气者，皆属于肺"，而《难经·四十难》说"肺主声"。宋代医家虞庶还做了注解："肺，金也。金击之有声，故五音皆出于肺也。"所以，只有魄安宁，肺主气、主声的功能才会正常；魄不安，影响肺的正常工作，不但声音会发生变化，喉咙通气也会受阻。幼儿的喉头本来就是又小又窄的，血运又特别丰富，邪毒容易滞留于咽喉，会引起充血水肿，造成气道阻塞；而且患病后幼儿感觉很不舒服，会哭闹不停，就更是会刺激喉部，引起喉痉挛，使得呼吸极度不畅。

急喉喑经常发生在冬春季节天气比较寒冷的时候，每到这时，我们总是会接诊不少患病儿童，急喉喑的发病率也比较高，我们把它列入危险级别的急症。一般典型的症状有发病非常急促，夜间被憋醒，情绪烦躁不安，声音嘶哑，喉咙里有吹哨音,还有"犬吠样咳嗽"和吸气性呼吸困难。有的孩子鼻翼扇动明显,面庞、口唇、指甲已经呈现青紫色,吸气时还有"三凹征"(锁骨上窝、胸骨柄上窝、肋间隙凹陷很明显),有经验的医生一看便知,马上就得处理,不敢有片刻拖延。

也因为急喉喑非常危险,所以家长一定要做好预防工作,天气转凉时及时给孩子添衣服,夜里注意给孩子盖被子,减少着凉感冒的可能;平时可以多让孩子到户外活动,以提升体质、增强耐寒力和抗病能力。另外,家长要避免让孩子和流感患者接触,家里也要经常开窗通风,保持室内空气新鲜。若是怀疑孩子有急喉喑,就得立刻就医,千万不能抱有侥幸心理,才不会耽误病情造成严重后果。

小贴士:

> 幼儿急喉喑非常危险,应立即处理,切勿拖延。平时家庭也要做好预防保健工作,提升孩子体质,增强耐寒、抗病能力。

3. 关注幼儿日常风险

人们常说"初生牛犊不怕虎",这句话用在幼儿身上特别合适。随着幼儿学会了走,日常活动的范围就增大了很多,也接触到了许多陌生的新鲜事物。他们对很多东西都会产生强烈的好奇心,总想去摸一摸、玩一玩,甚至还会把东西拿起来,塞进嘴里咬一咬。这正是他们认识世界的方式,能够让他们增长不少见识。可是无形之中,风险也会不期而至,家长不免忧虑万分。

幼儿的日常生活中有哪些常见的风险呢?看看儿科急诊平时的接诊情况就知道了,幼儿有从高处掉下来摔伤的,有被开水或热汤热粥烫伤的,有好奇摸电门触电的,还有吞下有害物品中毒的……《妇科心法要诀》说幼儿是"神识未发",也就是精神意识虽有所发展,但尚未完善,所以他们没有足够的危险意识，只会凭着自己的好奇心随心所欲地做事，其结果便是"履薄冰而不知险，临深渊而不知危"，会造成各种各样的意外伤害，严重者可能会危及生命。

想要避免这样的后果，家长就得给幼儿"把好关"，让他们远离周围的风险因素。以摔伤为例，家长带幼儿走楼梯、乘坐扶梯的时候，一定要牵好幼儿的小手，别让他们在上面乱跑、乱跳。家里的沙发、床边可以铺上一条柔软、厚实的地毯，幼儿即使不慎摔下来，也不会受伤。

为了防烧烫伤、割伤，家长应禁止孩子去厨房玩耍，也不要把热水瓶、电烧水壶放在孩子能接触到的地方。我注意到有的家庭为了追求美观，在餐桌上铺上了长长的桌布，这其实也是个风险因素，万一幼儿贪玩去抓扯桌布，上面的热汤、热菜掉落下来，也容易引起烫伤。

家里的各种充电线也得放置妥当，否则幼儿抓起来含进嘴巴，有可能造成严重的烧伤。我就看到过这样的例子，国外有个家长把手机充上电，就去做自己的事了，幼儿出于好奇，把充电线放进嘴里咬，结果马上被电晕，脸部、双手严重烧伤，指尖甚至出现了烧焦的痕迹。像这样的风险本来是可以避免的，所以家长得有一些忧患意识，把生活小细节处理好，才能预防意外发生。

此外，还有一个值得重视的风险问题是"意外卡喉"。幼儿吞咽功能发育还不完善，再加上喉管细而窄，即使吞下或吸入的是比较小的颗粒，也有可能阻塞气道、引起窒息。在这方面有很多让人感到非常痛心的例子，有个家长给2岁的儿子喂食葡萄，谁知整颗葡萄不慎被孩子吸进喉咙，卡在气管里。孩子呼吸困难，家长万分着急，急忙用手去抠，却怎么都抠不出来。家长这才慌慌张张地抱着孩子去医院，可因为错过了最佳抢救时间，孩子最终不幸身亡。

很多家长在为这个孩子惋惜的同时，也不禁想问：如果遇到类似的情况，应当如何去救护孩子？这里我提醒家长要把握好发生卡喉后的"黄金四分钟"，因为缺氧超过4~5分钟，就会造成不可逆的脑损伤。所以家长需要立刻展开

"分工合作"，一人打急救电话，一人采用"海姆立克法"紧急抢救——如果孩子能够站立，家长可以站在他背后，双手放在他的肚脐和胸骨之间，一只手握拳，另一只手包住拳头，然后双臂用力收紧，瞬间按压孩子上腹部，利用胸腔压力把喉中的异物"冲"出来。

当然，更重要的还是日常的预防工作，对于幼儿来说，果冻、葡萄珠、球形糖果、坚果、有较大核的水果都要避免食用，以防发生危险。家里幼儿能触及的地方也不要放珠子、硬币和一些小物件；家长平时还要多多引导教育孩子，告诉他什么能吃、什么不能吃，争取杜绝一切隐患。

小贴士：

> 幼儿"神识未发"，缺乏危险意识，致使意外伤害频发，家长要注意排除环境中的危险因素，并可以学习一些急救方法，关键时刻可发挥奇效。

4. 培养就餐好习惯

"孩子不好好吃饭，该怎么办？"这样的问题我几乎每天都能听到，很多家长说起幼儿的吃饭问题，就有一肚子的"苦水"想倒。

幼儿吃饭不专心，边吃边玩，一顿饭一个小时都吃不完；好好的蔬菜水果不喜欢吃，非闹着让家长给买膨化食品、油炸食品；有的幼儿喜欢挑食，对于不喜欢的食物，家长好说歹说，都不能让他尝上一口……

可饮食又是维持生命活动必不可少的物质基础，不良饮食习惯让"神魂意魄志"得不到滋养，五脏六腑的功能就无法正常运转，气血虚弱、情志不调的问题都会出现，身体抵抗力不断下降，便会导致疾病丛生。

在这里，我得不客气地说一句，很多不良饮食习惯其实都是家长给"惯"出来的。有家长告诉我孩子食欲不好，吃饭的时候总是没胃口，我让她详细描述一下孩子的吃饭过程，这才知道孩子吃饭的时候坐不住，一家人在后面追着哄着，好半天才能喂下去一口饭。实在没办法了，家长只好用游戏或是讲故事的办法吸引孩子的注意力，让他停下来吃饭。后来这一招也不管用了，家长就给孩子"许诺"，说他只要好好吃饭，就带他去某地玩耍，或是给他买喜欢的玩具。时间长了，孩子把吃饭当成了"筹码"，动不动就和家长谈条件，让家长非常头疼。我劝这位家长改变这些做法，回去尝试做做"冷处理"——孩子要是不好好吃饭，先不要去哄他，更不要答应他一些无理的要求，免得他对家长的过度关注习以为常。

我还建议家长可以制定一些"家庭规则"，比如规定吃饭的时间是多长，时间到了就收拾碗筷，绝不拖延。所有的家庭成员都要严格遵守规则，吃饭的时候不看手机、不说说笑笑，这样能给孩子做一个良好的榜样，也能给孩子制造一些"紧迫感"。

最初孩子可能不太配合，家长也不要急着去训斥他，特别要注意不能在孩子吃东西的时候批评、教训他。明代著名学者吕坤在《呻吟语》中提出过"七不责"，即"对众不责、愧悔不责、暮夜不责、饮食不责、欢庆不责、悲忧不责、疾病不责"。之所以"饮食不责"，是因为批评、责备孩子会导致肝郁，而肝木克脾土，会抑制脾的运化功能，出现腹胀、腹痛、没有食欲、大便不通畅等一系列症状。脾为后天之本，气血生化之源，想要让孩子健康、茁壮地成长，就要记住"饮食不责"，让孩子能够在用餐时心情愉悦，脾才能更好地发挥作用。

同样，为了不给脾增添太多负担，家长还要做到"饮食有节"，所谓"饮食自倍，脾胃乃伤"，要避免让孩子一次性吃下过多的食物，两餐之间也不要给予太多零食，以免孩子养成把零食当正餐吃的坏习惯。另外，在幼儿期，乳牙虽然逐渐萌出，但咀嚼功能还不够完善，脾胃功能也还比较薄弱，所以食物要稍微细、软、烂、碎一些，种类要丰富，制作方法要多样化，这样更能够增进孩子的食欲。等到孩子自己知道吃饭的时候，家长可以适当地夸夸他，给他一些鼓励，让他慢慢养成按时定量吃饭，吃饭时不玩耍、不看电视，不多吃零食，不挑食、不偏食的好习惯。

小贴士：

幼儿的不良饮食习惯会让"神魂意魄志"得不到滋养，五脏六腑的功能无法正常运转，可导致体质变差、身体抵抗力下降、容易生病。家长应及时纠正，并要帮助孩子养成健康饮食好习惯。

第五章　学龄前期

第一节　生理发育

婴儿自从离开母体，就开始了自身阴阳平衡的过程。他们的生长发育都要依赖阳气的升发，所谓"独阳不生，孤阴不长，阴阳互根，阳生阴长"。在小儿的这种阴阳平衡中，阳气占主导地位，阴阳平衡不是静止不变的，而是处于不断的发展变化中，是维持小儿健康生长的基础。随着阳气的不断生长，阴气也随之生长，即所谓"阳生而阴长"，旧的阴阳平衡被新的阴阳平衡所取代，呈现出螺旋式增长趋势——年龄越小，生长发育越快。这种特点在 0~3 岁表现得更为突出。

过了 3 周岁以后，小儿进入学龄前期，也叫幼童期，身高、体重增长的速度就没有之前那么快了。原本出生第一年身长就能增加约 25 厘米，第二年就变成了增加约 10 厘米。随着年龄的增长，身高的增长速度是逐年下降的。体重方面也是同样，体重每年增长 2 千克左右，也没有 3 岁以前增长得那么迅速。

对此家长也不用过于担心，只要坚持定期体检，把握好孩子的生长发育情况，再和同龄、同性别孩子的平均数据比对一下，差距不是太大的话，就没有什么大的问题。如果孩子身高、体重增长明显低于正常值，医生或保健人员也会马上告知家长的，说孩子矮了、瘦了，需要做进一步的评估。

要是经医院评估，确诊是矮小症，就得抓紧时间接受治疗。由此可见，定期体检确实是非常重要的，家长一定不要忽视。万一发现了问题，治疗也是宜早不宜迟，别等到青春期再去干预，那就为时过晚了。

中医会将"矮小症"进行辨证调理。有的孩子不但身材矮小，还有胆怯、善惊易恐、坐卧不安、心神不宁、少寐多梦的症状，那就属于"胆气怯弱证"，需要采用温胆宁神的治法；有的孩子面色萎黄、说话声音低微、气短乏力、食量少、大便不成形，则属于"脾气虚弱证"，需要按照健脾益气的原则来助长；还有的孩子发育相对迟缓、头发稀少枯黄、筋骨痿软、口燥咽干、手足心热，属于"肾气虚弱证"，治疗时要注重补肾壮骨。

家长在生活中也要做好调理工作，因为孩子生长发育速度慢，和营养失衡、睡眠不足、缺乏运动等因素都有很大的关系。从营养方面来讲，孩子生长发育需要蛋白质、脂肪、碳水化合物等多种营养元素，但有的家庭却没有做好这一点，孩子每天摄入最多的是油炸食品、膨化食品、碳酸饮料等，导致营养严重失衡；再看睡眠方面，如果缺乏良好的休息，会严重抑制孩子体内生长激素的分泌，而现在孩子课业负担本来就不轻，家长还不停地给孩子"加码"，导致孩子到了晚上10点、11点还不能上床入睡，使得睡眠严重不足，影响正常的生长发育；不仅如此，学习压力大，再加上孩子迷恋电脑、网络游戏，导致运动时间越来越少，这也是造成"矮小症"的一大罪魁祸首。

家长应当从这几方面改进，从而达到健脾益气、培元固本、促进生长的目的。比如尽量不让孩子喝碳酸饮料，平时多引导孩子到户外进行体育锻炼，还可以给孩子适当补充钙、锌等微量元素。到了春天万物萌发的时节，可以给孩子增加高蛋白食物，像猪肝、猪肾、瘦肉、鱼、虾等，有利于孩子长高。

小贴士：

> 学龄前期孩子身高、体重增长的速度比之前有所放缓，家长不用过于担心，应坚持定期体检，把握好孩子的生长发育情况。

第二节 智能发展

学龄前期的孩子已经从体格的迅速发育转到神经、精神的迅速发育，在智能方面出现了很多新的进步。

就拿运动机能来说，这时候的孩子运用大肌肉的控制能力不断改善，会用正确的姿势跑，还能听信号改变速度，或是做方向跑。身体的平衡能力也提高了不少，会在平行线中间或是平衡木上行走，家长也可以给孩子设计一些这方面的游戏，促进孩子的运动进一步提升。

在语言能力方面，由于学龄前期的孩子和成人接触更密切，理解和模仿力明显增强，语言也越来越丰富了。他的词汇量不断增多，5岁时能掌握2200~3000个词，6岁时能达到3000~4000个词。也就是说，从3岁到6岁，他的词汇量增加了近3倍，词类也明显增多，还会用比较复杂的语法，也会造复合句，还能连贯地表达自己的意思，语音也比较正确。语言能力的提升与五神、五脏密切相关——"神、魂、意、魄、志"分别藏于"心、肝、脾、肺、肾"中，又分属"火、木、土、金、水"五行，分别对应"笑、呼、歌、哭、呻"五声。学龄前儿童的脏腑功能虽仍不完善，但与幼儿期相比有了一定的发展，语言功能及其他与智能相关的机能自然也会出现较大的进步。

家长有时候会听见孩子在自言自语，这其实也是语言能力提升的一个表现，家长不要去打断孩子，更不要说一些贬低孩子的话，以免打击他的自信心。家长应当鼓励孩子多说多练，平时带着孩子做做识字训练，形式不妨灵活一些，用色彩鲜艳的识字积木、带有漫画形象的识字卡片，效果会比干巴巴地教孩子认字好很多。另外，家长也可以在生活中给孩子创设一些语言学习环境，这样孩子能够掌握更多使用频率高的汉字。

在思维方面，学龄前期的孩子形象思维和形象记忆能力进一步提高，他们对具体形象的东西比较注意，也容易记忆；而且他们平时好学、好问、好模仿，求知欲也很强。家长如果想对他们进行教育，想培养他们良好的道德品质、卫生习惯等，就不要总是给他讲抽象的大道理。他不感兴趣，也听不进去。家长还不如编一些生动有趣的故事，把空洞的道理变成孩子比较熟悉、有体会的例子，他不但更爱听，还会记得更牢，家长的教育目的自然而然就达到了。

小贴士：

> 学龄前期的孩子语言能力、形象思维能力、记忆能力都在提高，家长可以创设一些生动的场景和学习环境，促进孩子智能发展。

第三节　情志表现和心理需求

俗话说："六月的天，小孩的脸，一会儿阴一会儿晴。"学龄前儿童在情志方面确实有这样的表现，有家长就对我说："以前我家的孩子可乖巧了，可三四岁的时候却变得喜怒无常，动不动就发脾气，真是让人烦恼。"

的确，3岁时的孩子已经初步具备了人类的一切基本情感，有喜、怒、忧、思、悲、恐、惊等情绪的变化，但他们的情感很不稳定，控制能力有待增强。对此家长应当给予理解，不要动不动就责怪孩子，更不能为了让孩子听话就去惊吓他，那样很容易产生不良后果。

明代医家万全就指出："凡小儿嬉戏，不可妄指他物，作虫作蛇；小儿啼哭，不可令人装扮欺诈，以止其啼，便神志昏乱，心小胆怯成客忤也。不可不慎。"在生活中，这种"妄指他物""装扮欺诈"的情况还真是不少。家长以为这样做能够安抚孩子，可孩子的情志却未能得到充分的抒发，而且孩子受到惊吓，也容易引起情志病。

另外有一种情况是家长对孩子过度溺爱、过度娇纵，事事都由着孩子的性子来，其结果反而是害了孩子。金代医家张子和在《儒门事亲·过爱小儿反害小儿说》中说："贫家之子，不得纵其欲，虽不如意而不敢怒，怒少则肝病少；富家之子，得纵其欲，稍不如意则怒，怒多则肝病多。"可见"纵其欲"，让孩子动不动就发火大怒，会对肝造成严重损害，导致"肝病多"。

现代心理学也发现儿童期可出现儿童自闭症、儿童选择性缄默症、儿童抑郁症、儿童强迫症、儿童恐怖症、儿童焦虑症、儿童多动症，以及吸手指、咬指甲等不良行为和身心疾病，所以家长一定要了解孩子的感情需要，重视孩子的心理健康，早期发现儿童心理问题，早期干预，才能促进儿童身心健康和人格的健全发展。

就像学龄期的孩子，普遍好奇心强烈，什么事情都想自己干，也喜欢向大人提出各种各样的问题。五六岁以后，他们更是不再满足于了解表面现象，而是要追根问底，家长不应该表现得不耐烦，或是说一些贬低、打击孩子的话语，而是应该充分利用这种好奇心，去培养孩子的自立、自理能力。

再如"爱模仿"也是这一时期孩子的主要学习方式，他们通过模仿来学习别人的经验和行为习惯。家长也不要责备他，说他是"学人精"，而是应当注意孩子的这种心理，言传身教，培养他良好的学习和生活习惯。

家长还要注意到，这个时期的孩子仍然十分依恋父母和老师，尤其需要亲人的微笑、拥抱和抚摸等安抚。所以平时和孩子相处的时候，一定不要吝惜表达对孩子的爱，这样才能满足孩子的心理需求，让他能够保持阳光快乐的心态，对促进健康成长是很有帮助的。

小贴士：

学龄前期的孩子情感很不稳定，控制能力有待增强，家长要注意不要让孩子受到惊吓，也不要放纵孩子发火大怒，平时要多了解孩子的情感需求，重视孩子的心理健康。

第四节　保健防病

1. 让人烦恼的"尿床"问题

家里有个正在成长的孩子，父母不知要操多少心。就拿总也洗不完的床单来说吧，孩子没控制好排尿行为，一边睡觉一边在床单上"画地图"，让父母哭笑不得。

对于2岁以下的孩子，经常尿床属于正常现象，中医称之为"遗尿""遗溺"，《黄帝内经·灵枢·九针》提到："膀胱不约为遗溺。"这是在说，遗尿是膀胱不能约束导致的。而婴幼儿形体发育尚未完全，脏腑娇嫩，"肾常虚"，排尿自控能力确实比较差。

随着年龄的增长，大多数孩子尿床的情况会自行好转或完全消失。但也有一些孩子还是不能自主控制排尿，夜里有尿意的时候醒不来，就会导致遗尿。有的孩子隔几夜遗尿一次，有的孩子情况比较严重，几乎每夜都会遗尿，甚至一夜数次。这时候家长就得重视起来了，因为这属于病态现象，被称为"睡眠遗尿症"，如果处理不当，可能会跟随孩子一辈子，不可不防。

我接诊过一个遗尿患儿。原本患儿从2岁半起小便就能自理，但3岁上了幼儿园后，却经常尿湿裤子。家长觉得这是小问题，没怎么重视。可没过多久，孩子又出现了小便频急的问题。家长开始不放心了，多次带孩子到医院检查，却没有发现器质性疾病。等孩子上小学后，尿频加重，白天经常尿裤子，晚上经常尿床，每晚1~2次，睡眠也不安稳，经常做噩梦、哭叫，服用了中药，采用了针灸等方法治疗也没有效果。

我根据患儿的各种症状和检查结果判断是"肾虚不固"导致的遗尿、尿频，治疗的主要原则是"温肾宁神，镇摄止遗"。因为患儿精神紧张、多梦易惊，我叮嘱家长注意做好情志护理——发现孩子尿床时，不要去斥责他，平时尽量营造轻松愉快的生活环境。

经过一段时间的治疗和调理，二诊时患儿面色略转红润，遗尿次数明显减少，但仍有多梦、易惊的情况。我调整了方剂，三诊时患儿基本不尿床了。

所以说，对于孩子的遗尿问题，家长还是要多留点神。如果孩子年龄在5岁以上，每周遗尿次数超过2次，症状持续3个月以上，就得去医院接受诊治。中医认为遗尿多和膀胱、肾的功能失调有关，其中以肾气不足、膀胱虚寒、不能制约水道的情况最为多见，像上面这个病例就属于这方面的原因。

另外还有肺脾气虚引起的遗尿。肺藏魄，主一身之气，有通调水道、下输膀胱的功能；脾藏意，主运化，能够维持机体水液的正常输布。如果孩子体质虚弱，或是大病初愈，导致脾肺功能失调，就可能出现遗尿。如果属于这种情况，孩子遗尿的量不多但次数频繁，平时面色苍白或萎黄，看上去病恹恹的，不怎么爱说话，食欲也不太好，还容易出虚汗。中医治疗时会注重"培元益气，固脬止遗"。

还有少数遗尿是肝经湿热，正常的疏泄功能失调，影响到膀胱而引起的。如果属于这种情况，孩子遗尿的次数较少，尿量不多，颜色比较黄，还有腥臊味，孩子面孔、嘴唇颜色偏红，平时性格也比较急躁，中医治疗时会注重"泻肝清热，固脬止遗"。

除了内服药物外，中医常用的治疗方法像针灸、吐纳、外敷、艾灸、坐浴疗法等也可以适当地应用起来。比如可以取五倍子、何首乌各3克，研成细末，用醋调成糊状，外敷在神阙穴上，用纱布覆盖好，再用胶布固定，每晚敷1次，连用3~5次。这个方法主要适用于肾气不足、脾肺气虚证的遗尿，如果孩子局部皮肤有溃烂，或是对药物过敏，就不能用这个办法了，可以考虑用艾灸法，点燃艾条后，在距离穴位0.5~1厘米的位置，回旋施灸20分钟，每天艾灸1~2次，一周为一个疗程。艾灸的时候注意控制好艾条和穴位的距离，有灰烬落下来要赶紧弹掉，不能烫伤孩子的皮肤。这个办法配合捏脊，效果更好。

在治疗的同时，家长不能忽略了孩子情志方面的调养，才能促进康复。因为遗尿和孩子"暴受惊恐"也有一定的关系。年幼的孩子本身神气怯弱，容易受到惊吓，而惊会伤神，恐会伤志，导致脏腑气机失调，容易引起遗尿、多梦、夜惊等多种症状。

所以，看见孩子尿床了，家长可不能恼怒地羞辱、斥责、惩罚孩子，免得惊吓到孩子，使其尿床的问题更加严重。其实孩子自己也不愿意变成"尿床大王"，家长不妨多安慰、鼓励他们，帮他们消除恐惧、紧张和怕羞的情绪，对战胜遗尿产生信心。

不仅如此，家长还要教育孩子注意卫生，勤换内裤，平时不要给孩子穿开裆裤，更不能让孩子坐在地上玩耍，以免引起感染。家长还要帮孩子养成规律的学习和生活习惯，避免白天过度疲劳，夜间睡眠太深，不能自己醒来排尿。每天晚饭后，家长要注意控制孩子的饮水量，临睡前也要提醒孩子排尿，孩子睡觉被褥不要盖太厚、裹太紧，内裤也要宽松一些。等孩子睡着后，可以按时把他叫起来排尿1~2次。慢慢地，孩子就能养成自行排尿的习惯了。

小贴士：

> 学龄前期孩子的遗尿问题要分情况对待，正常的遗尿问题随年龄增长会自行好转，但病理性的遗尿需要及时就诊、尽早治疗，并要对孩子做好心理安抚。

2. 乳牙变龋齿，该怎么处理

近年来，在门诊体检中，我发现不少四五岁的孩子就已经长了龋齿，家长却普遍认为这种问题暂时不用管，还说"乳牙变龋齿又怎么样，反正孩子早晚是要换牙的"。我得提醒家长，长了龋齿应当尽早治疗，不然会引起很多严重的后果。

首先，龋齿会引起剧烈的牙痛，《黄帝内经·素问·缪刺论》有"齿龋"一词，说的就是牙齿被蛀空，疼痛难忍；其次，龋齿还会导致进食的时候不能充分切割、磨细食物，由此就会给脾胃造成负担，使得消化能力降低，不能很好地运化和吸收水谷精微，孩子正常的发育就会受到干扰；最后，一般孩子换牙是在6岁左右，到最后一颗乳牙被恒牙替代，要过12~14年的时间，孩子一直用龋齿帮助咀嚼食物，会影响恒牙的发育，还会造成牙列不齐，也有可能影响面容的美感。因此，口腔卫生意义重大，家长应采取相应的预防、保健等措施。

在这方面，我建议家长从孩子长出第一颗牙后，就要给他认真地清洁口腔。最开始可以把干净的纱布缠在食指上，蘸着清水给孩子轻轻擦牙齿、牙龈；等孩子渐渐长大，可以让他看看大人每天刷牙的样子，让他对这件事产生好奇心，想要模仿着去做。

从孩子3岁起，就可以给他准备专用的儿童牙刷、牙膏，鼓励他早晚刷牙，每次刷3分钟或更长的时间，尽量把每一颗牙齿都刷到，而且刷时要竖着刷或打圈刷，不要横着刷，也不要用太大的力气。牙刷每2个月要更换一次，如果刷毛变形或刷头积储了污垢，就应及时更换。

在饮食上，要让孩子少吃糖分高的食物，多吃含钙高的肉、奶、禽、蛋等食物，还可以吃一些补肾气的食物，因为"肾主骨"，而"齿为骨之余"，肾气强盛，全身骨骼结实，牙齿也会更加坚固。

我还建议家长每半年带孩子去检查一次口腔，这样就能及时发现异常。有的时候孩子的牙齿上已经出现了小洞，但因为没有痛感，孩子不会说，家长也容易忽略，等到小洞变大，成为龋齿，引发各种疾病的时候，想要治疗就会非常麻烦，所以要定期做检查，才能做到早发现、早治疗。

小贴士：

> 学龄前的孩子长龋齿应当尽早治疗，以免引起严重后果，家长平时要教会孩子保护牙齿的措施，让他学会正确刷牙，还要注意定期带孩子检查口腔。

3. 当心"挤眉弄眼"的坏毛病

我在门诊经常会接诊这样一些患儿，他们频繁地挤眉毛、眨眼睛、做鬼脸，家长总是厉声训斥："你别淘气。"患儿也听见了，却怎么都停不下来；有的患儿嗓子总是不对劲，要么不时发出怪声，要么没完没了地清嗓子，吃了好多治疗咽喉炎的药，却一点效果都没有；还有些患儿人坐在那里，"小动作"多得不得了，像摇头啦、耸肩啦、扭脖子啦、甩胳膊啦，没个安静的时候。再看患儿身边的家长，一个个也是忧心忡忡，心烦意乱。

孩子出现了上面这些症状，家长要想到抽动症的可能。中医历代文献里虽然没有对于抽动症病名的记载，但从症状上判断，中医把该病归于"肝风""抽风""瘛疭"的范畴。《小儿药证直诀·肝有风甚》中讲道："凡病或新或久，皆引肝风，风动而上于头目。目属肝，风入于目，上下左右如风吹，不轻不重，儿不能任，故目连劄也。"这是中医对于抽动症最早的描述，明确提出了"目连劄（眼睑开合失常，时时眨动，不能自主）"的病机在于肝风。

我在前面讲过，"肝藏魂"，主导肝脏的生理功能，而"魂"与"神、魄、意、志"联系紧密，对人体全身的生理功能都会产生影响。

首先，肝属筋，筋就是筋膜，是一种联络关节、肌肉，主司运动的组织，肢体正常的伸屈、舒展、旋转等活动都得靠它维持。肝气不利，筋膜失去供养，这种维持功能就会失调，身体就会不自主地抽动。

其次，肝主疏泄，与人的情志关系极为密切，肝脏受扰，孩子还会出现情志方面的改变。如果属于肝气虚损，孩子容易受惊、害怕；如果属于肝气壅实，不得疏泄，孩子就容易性情偏执、多动易怒、口出秽语、难以自控。

那什么情况会影响"肝藏魂"的功能呢？这方面的原因可就多了，像孩子先天禀赋不足，或感受外邪，或内伤饮食、情志，或是被其他疾病影响，都可能导致肝失疏泄、肝气横逆，或肝火亢逆，使"肝不藏魂"，会引发一系列抽动症的症状。另外，现在的孩子普遍学习压力比较大，学习、生活节奏紧张，身心劳累疲倦，好不容易闲下来，又长时间看电视、打游戏，也会让肝魂不安，有可能出现抽动的症状。

有这么一个患儿,出生在美国,有早产史。两年前回国入学,不久就出现了挤眉弄眼、不自主怪叫的情况,家长也没有给予重视。不久,患儿小动作越来越多,怪叫频繁,还不由自主扭头、抬手、踢腿、说脏话、发脾气,影响上学。患儿在北京某三甲医院神经科确诊为抽动－秽语综合征,采用西药治疗后症状稍有缓解,但患儿又出现了倦怠、瞌睡的新问题,家长无奈,只得求助中医。

我分析病因和患儿生活、学习环境的改变有很大的关系。他回国后学习压力加大,很不适应,又没能及时调整,精神长时间处于高度紧张的状态,诱发了抽动障碍。再分析其症状,患儿急躁易怒、舌边红、脉弦细,属于血虚肝旺之象;因服用西药,还出现了倦怠、面色苍白、舌边齿痕、苔腻这些脾虚的症状,所以治疗的侧重点是疏肝理脾、息风止抽。

经过第一阶段的治疗,二诊时患儿抽动症状基本消失,眨眼、挤眉、咧嘴也只是偶尔出现,饮食、睡眠都比较正常,情绪也变得稳定,愿意和人沟通。

一个月后三诊,患儿抽动消失,心情愉悦。

我举这个例子,是想提醒家长,不要忽视孩子"挤眉弄眼"的坏毛病,平时要多观察孩子的一举一动,一旦怀疑有抽动症的表现,要及时带孩子去医院,请专业医生进行诊治。目前中医治疗抽动症是有明显优势的,中医会根据病因病机,分为4种类型对症治疗,我提到的"脾虚肝亢"是其中之一,此外还有肝亢风动、痰热扰动、阴虚风动的类型。

通过合理的治疗,想要缓解一些临床症状不算难,难的是防止复发,所以在临床症状消失后,还要坚持服药一段时间,才能巩固疗效,消除病根。

我还得提醒家长,除了药物治疗外,家庭护理也是重中之重,一定不能忽略。

家庭护理的重点是保护孩子的"肝魂"和"胆气"。《黄帝内经·素问·六节藏象论》提到:"凡十一脏取决于胆。"这是在说胆的作用非常重要,人体十一脏(即心、肺、肾、肝、脾与胃、大肠、小肠、三焦、膀胱、胆)功能能否正常发挥,都取决于胆的功能是否正常。胆气受损后果十分严重,比如它又会波及肝，导致"魂"不安，就会引发烦躁不安、梦游、梦呓、幻觉等症状。而且肝主风，胆气受损还会引动肝风，出现各种抽动的动风表现。

胆气受损还会波及心，会让"神"不宁，轻者表现为惊悸、烦躁不安、晚上睡不踏实，重者还会出现焦虑、抑郁等精神疾患。惊悸抽动的程度也比其他孩子更加剧烈。

因此，在孩子接受治疗的同时，家长一定要控制好自己的情绪，别动不动就批评、指责甚至打骂孩子，避免给孩子增加额外的心理负担；家长、亲朋好友也不能用异样的眼光看待孩子，而是要多尊重孩子，多给他一些鼓励，用爱心创造一个温馨、安宁的环境，有利于孩子心理的调适和病情的康复。

平日在家时，家长还可以给孩子播放一些舒缓的音乐，缓解孩子的紧张、恐惧、焦虑情绪；年龄小的或是比较胆小的孩子，家长要提醒他们少看一些节奏紧张、刺激，内容恐怖的影视剧或书籍；如果孩子遭到意外惊吓，家长也要做好安抚的工作，以便恢复孩子的"胆气"，这可以有效防止抽动症复发。

小贴士：

> 对于小儿抽动症，除了药物治疗外，还要注意家庭护理，尤其要注重保护孩子的"肝魂"和"胆气"。

4."五迟五软"是怎么回事

很多家长都喜欢把自家的孩子和别人家的比一比，想看看孩子生长发育的速度是不是正常。有的家长就发现，怎么自家的孩子在各方面都比别人"慢一步"：乳牙长得慢，开口说话慢，站立走路慢，脖子还发软，好像支撑不起脑袋似的。

有些细心的家长就会带孩子去看中医，被告知这种情况属于"五迟五软"，这是小儿生长发育障碍的一个总称。

所谓"五迟",特点是发育迟缓,包括"立迟、行迟(2~3岁还不能站立、行走)、语迟(1~2岁还不会说话)、发迟(刚出生就没有多少头发,随着年龄增长头发还是稀疏难长)、齿迟(1岁时还没出牙)"这五种。

所谓"五软",特点是痿软无力,包括"头项软、口软(咀嚼无力)、手软(手臂不能握举)、足软(2~3岁还不能站立、行走)、肌肉软"这五种。西医所说的脑发育不全、智力低下、脑性瘫痪、佝偻病等都会出现"五迟五软"的证候。

在中医看来,"五迟五软"和肾的关系最为密切。因为肾藏志,主骨生髓,髓通于脑。如果肾精充盈,脑的发育健全,孩子就会精力充沛、耳聪目明、思维敏捷、动作灵巧。相反,如果肾精亏少,脑髓不足,进而导致心肝脾功能失调,就会出现"五迟五软"的症状。而肾精亏少的原因可以分为先天和后天两种。

从先天的因素看,有的父母在年龄很大的时候才妊娠生子,父母本身体质不佳,精血亏损,或者妊娠的时候妈妈在饮食上没注意,或是精神不安,或是用药不慎,都有可能对胎儿造成损害,导致先天肾精不足、脏器虚弱、发育迟缓等。

从后天的因素看,妈妈分娩时难产、产伤,导致胎儿颅内出血,或是生产过程中胎盘早剥、脐带绕颈,或是出生后护理不当,让新生儿出现窒息、中毒的情况;或是婴幼儿患温热病后,因为高热惊厥、昏迷造成脑髓受损,也会引起生长发育障碍。

有个4岁的患儿就属于后天因素引发的"五迟五软"。患儿是第一胎、第一产,孕32周时早产,顺产时有窒息史,出生后发现生长、运动、智力发育都落后于同龄儿童。

我接诊发现患儿不能言语,脾气急躁易怒,行走还算稳当,但手部精细动作欠佳,大小便也不能自理。诊断为"五迟五软"(心脾肾虚),治疗原则是补肾养肝、健脾养心、开窍益智。服药14剂后二诊,家长说患儿的脾气有所好转,没有急躁易怒的情况,但其他症状还没有缓解。我调整了方剂,加入了有开窍豁痰、醒神益智、化湿开胃功效的石菖蒲，祛风、散热、养肝的蕤仁，疏肝解郁的蔓荆子等多味中药，但"五迟五软"的治疗不可能在短时间内见效，需要长期坚持服用中药来补肾固本，再配合针灸、推拿、艾灸、药浴和适宜的功能训练，才能逐渐改善症状，提升孩子的生活质量。

由此可见，对于"五迟五软"，一定要争取早发现、早治疗，不错过最关键的"黄金时间"，才能提高恢复的速度，减少孩子的痛苦。如果想要预防"五迟五软"，还需要大力宣传优生优育知识，婚前要做好健康检查，妈妈也要注意科学养胎，避免滥用药物；孩子出生后，不光要注意防治各种急慢性疾病，还要保证营养充足；家长平时可以多和孩子做语言交流，或是带孩子做户外活动，这对开启心智、增强体质、促进发育都是有好处的。

小贴士：

> "五迟五软"的原因有先天因素，也有后天因素，家庭要争取早发现、早治疗，千万不可错过最关键的"黄金时间"。

第六章　学龄期

第一节　生理发育

从 6~7 岁入学后,到青春期前,这个成长阶段被称为"学龄期"。学龄期的孩子体格稳定增长,脏腑功能也日益完善,阴阳不断充实,所以总是显得精力充沛、活泼好动。

在这个阶段,由于肺功能加强,而肺主皮毛,孩子的毛发逐渐旺盛,阳气升发容易出汗,嗅觉灵敏,鼻部润泽,患肺系外感疾病的概率降低;孩子的脾胃功能也趋于完善,平时食欲旺盛、味觉灵敏,还逐渐形成了自我的饮食喜好;孩子心气充实,心脏搏动有力、频率适中、节奏一致,而心主脉,血液正常输布,滋养全身脏腑,孩子会面色红润、四肢手足温和;孩子"肝藏魂"的功能加强,身体柔韧、皮肤润泽、双眼灵动,视力逐渐增强,指甲饱满坚韧,睡眠情况也很不错;此外,由于肾精充实,孩子的头发浓密有光泽,乳牙及时更换,骨骼生长发育旺盛,家长会惊喜地发现,孩子像树木"抽条"一般,个子噌地一下就长起来了。

除了生殖系统外,孩子的各系统器官都已经接近成人,有的孩子在学龄期的后期会提前进入青春期。

在这个阶段,家长应当做好日常调护,以推动正常的生长发育,让孩子能够形成健康的平和体质,这对他未来的人生都会产生重要影响。

《小儿病源方论·养子调摄》说:"养子若要无病,在乎摄养调和。吃热、吃软、吃少,则不病;吃冷、吃硬、吃生,则生病。"这是在对孩子的日常饮食提出要求:平时要注意吃得热、软一些,量不必太大,不会给脾胃增加负担，也利于营养的吸收，孩子不容易得病；可要是经常吃冷食、硬食、生食，不仅会损伤脾胃，还容易引发各种疾病。家长也要引导孩子养成良好的进餐习惯，规律、定量进食，食物的结构要多样化，少吃零食、甜品，才能促进健康成长。

当然，孩子的健康不仅与日常饮食有关，还与起居、穿衣、锻炼等诸多因素有关。特别是学龄期儿童，在上学以后，活动量日益增大，活动范围增多，对外界气候改变的适应性增强，但仍需要注意冷暖，注意不要过热过冷；同时应注意增加户外活动，让孩子多晒太阳光，才能增强体质。

小贴士：

> 学龄期的孩子体格稳定增长，脏腑功能日益完善，家长要注意从饮食、起居、穿衣、户外锻炼等方面做好日常调护，推动孩子正常的生长发育。

第二节　智能发展

人的大脑被中医称为"元神之府"，认为它与神志活动有关，而在藏象学说中，脑的某些功能又被归属于五脏，如"心藏神""肺藏魄""肝藏魂""脾藏意""肾藏志"，且与心的关系是最为密切的，这也是因为"心为五脏六腑之大主""心者，君主之官，神明出焉"。另外，脑与肾的关系也非常密切，脑由精髓汇集而成，与脊髓相通，而髓由精化，精由肾藏，肾精充盈，则脑髓充满，脑便能正常发挥各种功能。

学龄儿童的心气充沛、肾精充实，大脑发育也更加旺盛，在形态上已经达到了成人的水平，智力发育也更加成熟，认知能力、理解能力、记忆能力、综合分析能力、想象力，以及运用语言文字的能力也有较大的发展，可以接受系统的科学文化知识学习。

在这个阶段，孩子也要迎接一项人生大事的到来，那就是进入学校学习。在接受系统化的教育和训练后，孩子的智能又会有更多的提升。以想象力而言，家长会发现孩子不再像之前那么喜欢模仿了，他们会进行有意的、比较复杂的"创造想象"，能够在作文训练中想象出很多生动的情节，但因为生活经验不足，可能存在一些不合理的地方。

而在语言能力方面，这个阶段孩子将从"听和说"的言语向"看和写"的言语发展，从口头对话、日常生活用语向系统的、语法严整的书面语言过渡。家长一定要给孩子制订阅读计划，推荐他阅读优秀的书籍，积累更多词汇和语法知识，提升审美能力，这对他将来的成长和学习大有好处。

在记忆力方面，由于学习任务不断增加，需要记忆的知识越来越多，使得孩子的记忆力得到不断训练，记忆范围更广、内容更丰富，记忆储存的时间也得到了延长，但精确性不足。这体现出了"意"在记忆方面的功能，"脾藏营，营舍意"，脾气健运，意的功能正常发挥，便可表现出较强的回忆能力，但要把记忆保存下来还需要"志"的帮助，"志"让记忆有明确指向，也比较完整、精确，而"肾藏志，精舍志"，所以要注意调理肾，可以强化孩子的记忆力。

孩子的观察力较学龄前期有所进步，但和记忆力一样，也存在目的性、计划性、持久性不足的特点，有的孩子观察事物抓不住重点，或是顺序紊乱、缺乏条理，家长可以多带孩子进行这方面的训练，教给他一些按顺序观察的方法，使他能够把握好事物的特征。

在思维方面，从具体的形象思维发展到抽象思维也是这一阶段的一个明显特点，到小学高年级阶段，抽象逻辑思维会越来越占据主导地位。家长可不能错过这个培养思维能力的大好时机，可以利用孩子的课余闲暇时间，玩一些锻炼思维的游戏，或是做一做难度较低的逻辑思维谜题，这样既能造就孩子的超强大脑，还能缓解平时紧张学习积累的压力。

小贴士：

> 学龄期孩子的智力发育更加成熟，在接受学校教育后，智能又有较大提升，家长可根据孩子实际情况，对其语言能力、记忆能力、观察能力、思维能力等进行科学的训练。

第三节　情志表现和心理需求

在学龄前期，孩子的情绪、情感虽然有了一定的发展，但却有易激动、不稳定的缺点。家长经常被孩子易变的情绪和冲动的性格弄得一分头疼。好在进入学龄期后，这种情况会有所好转，随着"心主神明"的功能增强，孩子对自己的行为和情绪变化会更有意识，也会发展出一定的行为约束力，而且孩子还有了自己的性格特点，好奇心、探索欲越来越强，独立生活能力和社交能力也有显著发展，可以为即将到来的青春期做好准备。

随着"肝藏魂"的功能提升，孩子的情志会更加调和；还有"脾藏意""肾藏志"的功能增强，孩子的思维变得越来越活跃，注意力逐渐集中，意志力逐渐增强，但自我控制力仍不强，意志力的坚持性、恒心和毅力还不成熟，遇到问题常会回避、退缩或找大人帮忙。

在这个阶段，孩子还逐渐形成了美感，并树立起了比较鲜明的审美标准，也具有了一定的欣赏能力。他们对美的理解、评价和情绪体验会越来越深刻，但评价局限于事物和人的外部特征，对抽象艺术的欣赏能力就比较差了。

家长在为孩子身上一些好的变化欣慰的同时，也要注意到一些问题。根据我的了解，大多数孩子在刚进入小学时，对自己的学习能力都是很有信心的，但由于不能适应崭新的环境，或是老师布置的学习任务量过于繁重，或是家长的要求过于严格，让孩子对自己的智力和能力产生了较低的评价，还产生了不少消极心理。随着年级升高、学习任务难度加大，部分孩子会产生"我很差劲，永远也比不上其他同学"的心理，现代心理学称其为"习得性无助"，会让孩子变得不思进取、消极怠惰。

不仅如此，学习成绩的好坏、在班级中的地位、与同伴之间的关系，也会让孩子产生各种各样的情绪体验。有的孩子就感觉非常自卑，也不会主动和同学交往，长期负面的消极情绪体验可能引发孤独症、多动症、抽动－秽语综合征，还有自闭早期现象，需要及时调理。

当孩子出现忧愁、思虑过度、不爱搭理人、经常面墙而睡、总想找个安静的地方一个人待着等表现，家长就要考虑是不是属于"自闭早期现象"。而思虑太多属于"意"的问题，意为脾之主宰，所以临床要从脾考虑，我常使用徐氏和意汤来调理，其中重点的药物为忘忧草（萱草），起到合意顺意的作用。又因为"肝主情志，舍藏魂神""肝胆相表里"，所以孩子的情志病证也要从肝胆辨治。所谓"肝胆相照"，胆的功能正常，肝的疏泄功能才能恢复正常。

在接受中医调理的同时，家长也要注意孩子情绪和行为的变化，避免思想过度紧张，以减少精神行为障碍的发生。

小贴士：

> 学龄期的孩子在情志方面有了一些积极的变化，比之前显得"稳重"了，但不少孩子也会因为学习、人际关系受挫而引发心理问题，对此家长要密切关注，发现问题及时带孩子接受诊治调理。

第四节　保健防病

1. 如何预防、调理扁桃体发炎

经常听家长说:"我家孩子三天两头感冒,一感冒喉咙就会红肿、发炎,接着就要发热,去医院耽误时间、影响学习,这可怎么办?"

家长提到的这些症状都是扁桃体炎惹的祸,不过中医不叫这个名字,而是使用了"乳蛾"这个更加形象的说法。因为它总是出现在咽喉两旁,外观红肿,有点像乳头、蚕蛾。这就像《疡科心得集》中说的"结聚咽喉,肿如蚕蛾"。春季、秋季变天的时候,因为患"乳蛾"而来求医的儿童特别多,这和儿童具有"体禀少阳""肺常虚,肝常有余,脾常不足"的生理特点有密切的关系。

咽喉是肺胃的门户,喉通于肺,咽通于胃。如果平时饮食不当,容易积食化火,循经上炎;再加上孩子的肺脏本就娇嫩,风热之邪外入,内外相引,就会导致热毒"堵"在上焦,灼烧咽喉,引起"乳蛾"。

这种"乳蛾"属于风热外袭型,有个8岁患儿就属于这种类型。患儿突然出现无诱因的咽痛,家长给吃了一些药,5天未见好转,只得前来就诊。我了解到患儿平素急躁易怒,出现咽痛前,偶尔咳嗽有痰,大便干,两三天一行,食欲较差,睡眠尚可,没有发热、鼻塞、流鼻涕的症状;查体发现患儿唇红、咽红、双侧扁桃体肥大,最终确诊为风热外袭型的"乳蛾",也就是西医所说的扁桃体炎。

我在治疗时主要采用疏风清热、解毒利咽的治法,方药为银翘散合小柴胡汤加减。同时叮嘱患儿多喝水,忌食辛辣刺激性食物,保持心情愉快。

二诊时,家长反馈患儿服药后咽痛明显减轻,查体发现扁桃体肿大情况有所好转,我将原药方减去川贝母、天竺黄,加入解毒利咽的射干。患儿服药3

剂后咽痛消失,为巩固疗效,本应继续进行中药治疗,但患儿对服药非常抗拒,我便叮嘱患儿注意"节饮食、调情志",随诊1个月未见复发。

对于这种风热"乳蛾",应当及时发现、及时治疗,如果延误容易发展为热毒蕴结型"乳蛾",也就是急性化脓性扁桃体炎,届时不光治疗会更加困难,孩子也会更加痛苦,而且孩子体质本就虚弱的话,风邪热邪不易被全部消除。如果孩子再次感受外邪,或是吃一些热性不易消化的食物,就会导致"乳蛾"反复发作,也就是发展为慢性扁桃体炎("慢乳蛾")。作为病灶容易引起周围器官并发症,还会造成免疫系统功能紊乱而引起全身并发症。若扁桃体过度肥大,妨碍孩子正常呼吸、吞咽,而且由于扁桃体炎还会导致肾炎、风湿热等,就可以选择手术治疗。

由此可见,"乳蛾"真不是什么小问题。家长平时一定要纠正孩子的一些不良饮食习惯,避免让他暴饮暴食,也不要让他经常吃一些辛辣刺激、肥甘厚腻的食物,以防导致不能消化,使得脾胃积热化火而引发"乳蛾"。

另外,家长可以督促孩子注意进行体格锻炼,以增强体质,提升对外邪的抵抗力。虽然学龄期儿童学习任务重,闲暇时间少,但是家长也不能忽略这一点,一定要尽可能创造条件让孩子多去户外活动活动。再有就是生活中要注意跟随气温变化给孩子增减衣被,减少感冒的概率,也能让孩子少受一些"乳蛾"造成的病痛之苦。

小贴士:

> 对于风热"乳蛾",应当及时发现、及时治疗,避免延误发展为热毒蕴结型"乳蛾"。家长平时要引导孩子从饮食、锻炼等方面做好日常保护,以减少"乳蛾"发生的可能。

2."多动症"到底是怎么回事

"我家的孩子上课总是坐不住,爱做小动作,是不是有多动症呢?"我常被家长问到这样的问题,可事实上,孩子的天性就是爱玩好动的,但"好动"和"多动"是完全不同的两码事。所谓"多动症",医学上的全称是"注意力缺陷多动症",大家习惯把它称为"多动症",但这样就容易忽略它的另外一个核心症状"注意力缺陷"。也就是说,孩子除了多语多动、冲动不安等表现外,还应当有神志涣散、不能集中注意力的表现,才能被确诊为"注意力缺陷多动症"。

有个10岁的患儿在近半年来,出现了明显的注意力不集中、学习成绩下降的情况。在外院诊断为多动障碍,服用静灵口服液后没有明显的疗效。来找我就诊时,我发现他注意力不集中,小动作多,情绪急躁,还有胆小、睡眠差、食欲差的问题。另外,患儿面色青黄,鼻黏膜发红,中度肿胀,咽红,扁桃体Ⅱ度肿大,我根据这些症状诊断为胆虚痰扰型的"注意力缺陷多动症",治疗侧重温胆化痰,方用温胆汤加减。二诊时,患儿注意力不集中无明显变化,但小动作减少,情绪急躁好转,睡觉、吃饭的情况也转好了。于是我去掉了药方中的蒲公英,加入益智仁、石菖蒲、龟甲,叮嘱家长继续给患儿服用,约一个月后三诊,家长反馈患儿小动作已经明显减少,注意力不集中的情况有所好转。

根据我的经验,这种注意力缺陷多动症和胆气受损关系密切,而胆与神魂意魄志关系密切,相互影响,与人体神经精神活动密切相关。《黄帝内经·素问·灵兰秘典论》指出:"胆者,中正之官,决断出焉。"所谓"中正",就是处理问题不偏不倚,刚正果断,这里将胆提到了"中正之官"的高度,说它有判断事物做出决断的功能,可见胆与神志活动密切相关。另外,胆附于肝,为"中精之府",内藏精汁,味苦色黄,来源于肝,也就是说,肝之余气成为胆汁,注入肠中以帮助消化,肝胆在经络上互为表里。肝与情志相关,肝气郁结,疏泄不畅,继而波及胆经,所以少阳胆气涉及情志活动的变化。

如果孩子先天禀赋不足,后天又有饮食失调、情志不遂等因素,就会导致胆气不舒。胆的功能失调，一方面会让生机蓬勃、发育旺盛的"气机"受损，影响孩子正常的生长发育；另一方面会波及其他脏腑，扰乱对应的"神魂意魄志"，引发多种症状。胆气不舒波及心，会让心神不安；波及肝，会让魂不安；波及肺，会让魄不安；波及脾，会出现"脾不藏意"的情况；波及肾，则会出现"肾不藏志"的情况，进而导致各种神经精神系统的疾病，注意力缺陷多动症就是其中的一种。如果属于胆影响肝的功能受损，我在治疗时会加生龙骨、生牡蛎、珍珠母等药物，起平肝潜阳的功效；如果属于胆影响心、肝功能，造成心肝火旺、痰热上扰的情况，患儿除了注意力不集中、话多、小动作多外，还会有性情暴躁易怒、食欲亢盛、大便干燥等症状，治疗时要注重清肝泻火化痰，可以采用药物治疗和针灸、推拿、食疗相结合的办法，能够取得更加理想的疗效。

在治疗的同时，我也会耐心地叮嘱家长，要注意给孩子创设有利于康复的家庭环境。

首先，家长要改变自己的教育方法，减少多动症的环境"诱因"。比如有的家长动不动就训斥甚至责打孩子，给他造成了很大的精神压力，让他感到非常自卑、内疚，就会让问题变得更加严重；还有一些家长会走向另一个极端——经常对孩子过分迁就，不及时纠正孩子的错误行为，使他变得更加任性、好斗，这些教育方法都不利于康复。我主张在教育这类孩子时，既要体现爱心，又不能失去原则，要让孩子知道怎样做才是正确的。

其次，家长要注意改善紧张的家庭关系。有的父母长期关系紧张，每天争吵不休，甚至还会大打出手，不能给孩子提供一个和谐、安乐的成长氛围。孩子经常担惊受怕、情绪紧张，注意力也会受到影响，导致多动症病情反复。所以当务之急是协调家庭关系，缓和紧张的家庭氛围，防止因为家庭因素让孩子心神不宁、焦虑紧张或过度兴奋。

此外，学校环境和多动症的发生、发展也有一定的关系。如果孩子在学校经常遭到同学的嘲笑、老师的责备，也会产生强烈的自卑感，还容易出现情绪波动、注意力不集中等问题，所以家长也不能忽视孩子在学校的表现，要主动和学校老师保持联系，相互反馈信息，共同促进孩子的康复。

小贴士:

> 所谓多动症,其实应是"注意力缺陷多动症",它与胆气受损关系密切,治疗时应考虑胆气不舒及其他脏腑的情况,采取相应的治疗措施。家长也要注意创设有利于康复的家庭环境,防止因家庭因素造成孩子心神不宁、情绪不稳。

3. 如何防治"能近怯远症"

孩子入学之后,用眼的机会大大增加,不但上课要集中精力看黑板,下课还要完成各种各样的作业。虽然国家正在推动教育"双减"政策,但很多家长却觉得不放心,在家还要继续给孩子"加码",让孩子不停地读书、做题,结果就会伤害孩子的眼睛,容易引起近视。

中医把近视称为"能近怯远症",最早在《针灸甲乙经》中就有关于近视的记载,《备急千金要方》说它是"远视不明",金元时李东垣也指出这种疾病的特点是"能近视不能远视"。到了清代,黄庭镜撰写了《目经大成》,用到了"近视"这个词,和今天的叫法一致。至于近视的病因,中医认为和过度用眼有很大的关系,"过用目力,久视伤血,阳气耗损"或是肝肾两虚、禀赋不足,导致"目中神光不能发越于远处"。

在"能近怯远症"发生的早期,孩子常常会有皱眉、眯眼、歪头、揉眼的表现,或者不知不觉向所看物体移近,这都说明孩子看东西开始模糊了,需要及时采取措施,才不会让他向着更加严重的方向发展。可遗憾的是,很多家长在这时候往往没能给予足够的重视,使得孩子远距离视物越来越模糊,看近处的东西也开始不清楚,到了晚上或来到光线不足的地方,视力就会更差,有的孩子看东西久了会觉得眼睛疲劳难受,有的则出现了飞蚊症、闪光感等症状。

有个12岁的患儿,在双眼视力下降两个月后才来就诊。据患儿自述,看近处物体比较清楚,看远处非常模糊,平时还有耳鸣、头晕目眩、气短懒言、疲倦无力、眼胀干涩的症状。我观察患儿面色㿠白，舌质淡、苔薄白，诊断为心阳虚衰引起的能近怯远症。心阳不足，神光不得发越于远处，就会出现视物模糊的情况，所以治疗时要注重补心益气、安神定志。除了药物治疗外，可以考虑中医按摩治疗，通过推坎宫100次，按揉太阳穴、四白穴各100次，糅按睛明穴10秒，以调节阴阳，醒脑明目；再通过补心经、清肝经各500次，点按风池穴300次来通络明目；最后按揉内关穴、足三里穴各300次，以益气养血，加强通络明目的功效。

如果能近怯远症属于脾气虚弱型或肝肾两虚型，治法就大不相同了。脾气虚弱型的患儿，除了有视远模糊的症状外，还有不耐久视、体弱乏力、食欲不振、舌淡、苔白、脉弱的症状，治疗时要重视健脾益气；肝肾两虚型的患儿，眼前常有黑影飘动，平时会有头晕耳鸣、腰膝酸软、舌淡、脉细弱的症状，治疗时要注意补肾平肝，强体明目。

当然，仅仅依靠中医治疗是不够的，防治能近怯远症关键还是要从日常生活入手，其中最重要的是改变孩子不良的用眼习惯，像有的孩子看书、写字、玩手机3~4个小时都不休息，不但影响身体健康，还会让眼睛的负担加重，这时候家长就得提醒孩子每隔30~40分钟休息一会儿，去阳台站一会儿，瞭望远处，最好是望5米外的树木或草地，每次全神贯注地凝视25秒左右的时间。还有，家长发现孩子喜欢边走路边玩手机或是趴着、躺着看书、玩手机，也要及时制止；此外，家长要让孩子每天坚持2个小时以上的户外活动，既能强身健体，又能促进眼部新陈代谢，减轻视疲劳，有助于预防能近怯远症。

小贴士：

> 中医把近视称为"能近怯远症"，治疗时应分清是脾气虚弱型，还是肝肾两虚型。在治疗的同时，家长要帮助孩子改变不良用眼习惯，积极参加户外活动，减轻视疲劳，保护好孩子的视力。

第七章　青春期

第一节　身体发展

《黄帝内经·素问·上古天真论》有这样一段话："天癸至，任脉通，太冲脉盛，月事以时下，故有子……肾气盛，天癸至，精气溢泻，阴阳和，故能有子。"这里所说的"天癸"是肾中精气溢满到一定程度产生的一种物质，它与人体的阴阳变化密切相关，特别是阳气随着天癸来临和离去，盛衰变化的阶段性十分明显。

在青春期以前，天癸未至，孩子的阳气旺盛而又稚嫩，形成"阳生阴长"的"少阳"体质。随着青春期天癸来临，阴阳调和，冲任二脉通畅，肾中精气增长到一定的程度，身体就会发生明显的变化，女孩会月经来潮，男孩会发生遗精，这正是青春期最主要的生理特点。不过青春期的发育并没有统一的标准，每个孩子的体质不同，青春期来临的时间、表现也就不一样，不仅如此，孩子平时主要生活在哪个地区，当地气候如何，也会影响生长发育的速度。所以，青春期提前或推迟2~4年，家长都不用过于担心。

家长应该多了解一些青春期的生理发育特点。这个阶段有一个很重要的任务，是加强对孩子生理卫生和性生理方面的教育，这对孩子身心健康非常重要。一方面，孩子能够正确认识自己身体的正常生理变化，不会感觉困惑、恐慌，更不会因此产生不必要的自卑心理；另一方面，家长和孩子积极沟通，也能够及时发现孩子的不适状况，可以及时防治青春期常见的良性甲状腺肿大、月经不调、痛经、痤疮等疾病。

小贴士：

> 青春期最主要的生理特点是女孩月经来潮，男孩发生遗精，此外还会有一些特有的生理变化，家长要注意引导孩子正确面对这些变化，平稳度过青春期。

第二节　智能发展

随着阴阳的调和、"五神"的成熟、脏腑的发展完善，青春期孩子的智能也有了明显的进步。在这个时期，孩子的思维变得越来越复杂，认知能力得到了很大的发展，正是努力学习知识、提升自我的最佳时机。

不过，在这个阶段，家长常常会遇到一些问题。有个家长就对我诉苦："孩子特别喜欢和我抬杠，爱找我话里的漏洞，我每次批评他，总是我说一句他怼一句，您说他是不是变坏了？"我被这位家长逗笑了，青春期的孩子爱抬杠、敢顶嘴，并不是什么"变坏了"的迹象，相反，这种现象频频出现，说明他们的抽象思维能力、逻辑推理能力增强了，他们不会再被动接受家长的所有说法，而是会用聪明的大脑想一想这种说法是否合理。他们不但敢和家长争辩，还敢向老师、权威人士提出质疑，这正是一种有"胆气"、有"豪气"的表现，我建议家长对此多一些平常心，不要因为被孩子"抢白"、觉得丢了"面子"就去打压孩子，而是应当对孩子的勇气和智慧予以认可。

也有些家长发现自家的孩子求知欲很强，但做事有些情绪化，对于自己感兴趣的事情会投入其中，下功夫钻研，而且还出现了一些和以前不同的新爱好，但他的兴趣点和关注点变化很快，很难持久，对于不感兴趣的事情他更是会想办法逃避。表现在学习上，就是偏科的问题越来越严重。这个时候家长不能一味批评他的偏科问题，强调他某一科"不行"，这会让他怀疑自己的能力；家长也不应总是催促孩子补习该科目,以免让他产生厌倦情绪和逆反心理。家长应当和孩子一起寻找"偏科"原因,再寻找可行的办法予以补救,等他在该科目上取得一点进步的时候就要及时鼓励他。

此外,青春期的孩子记忆能力也有很大进步,与之前不同的是,他们能够评估自己的记忆能力,还能够有效地分配注意力,体现出了"五神"中"意"与"志"的进一步完善和发展。对于这样的变化家长也要有所认识,不要再像对待小学生那样守在旁边,"看着"孩子写作业,也不要总是对孩子的学习任务指手画脚,那样只会让孩子觉得很烦。其实这时候孩子会觉得自己已经有了成熟的思维,不想再被家长当成小孩子看了,家长不妨多给孩子一些自由的空间,对孩子身心健康发展会很有帮助。

小贴士:

> 青春期的孩子智能进一步发展,平时显得更有主见,求知欲很强,记忆能力也有很大进步。家长应合理看待孩子一些看似"叛逆"的表现,多给孩子一些自由发展的空间。

第三节　情志表现和心理需求

孩子进入青春期以后,父母常觉得他"性情大变",原本是比较乖巧的孩子,突然变得非常敏感,经常为一些小事暴躁发火;和父母的关系似乎也疏远了起来,不太喜欢和父母说话;更糟糕的是,他还会做出一些让家长无法理解的行为,让家长哄也不是、骂也不是。

"真不知道孩子脑子里到底在想些什么?"面对这样的孩子,家长难免会力不从心、束手无策,其实,家长是没有弄明白孩子的心理需求。虽然人们常说"知子莫过父母""识人莫过老师",可这些道理在青春期的孩子身上却有些讲不通,因为他们的心理变化非常复杂,难以捉摸。

对于进入青春期的孩子来说,有一个词语特别关键,那就是"自我"。随着身体的迅速发育,在他们身上出现了成年人的体貌特征,这种变化有时候过于突然,会让他们觉得惶恐、疑惑。同时他们的内心世界也越发丰富了,"我是一个什么样的人""别人会不会讨厌我",这一类关于"我"的问题经常困扰着他们,也表明他们的自我体象、自我意识和认同迅速发展。如果引导不当,可能会产生相应的心理行为问题。有的女孩自认为身材不够苗条,便瞒着家长偷偷节食,影响了身心健康;有的女孩又过于注重服饰、打扮,还可能出现早恋等问题;也有些男孩的自我意识和认知发展不当,认为一些不良行为"很酷",于是学着吸烟、饮酒、打架斗殴……在这种时候,学校和家长一定要给孩子"把好关",一方面要加强孩子的思想道德教育,使他能真正分辨什么是善良的、美好的,什么是罪恶的、丑陋的,引导他正确认识这个世界,树立起健康的人生观和价值观;另一方面要促进孩子自我概念的健康发展,家庭和学校都可以给予孩子一些体验能力和成功的机会,提升他们的自我评价和自尊心。

家长还应多关注孩子的情志问题。青春期的孩子富有热情,但情绪不稳定,容易发脾气,容易冲动,也不善于处理感情和理智之间的关系。在他们身上会有一些很矛盾的表现:他们渴望别人都能认同、尊重和理解自己,但他们又有社会和生活经验不足的问题,经济上也还没有独立,需要依附于家长,所以他们常常会表现得比较叛逆;有时他们会为某种目标和理想付出一切,有时又会因为理想和现实不一致而心情郁闷;他们有强烈的自尊心,却也容易出现挫折感,一旦遭遇失败,自尊心和自信心就会受到打击;他们的情绪比较脆弱、容易波动,但随着控制能力的增强,他们慢慢学会了掩饰自己的感受,不愿让家长、老师、同学知道自己的想法,但要是消极情绪和想法不能被及时觉察,就有可能造成严重后果,比如会出现自杀现象。

因此,家长应当改变一些过于严苛的教育方式,要学会尊重青少年的独立性和自尊心,遇事可以心平气和地给予孩子一些指导和建议,但不能过多干涉。

而且在教育孩子时，言语和行为不宜过于急躁或过火，避免激起孩子强烈的情绪反应。此外，家长要注意孩子的情绪和行为变化，减少精神行为障碍性疾病的发生。

小贴士：

> 青春期的孩子有强烈的自我意识，家长应给予充分的理解和尊重。家长还要关注孩子的情绪问题，不宜严苛地对待孩子，以免激发孩子更强的逆反心理。

第四节　保健防病

1. 恼人的月经问题

名医李时珍在《本草纲目·妇人月水》中指出："月有盈亏，潮有朝夕，月事一月一行，与之相符，故谓之月水、月信、月经。"

这句话点出了"月经"的特点，它属于胞宫周期性的出血，月月如期，经常不变，而且它和月亮的盈亏、海水的涨落一样有规律，所以被称为"月水""月信"。

女孩进入青春期后，第一次月经即将来临，这就是"初潮"。初潮的具体年龄并不是统一的，长期生活在温暖的南方，初潮时间相对会早一些；生活在寒冷的北方，就会稍微晚一些。现在生活条件越来越好，营养跟得上，初潮时间也会逐渐提前。

不过具体到每个女孩身上，初潮带来的影响又是各不相同的。有的女孩能够平平静静地度过这段特殊的时光；有的女孩却会感到烦躁、紧张、易怒，有时候还会有全身乏力、头痛、失眠、思想不集中、记忆力减退的情况；还有一些女孩手上、脚上、脸上会出现浮肿，小肚子也有坠胀、疼痛感，十分难受。

上面说的这一系列症状就是"初潮综合征"，一般在初潮前 7~14 天会出现，在初潮前 2~3 天还会加重，给女孩带来了很多烦恼，不但影响生活，还干扰正常的学习。根据具体的症状，中医会将初潮综合征分为心血不足型和肝经郁热型两大类。前者表现为初潮时心神不宁，经常无缘无故地悲伤，还有心悸失眠的情况，我在治疗时会采用"补血养心、安神定志"的办法；后者表现为初潮时口苦口干，胸胁胀满，不思饮食，出血量多，颜色深红，在治疗时就要注重"清肝泄热、解郁安神"。

也有一些女孩会遇到"初潮过晚"的问题，一般来说，13~16 岁来月经是比较普遍的现象，可到了 16 岁以后还没有初潮，就应当及早干预，以免影响正常发育。中医认为，初潮正常与否和脏腑、气血、经络都有着极为密切的联系。唐代名医王冰曾提到："肾气全盛，冲任流通，经血渐盈，应时而下。"可见，月经正常与否，取决于肾气的盛衰程度，肾气全盛，冲脉和任脉流动通畅，经血渐渐满盈，到了时间自会来潮。若是出现了肾气虚的情况，初潮就会迟迟不来，平时还会有头晕耳鸣、腰膝酸软或足跟痛、手足心热的情况，需要及时滋肾益阴、养血调经，促使天癸成熟、月经来潮。

另外，肝藏血、主疏泄，脾是气血生化之源，心藏神而主血脉，都有支持天癸的作用，因此出现初潮推迟或是月经失调、痛经的时候，千万不要盲目自行用药，而是要在专家的帮助下辨明病因，看看是脏腑出现了功能不调，还是气血不畅导致寒凝血瘀、气滞血瘀或是痰湿阻滞等，之后再对症调理，才能调和脏腑、平衡气血，让女孩的月经变得规律起来，也能为健康、快乐的人生打下一个良好的基础。

除了接受中医调理外，家长可以多给女孩做一些生理卫生教育，使她对"月经"有个正确的认知，不会产生羞耻感，更不会因此产生巨大的心理压力，导致各种经前、经期症状更加严重。

家长还可以引导女孩培养健康的生活方式，平时规律作息、合理饮食、适度运动。经期少吃辛辣、生冷、有刺激性的食物，还要注意保暖，不要在经期用冷水洗头、洗澡，也不要在寒冷季节穿着过于单薄，导致受凉而加重气血凝滞的情况。

此外，这个年龄段的女孩还背负着沉重的学习任务，也要面临社会交往的问题，难免会出现精神焦虑、压抑或生闷气的情况，家长也要及时开导她，使她恢复平稳的心态，避免"怒伤肝""思伤脾"而导致各种月经问题。

小贴士：

> 青春期的"初潮综合征"问题不容小视，有的女孩还会有初潮过晚的情况，对此不可盲目用药，而是要辨明病因后对症调理。家长也要多对女孩进行生理卫生教育，使她对月经来潮有正确的认识。

2. 如何应对青春期"变声"问题

我在门诊曾经见到过这样的情况，一个患儿在青春期发育迅速，已经长成了1.8米的大高个，身材也很结实，长相阳光帅气，可一开口说话，嗓音却又尖又细，让人听得直皱眉头。

声音和外形反差太大，这个问题让患儿和家长都觉得十分尴尬，在学校里，患儿没少被同学讥笑，甚至还被人称为"娘娘腔"，患儿自己觉得十分痛苦。

除了这种"男声女调"的患儿外，我还遇到过"女声男调"的女患儿，按理说，经过了变声期，女孩的声音应该变得越发清脆悦耳，可这类女患儿嗓音却十分粗哑，如果只听声音不看人的话，就会觉得那是个"小子"。

凡此种种现象，都属于青春期的变声障碍。中医认为，发声与心、肺、肾最为相关。心主血脉，气血运行通畅，声室得到充分的濡养才能正常发声；肺主气，是宗气之源，《黄帝内经·灵枢·邪客》说"宗气积于胸中，出于喉咙"，所以正常出声也离不开充足的宗气；而肾主纳气，肾气虚则气不能固摄，发声就会有气无力。所以治疗变声障碍要综合考虑心、肺、肾等多方面的因素。

而在日常保养中，则是要重视保护发声的物质基础——声带。一般来说，女孩子的变声期在13~15岁之间，男孩子要晚一些，是在14~16岁之间。在这段时期，他们的声带增厚、变长，但声带成长的速度赶不上喉头，就容易出现充血、水肿的情况。如果平时不注意保养，很可能让声带生损，就会引起变声障碍，严重的时候还会导致失声，所以在变声期家长一定要叮嘱孩子保护好自己的嗓子。

那么，怎么才能发现变声期的"信号"呢？一般从孩子12岁起，家长就要多关注他的嗓音变化了。平时可以听一听他说话或唱歌的声音，如果发现稚嫩的童音已经有所变化，男孩变得稍微低沉宽厚，女孩变得稍微尖细高亢，不再有"男女不分"的感觉，家长就可以给孩子讲一讲与变声期有关的知识，再和他"约法三章"，使他不会在不知不觉中伤害了嗓子。

比如，家长要提醒孩子不能扯着嗓子大喊大叫。有的孩子在背课文、念英语的时候特别喜欢这样做，觉得能够加强记忆，家长就要给他规定一个"度"，才不会引起"喊叫性嘶哑"。

再如，孩子爱吃辛辣、刺激性的食物，或是喝过热的开水、过冷的冰水，家长也要注意帮孩子纠正，才能更好地保护嗓子。

还有，家长可以让孩子做一做科学的发声训练，逐渐掌握发声音域的范围、音量的强度、气息的控制，这样不但能够更好地护嗓，还能让声音更加好听，孩子也会因此变得自信起来。

此外，由于感冒会加重声带的肿胀和充血，所以一定要提醒孩子注意随天气变化适度增减衣被，避免着凉感冒。如果已经患上了感冒，声音嘶哑，就要尽早治疗，争取在最短的时间把感冒控制好，才能减少对声带的损害。

小贴士：

治疗青春期的变声障碍要综合考虑心、肺、肾等多方面的因素，日常护理应注意保护好声带，减少不良因素对声带的刺激。

3. 躲不过的痤疮

青春期的孩子本该是充满活力、青春洋溢的，可有一件事情却让孩子和家长烦恼不已，那就是青春期的"痤疮"，也就是孩子们常说的"长痘痘"。

痤疮长在颜面部位，不但影响孩子的个人形象，还常常伴有瘙痒或疼痛感，让孩子难以忍受。我在门诊就常常见到前来就诊的学生，有个12岁的男孩长痤疮已有半年，前额、面颊、鼻侧、下巴上都有不少粟粒大小的红疹，油亮油亮的，有瘙痒感，时轻时重。家长曾带孩子间断求医，也服用过中药，涂抹过药膏，效果却不明显——旧的红疹没有退下去，新的又冒了出来，此起彼伏。另外，孩子还有大便干燥的问题。我判断是肺经风热型的痤疮（粉刺），用疏风宣肺、清热解毒的方法进行调治，在服用中药的同时叮嘱孩子注意保持面部清洁，平时少吃辛辣、油炸、高糖的食物；还要注意作息规律，保持充足的睡眠。另外，对痤疮不能随便抠、抓，以免留瘢。

经过药物治疗和生活调理，二诊时孩子前额、面颊的痤疮部分消退，但仍有散在的、新发的皮疹，下颌尤其明显；便秘情况有好转，从两三日一行转为一两日一行，仍偏干。我在原有药方的基础上加入了浙贝母，起到散结消肿的作用，以增强疗效。三诊时，痤疮已有明显改善，炎性丘疹、脓疱大部分消退，只在前额还有少许白头粉刺，大便恢复正常。我又调整药方，强化清热利湿解毒的作用，四诊时孩子前额、面颊皮疹基本消退。

孩子本就有"体禀少阳、生机旺盛、阳常有余"的生理特点，遇到风热外袭，影响更是明显。《黄帝内经·素问·太阴阳明论》说"伤于风者，上先受之"，这是因为风为阳邪，具有升发、向上的特点，所以常伤及人体上部，而颜面高居人体上位，肺又位于上焦，"肺藏魄，主皮毛"，风热犯肺，肺经的郁热不得外泄，会引起局部皮肤气血郁闭，时间长了便会演变为痤疮。《医宗金鉴》对这类痤疮的特点和治法进行了归纳："肺风粉刺肺经热，面鼻疙瘩赤肿痛，破出粉汁或结屑，枇杷颠倒自收功。"这里提到的"枇杷"指的是枇杷清肺饮，也就是说，治疗这类痤疮要以疏风宣肺、清泄肺经风热为原则。

除了肺经风热证外,中医还总结了几类常见的病因,比如脾胃湿热证主要是因为平时吃了太多肥甘、油腻、辛辣的食物,导致脾的运化功能失调,湿热内生,熏蒸于面部,形成痤疮,这时往往会有消化不良、腹胀等症状。再如肝气郁结证,常由情志抑郁引起,肝气郁结,郁而化火,循经上蒸,引发痤疮。这类孩子还会有性情急躁易怒的问题,女孩还会有痛经的情况。治疗时要注意疏肝解郁、清热解毒,同时还要引导孩子调畅情志,这对痤疮的治疗非常重要。家长也要多给孩子做思想工作,告诉他长了痤疮,心理也不要产生负担,要坚信面容是可以慢慢恢复的。同时要鼓励孩子养成良好的学习、生活习惯,保持乐观自信,可以有效防止痤疮复发。

小贴士:

痤疮给青春期的孩子带来了很多痛苦和不便,药物治疗时应分清肺经风热证、脾胃湿热证、肝气郁结证等,再进行对症调理。治疗的同时要从饮食、起居、心理上做好护理,可有效防止痤疮复发。

第四篇

中医育儿
——经典理念

第一章 儿童生长发育的特点

第一节 元阳论

"元阳"即是"纯阳",也可以称为生机、生命力。"纯阳"这个词最早见于《颅囟经·脉法》,里面有这样的说法:"凡孩子三岁以下,呼为纯阳,元气未散。"这正是古人观察到小儿"生机蓬勃、发育旺盛"的特点总结出来的。

一般3岁以下的幼儿都属于"元阳体质",或者说是"纯阳体质",源于父母先天的"元阳之气",就像由"生命力"精华凝结而成的"种子",经过生长发育进入"生命"初期的"芽儿"阶段,这就是3岁以内孩童"元阳体质"的核心。

随着幼儿年龄增长,体质特点会发生变化:3~14岁的这个阶段属于"少阳体质";14~24岁也还处于生长发育的阶段,元气未散,属于"少阳体质"至"太阳体质"的过渡阶段;24岁左右,"真牙生,而长极"(就是长出了智齿,发育到了极点),才真正进入成人期,属于"太阳体质"。

第二节 三阳学说

我从传统文化的"河图、洛书"和"四象"中得到启示,再根据儿童、青壮年和老年的生理特点,提出了儿童阶段的"少阳体态"、青壮年阶段的"太阳体态"、老年阶段的"夕阳体态",简称"三阳学说"。

儿童阶段的"少阳体态",指的是小儿天癸到来之前的年龄阶段,一般是指女童 14 岁之前、男童 16 岁之前的儿童阶段。在此之前,小儿"肾气未盛",天癸未至,小儿表现为"少阳体态",突出的特点是阴阳二气都还比较稚嫩,但相对来讲,在阴阳二气中阳气始终居于主导地位。这时候阴阳平衡处于不稳定状态,随着阳气的升发,旧的阴阳平衡被打破,阴液随之增长,又形成新的阴阳平衡。这种阴阳平衡不断被打破、又不断形成的规律性构成了小儿生长发育的规律,显示出儿童阶段"阳生阴长"的特点。

青壮年阶段的"太阳体态",指的是从天癸来临到天癸消失的这一阶段。一般是指女性 14~49 岁之间、男性 16~64 岁之间,也是人体肾气由强盛到衰老前的顶峰阶段,还是人的一生中身体最为强壮的阶段,所以也可以被称为"黄金阶段"。在这个阶段,人体阴阳处于最平衡的时期,可以用"如日中天"来形容。《黄帝内经·素问·生气通天论》里说:"阴平阳秘,精神乃治。"指的正是阴阳达到动态平衡的理想状态。

老年阶段的"夕阳体态",指的是人体天癸消失殆尽、肾气衰微的老年阶段。在这一阶段,阴阳平衡处于不稳定状态,身体衰老突出表现在阳气的衰减上。随着阳气逐渐衰微,旧的阴阳平衡被打破,紧接着阴液衰减,又形成了新的阴阳平衡。老年人的这种阴阳平衡的更迭和替换从整体上看处于下降状态,正好和小儿相反,体现出老年人"夕阳体态"的特点是"阳衰阴消"。所以老人和小儿不可同日而语,小儿就像初升的太阳,生机盎然;而老年人却日薄西山,处于没落状态。这就好比大诗人李商隐的千古佳句"夕阳无限好,只是近黄昏"。

我将人体分为"少阳体态""太阳体态""夕阳体态"三个阶段,体现了人体从初生、强壮到衰老的生命全过程,表明了人体一生鲜明的阶段性与各个阶段的生命体征特点,这就是"三阳学说",而儿童"少阳体态"的特点突出展现在"少阳学说"上。

第三节 少阳学说

一、"少阳学说"的基础是"阴阳学说"

中医学认为"阴阳"是相互依存的,《黄帝内经·素问·生气通天论》中这样讲道:"阴平阳秘,精神乃治。阴阳离决,精气乃绝。"这就是对阴阳动态平衡的一种描述,这种平衡不仅适用于成人,也适用于小儿。

"少阳学说"对这个观点进行了完善,强调小儿时期是处于一种连续的、以阳气为主导的螺旋上升式阴阳平衡状态——旧的阴阳平衡被不断升发的阳气打破,"阴液"随之迅速跟进,又会形成新的阴阳平衡。这种螺旋上升式阴阳平衡的不断更迭和替换贯穿了小儿生长发育的全过程。

二、"少阳学说"理论的核心是"少阳为枢"

《黄帝内经·素问·阴阳离合论》中说"少阳为枢",这里的"枢"是枢机、枢纽的意思,重点强调了阳气具有"动"的特性。

小儿是"纯阳之体",是以阳气为主导的阴阳平衡,所以"少阳学说"更强调"少阳为枢"。另外,根据中医学阴阳互根互用、相互依存,以及"独阳不存、孤阴不长"的阴阳理论,小儿出生后在自身阴阳平衡不断更迭和替换的过程中,首要因素是"阳",而"阴"相对于"阳",始终处于从属的地位。阳气的升发、枢转、变化带动着阴液的升发、枢转和变化,也就是"少阳之枢"带动了"少阴之枢",两者相辅相成,密切相关。

三、"少阳学说"涵盖了"纯阳学说"与"稚阴稚阳学说"

"少阳学说"强调阳气占主导地位的阴阳平衡,既体现了"纯阳学说"指出的小儿生机蓬勃、发育迅速、生机盎然、修复能力极强的生理特点,又指出了小儿阳气虽盛，但尚显稚嫩和不足的特点，这也就包含了"稚阴稚阳学说"指出的所谓"脏腑娇嫩，形气未充"的生理特点。

因此，"少阳学说"既避免了"纯阳学说"对小儿阳气稚嫩阐述不足的缺点，又避免了"纯阳学说"容易被误解为"纯阳无阴"的谬误。同时，"少阳学说"还避免了"稚阴稚阳学说"对小儿生机蓬勃、发育迅速、机体自身修复能力较强的生理特点阐述不足的缺点，把"纯阳学说"和"稚阴稚阳学说"对立统一为一体，真实而又全面地阐述了小儿的体质特点，将中医儿科基础理论发展到了一个新的高度。

四、"少阳学说"体现了小儿生长发育和脏腑的关系

《黄帝内经·灵枢·本输》指出，"少阳属肾"，肾是真阴真阳的所在，主骨生髓。《黄帝内经·素问·上古天真论》中提到："女性七岁肾气盛，齿更发长；二七而天癸至，任脉通，太冲脉盛，月事以时下，故有子……丈夫八岁肾气实，发长齿更；二八肾气盛，天癸至，精气溢泻，阴阳和，故能有子；三八肾气平均，筋骨劲强，故真牙生而长极。"这些描述说明少阳的根源在肾，与小儿的生长发育密切相关。

另外，中医所说的肝，象征着东方，象征着春天，主少阳之气，"为发之始，为有余之脏"，所以称为"肝常有余"。由此可见，少阳和肝也密切相关，对小儿生长发育也能起到主导作用。

五、"少阳学说"客观地反映了小儿的病理特点

小儿阳证、表证、热证、实证所占的比例明显高于成人，发病比较容易，传变迅速，症状变化多端。但要是治疗得当，又能迅速好转康复，这些都和小儿"体禀少阳"有分不开的关系。

总而言之，"少阳学说"高度概括了"纯阳学说"和"稚阴稚阳学说"，全面地体现了小儿的生理与病理特点。"少阳学说"取代"纯阳学说""稚阴稚阳学说"，也是中医儿科基础理论发展的必然趋势。

我根据"少阳学说"总结出了儿童的体质特点，认为儿童好像初升的太阳，生机盎然，活力充沛，处于不断的生长发育状态，这是儿童不同于其他人群的最显著的区别。但是儿童不稳定的阴阳平衡也有不利的一面，一旦平时养育护理不注意，或是受到某种刺激，就容易因阴阳平衡失调而出现亚健康或病态体质。

小贴士：

> 一般3岁以下的幼儿属于"元阳体质"；3~14岁的这个阶段属于"少阳体质"；14~24岁属于"少阳体质"至"太阳体质"的过渡阶段；24岁左右才真正进入成人期，属于"太阳体质"。

第二章　生命活力与载体学说

第一节　阴阳是生命活力与载体的根本

阴阳者，生命的根本，万物的基础。人的机体也必然以"阴阳"为根本，"精、神、魂、魄、意、志、思、虑、智"其性属阳，为生命活力。"五脏六腑四肢百骸"与"脑、髓、骨、脉、胆、女子胞"以及"气、血、津、液"等物质基础皆为有形物质，其性属阴，为"精、神、魂、魄、意、志、思、虑、智"等生命活力的载体。生命活力与载体共同形成人体阴阳平衡的运动，维系机体生命的运转。

第二节　经络是生命活力的载体与通路

脉为血之隧道，为血液运行的通路；气管为气运行的通道。"脉"与"气管"其性属阴，保证"气血"的运行。其他如鼻道、耳道、食道、肠道、胆道、尿道、生殖道等路径，皆为经络所主导之通道。"经络"具有双重属性，为阳中之阴。相对于"脉"与"气道"，如鼻道、耳道、食道、肠道、胆道、尿道、生殖道等"通道"来讲，则其性属阳；相对于"精、神、魂、魄、意、志、思、虑、智"等生命活力而言，"经络"其性又属阴，为"精、神、魂、魄、意、志、思、虑、智"的载体，是"精、神、魂、魄、意、志、思、虑、智"等生命活力的通道，保证机体生命活力的通畅运行。

"经络"包括"十二经脉""奇经八脉""三百六十五络"等大大小小的"经络",遍布于全身各处,为"精、神、魂、魄、意、志、思、虑、智"等生命活力所主宰,保证"精、神、魂、魄、意、志、思、虑、智"等生命活力运行与对全身机体的主宰,从而完成对"血脉"与"气管"的主宰,以保证机体"气血"的正常运行,使人体成为具有鲜活生命的机体。

第三节 "神魂意魄志"是生命活力的代表

"神魂意魄志"藏于"心肝脾肺肾"五脏中,是"精、神、魂、魄、意、志、思、虑、智"等生命活力的代表。

"神魂意魄志"属阳,为生命活力。"经络"属阴,为其载体。"神魂意魄志"犹如电力,"经络"如同电线,是承载电力的载体。"神魂意魄志"通过"经络"通达全身各处,无处不到。

"神魂意魄志"不但支配人体心、肝、脾、肺、肾主导"喜、怒、忧、思、悲、恐、惊"等情志活动,还主导心、肝、脾、肺、肾的基本生命活动,进而主导小肠、大肠、胃、胆、膀胱与三焦等六腑的基本生理功能活动。

一、"神"与"心"

"神"为阳,"心"为阴,"神"与"心"共同维系心脏阴阳平衡的运转。"神"为人体生命活力代表,"心"为载体,二者共同主导心脏的起搏与规律性搏动的主血功能,完成人体的血液供应,进而使心这一君主之官,完成主神明、主思维与思考、主"喜"与"悲"等情志活动。

二、"魄"与"肺"

"魄"为阳,是生命活力;"肺"为阴,为载体,二者共同维系肺脏阴阳平衡的运转。"魄"主导肺在小儿出生后的启动与终身"肺"规律性的舒张与收缩，完成肺主气司呼吸的生理功能活动，进而完成主皮毛、主感觉、主汗与主"悲"等机体情志活动。

三、"意"与"脾"

"意"为阳，是生命活力；"脾"为阴，为载体，二者相互协调，共同维系"脾脏"阴阳平衡的运转。主导"脾脏"完成运化"水谷精微"，生成"气血生化之源"的生理功能，供养"五脏六腑"与"四肢百骸"以及全身。进而"意"以脾、胃、小肠、大肠等脏器为载体，主导其完成人体消化吸收功能。"意"还主导"脾脏"对人体"忧"与"思"的情绪调控。

四、"魂"与"肝"

"魂"为阳，是生命活力；"肝"为阴，为载体，二者共同维系"肝"与"胆"的阴阳平衡运动。"魂"主导肝与胆的疏泄与条达，完成肝藏血——净化血液、排泄胆汁、主导人的"胆量"与"怒"等情志的作用。

五、"志"与"肾"

"肾"为先天之本，藏先天之精的"真阴命火"，属水火之脏，生命之源，脏腑阴阳之本。"志"为阳，是生命活力；"肾"为阴，是载体。"志"以"肾"为载体，主导"肾"完成人体生长发育和生殖；主导水液代谢、完成滤过血液，形成尿液以及主导人体"恐"等情志的调控。

小贴士：

> "阴阳"是生命活力与载体的根本，而经络是生命活力的载体与通路，"神魂意魄志"就是生命活力的代表。

第三章 "神魂意魄志"临证辨治思路

"神魂意魄志辨证"不且可以辨治人体情志病证,也可辨治心、肝、脾、肺、肾等脏腑"生命活力"与所对应的"载体"损害所伴有的其他疾病,亦可用以调治人体"亚健康体态"。

人体的形态结构与精、气、神是密不可分的统一体。人体由眼、耳、鼻、口、舌五官,五脏六腑,四肢百骸,经络,气,血,津液等组成,形体内藏有"神、魂、意、魄、志",分别存在于人体心、肝、脾、肺、肾中,支配着基本的生理活动。

心藏神,"神"主导"心脏起搏与规律性搏动"的基本生理功能,除了进行正常的血液运行外,还主持心脏完成"君主之官"的责任,与其他脏腑共同完成人体全身的生理活动。"神"还主导其他四脏的"魂、魄、意、志",所以会有"神魂""神魄""神意""神志"的说法。如果心神受扰,导致心气虚,就容易出现心悸、脉短、悲哀不休的情况;而心气实,则会出现大喜过度、嬉笑不止的情况。另外,神安,魂、意、魄、志都会安好;神不安,魂、意、魄、志也不会安宁,会出现各种神志异常的疾病。

肝藏魂,"魂"主导肝藏血、解毒与产生胆汁的生理功能,也与神、魄、意、志联系紧密,会对人体全身的生理功能产生影响。又因为肝主疏泄,与人的情志关系极为密切。一旦肝脏受扰,人体就会出现情志方面的改变。肝气虚损,会发生恐惧;而肝气壅实,不得疏泄,人就容易大怒。此外,过度悲哀也会损伤"魂",会引发一些病证,《黄帝内经·灵枢·本神》提到:"肝悲哀动中则伤魂,魂伤则狂忘不精,不精则不正当人,阴缩而挛筋,两胁骨不举,毛悴色夭,死于秋。"这正是在描述过度悲哀伤"魂"后造成的一系列后果,如精神紊乱、言谈举动失常、筋脉拘挛、两胁不能舒张、毛发憔悴、气色枯槁等。

脾藏意，"意"主导胃与肠饮食后的规律性运动、水谷精微吸收与输布的生理功能。而胃主受纳，脾主运化，是"仓廪之官"。脾也是气血生化的源头，起着灌溉五脏六腑、四肢百骸和润泽肌肤等重要的作用，对人体全身生理功能都能产生影响。脾又和大肠、小肠关系密切，可以共同完成人体的消化功能。"意"不但要完成意志本身的功能，还要主导脾的这些消化功能。如果忧愁过度会伤"意"，就会导致脾气运行不畅，可能会引起食欲不振、脘腹胀满、泄泻、便溏等多种症状。

肺藏魄，"魄"主导新生儿肺脏的启动与出生后规律性的舒张与收缩运动，完成肺主一身之气，运营全身的功能，魄通过与神、魂、意、志的联系，维系全身气的运行流畅。又因为"肺主一身之皮毛"，而皮肤是人体的"第六感官"，通过全身经络联系着五脏六腑。所以"魄"也可以通过皮肤的"经络"联系神、魂、意、志，进而影响五脏六腑及人体全身的生理功能。

肾藏志，"志"主导肾滤过血液，回收有用物质，产生尿液的生理功能。而"志"也是先天之本，与"神"关系极为密切，常被合称为"神志"；志与其他脏腑也有关联，因而能够影响人体全身的生理功能。人在盛怒之下，容易损伤"志"，会导致肾气受损，腰和脊背的功能就会受到影响。

"胆"和神、魂、意、魄、志关系密切，相互影响。《黄帝内经·素问·六节藏象论》指出："凡十一脏，取决于胆也。"也就是说，"胆"通过神、魂、意、魄、志来主导"十一脏"的生理功能。

由于胆的特点是"清净之府，喜宁谧，恶烦扰，喜柔和，不喜壅郁"，所以治胆要注意"温和"的要点，不过胆气"虚寒"里的"寒"可不是指"寒热"的"寒"，而是指"胆寒"的"寒"。治疗"胆寒"的"温胆汤"的"温"也不是"温、凉、寒、热"的"温"，而是有"壮胆"的意思，这是我们一定要弄清楚的。

临证时，我们要把握好"温胆"的原则，与"安神""安魂""定魄""定志""调意"相结合，调理偏怯弱质、偏肺虚质、偏脾虚质、偏肝亢质、偏肾虚质等儿童偏颇体质，往往能够得到良好的疗效。

"神、魂、意、魄、志"的"辨证论治"还可以和传统辨证论治相结合，辨治心、肝、脾、肺、肾受损导致的"神、魂、意、魄、志"饱受侵害所出现的情志疾病，以及心、肝、脾、肺、肾等脏腑的器质性疾病，均可显著提升临床疗效，应予以发扬光大，造福儿童，为国家培育合格的接班人。

小贴士：

> "神魂意魄志辨证"不但可以辨治人体情志病证，还可辨治"心肝脾肺肾"等全身其他脏腑"生命活力"与对应的"载体"损害所伴有的其他疾病，也可用于人体"亚健康体态"的调治。

第四章　调志论与儿童四季保健

中医讲究养生保健要顺应自然规律，一年四季有各自不同的保养方案。所谓"法于阴阳，和于术数"，就是既要保护好机体内部的阴阳平衡，又要让机体和自然界协调平和、高度和谐，这是中医整体观念的集中体现。

这一点，在《黄帝内经·素问·四气调神大论》中有极好的体现。但我反复阅读《四气调神大论》的原文，却发现里面并没有"调神"的字样，只有在讨论"秋季养生"的内容中可以见到"收敛神气"这个词，其中有一个"神"字。那么，这篇文章名为"四气调神大论"，为什么却不谈"调神"呢？我一开始百思不得其解，但研读多遍后，忽然有一种茅塞顿开的感觉。

养生的根本确实在于"调神"，但是我们先要弄清"神"的内涵。广义的"神"是指人的精神状态，也就是人们常说的"精气神"。民间谚语讲得好："天有三宝：日、月、星；地有三宝：水、火、风；人有三宝：精、气、神。"

日、月与星辰是构成天空的最主要的部分，要是没有这"天之三宝"，天空一片黑暗，人和其他生命体都将无法生存；水、火、风也是构成大地具有生机的最重要成分，要是缺少了其中的任何一种，生物都将无法生存；再来看看人的"三宝"，其中"精"指肾精，"气"指肾气、元气，"神"指精神，精、气、神直接关系到人体生存的质量。

狭义的"神"指的是藏于心的"神"，是心气血充盈的一种外在表现。心藏神，统领和主宰人体的精神、意识、思维、情志等活动，所以心被称为"君主之官"，主人体的神明，可谓至高无上；心又主导五脏六腑，领导全身。《黄帝内经·素问·六节藏象论》指出"心者，生之本，神之变也"，更指明了"心"是人体生存之本。

养生必须"调神"，神为心所主，心能任物，主智慧，进而主意、主志、主思、主虑、主智；而"肾"通过所主导的"志"保持与"神、魂、意、魄"的密切联系，主导人体全身精神活动与心、肝、脾、肺以及全身的生理功能。"肾"尤其与"心"关系密切，更胜于肺、肝、脾。"肾志"在心，主导心神，被称为"神志"，所以"调志"目的仍为调神，通过调神，使身体适应四时季节气候的变化，达到养生长寿的目的，这就是"四气调神大论"的奥秘。

具体来看，"四季调神"可以按照"生、长、收、藏"的原则来进行。

春季调神的重点是"春生志"。春季是万物开始生长发育的季节，所谓"夜卧早起，广步于庭"，这是讲春季养生要早睡、早起、多行走运动。不过古人多蓄长发，所以要"披发缓形（披散头发，放松腰带，身穿宽松的衣服）"。我们现代人和古人不一样，男士基本留短发，不需要"披发"。"生而勿杀，予而勿夺，赏而勿罚，此春气之应，养生之道也"，这一句强调春季不是杀戮的季节，强调要"给予"，要"赏赐"。违反这些原则会伤肝，会影响寿命，也就是"逆之则伤肝，夏为寒变，奉长者少"。春季对小儿尤其重要，因为春是小儿开始生长发育的季节，家长在春季不要对小儿多做惩罚，平时要以奖赏为主，如果已经给予了一些东西，不要强制收回，这样才有利于小儿情绪稳定、健康成长。另外，春季"乍暖还寒"，气候多变。小儿、老人以及体弱的人群都要注意适度"春捂"，减衣被不能太快，一方面可以防止"感冒着凉"；另一方面也能够增强身体耐热的能力，可以更好地适应炎热的夏季。

夏季调神的重点是"夏长志"。夏季是万物生长充实的季节，所以要强调早起、多见阳光，即"夜卧早起，无厌于日"，这样才能"使志无怒"，进而达到"长志"的目的。如果违背了夏季"养长"的原则，就会伤及于心而生病，即"逆之则伤心，秋为痎疟，奉收者少，冬至重病"。夏季也是儿童生长发育的高峰季节，黄河流域还有"神奇的五月"之说，家长应加以重视。另外，夏季天气炎热，暑气蒸腾，还要注意防暑降温。不过人体本来应当具有一定的耐受炎热的能力，所以防暑也要顺应自然。如今科技发展迅速，制冷设备得到了普及应用，防暑降温变得更加容易，可要是制冷设备使用过度，就会造成"冰火两重天"的情况，不利于身体健康，严重时还会引发空调病、感冒等疾病，更不利于夏季"长志"。

秋季调神的重点是"秋收志"。秋季，秋高气爽，但也多凉多燥，所以应当早睡早起，使"志"得到安宁，这就是"早卧早起，与鸡俱兴，使志安宁，以缓秋刑"。另外，"收志"在于"收敛神气"，防止秋天肃杀之气对身体的伤害，以达到"无外其志"的目的，即"收敛神气，使秋气平，无外其志，使肺气清，此秋气之应，养收之道也"。如果违反了秋季养生的原则，就会使肺受到损伤，冬季容易发生腹泻而不能收藏，即"逆之则伤肺，冬为飧泄，奉藏者少"。此外，秋季天高云淡，日照充足，是锻炼身体的好季节，所以不妨选择风和日丽的天气到户外活动，多接触阳光与暖风，使肌肤"牢密"。同时，小儿、老年人以及体弱的人群要注意适度"秋冻"，也就是增加衣物不要过度，可以多锻炼身体，增强耐寒能力，这样在严冬到来之际更能够"耐冬与耐寒"。

冬季调神的重点是"冬藏志"。隆冬之时，黄河流域以北天寒地冻，河面湖面冰封一片。养生要注意早卧晚起，等待旭日东升，阳光普照的时候再起床外出，这样能让身体"去寒就温"，阳气也可以保持内收而不外泄，从而达到"使志若伏若匿"的冬季"养藏之道"。如果不遵守这些原则，就会伤及肾，到春天来临时可能会发展为肌肉痿废、四肢逆冷抽搐的疾病，严重者可能危及生命。另外，冬季养生要接近日光，做好保暖，这一点对于小儿、老年人及体弱者都很重要，但是保暖也不能太过，任何事物都有两面性，如果保暖过度，不但对身体不利，还会产生不少害处。比如室内温度在28℃以上，甚至更高，而室外温度在零下20℃以下，室内外温差达到50℃，进出之时身体不能适应，反而更容易感冒患病。此外，冬季在保暖的基础上还要科学地进行通风换气，保持室内空气新鲜，这对于冬季养生也十分重要。

这么多四季养生细则，其实归根结底，只有一个字，就是调好"志"，也就是通过"春生志、夏长志、秋收志、冬藏志"来"调志"。这样随着四季变换、气候改变，人们调整好生活作息规律，通过"调志"就能达到"调神"的目的——可以让人保持精神愉悦，才能增强体质，夏能耐热，冬能耐寒，从而达到少生病或不生病的健康体态。这也是《黄帝内经·素问·四气调神大论》

四季养生的核心思想，这和养生调摄思想，不但适用于成人，也同样适用于儿童，是值得广大家长认真学习并在生活中坚持实行的。

小贴士：

> 中医四季养生，关键是要调好"志"，通过"春生志、夏长志、秋收志、冬藏志"达到"调神"的目的，使人保持精神愉悦，才能增强体质，夏能耐热，冬能耐寒，从而达到少生病或不生病的健康体态。

附录一

中医儿科发展与"臣字门学术流派"的传承谱系

北京中医药大学东直门医院儿科主任医师　徐荣谦

中医儿科的发展历史源远流长，在公元前400多年前的战国时期，已经有了"小儿医"的记载。《史记·扁鹊仓公列传》写道："扁鹊名闻天下……来入咸阳，闻秦人爱小儿，即为小儿医，随俗为变。"由此可见，"小儿医"始于扁鹊。

1973年年底，在长沙马王堆三号汉墓出土的帛书中发现了《五十二病方》，这是我国迄今为止发现的最古老的医书，距今已有2000多年的历史。该书中就有"婴儿索痉""婴儿病痫""婴儿瘛"等名称的记载，可见在先秦时代人们就对儿科疾病有所认识。《黄帝内经》对小儿生理和小儿病证也有一定的记录，其理论同样对儿科临床实践具有指导意义。

从秦汉到晋、隋、唐时期，随着生产力和经济文化的不断发展，中医药学得到了发展，中医儿科学开始趋向成为专业医药学科。西晋王叔和首先在《脉经》中论述了小儿脉法，认为小儿脉八至为平和之象。南北朝时期已经出现了小儿专科医家和儿科医学专著。

《颅囟经》是我国现存的最早的儿科专著，也是世界上最早的儿科专著。书中提出的小儿"纯阳学说"为中医儿科学的形成奠定了理论基础。千余年来，"纯阳学说"一直在指导着中医儿科的临床实践。《诸病源候论》是我国最早的一部病源与证候学专书，其中介绍儿科疾病的有6卷，论述小儿病证255候，对于"小儿证候病源"有详细的描述，为中医儿科学的形成奠定了"证候病源学"的基础。

到了唐代，在太医署内设医博士教授医学，训练生徒，其中专设"少小科"，促进了当时儿科医学的发展。宋代太医局以小儿科为独立分科之一，中医儿科学得到了蓬勃的发展，儿科名家辈出，儿科专著纷纷问世。

钱乙是当时最享盛名的小儿医，他专业于儿科 40 余年，临床经验丰富，关于其临床辨证论治的经验记载于《小儿药证直诀》，共有 3 卷传世。书中所载理、法、方、药齐备，特别是钱乙创立的"五脏证治"法则，标志着中医儿科学已经基本形成了一个完整的理论体系，以此儿科学成熟而鼎盛的时期为界，中医儿科学从中医药学中分化出来，成为一个完整的分支学科。因此可以说，中医儿科学萌芽于晋、唐，形成于北宋。由于钱乙在中医儿科学上的卓越贡献，还被后世尊称为"儿科鼻祖""儿科之圣"。

金元时期，医学界百家争鸣，出现了刘完素（寒凉派）、张子和（攻下派）、李东垣（脾胃派）、朱丹溪（养阴派）四大学派，在他们的著述里，有不少关于小儿疾病诊治的论述，有的辟有小儿门，有的还撰有儿科专著。如李东垣的《保婴集》，朱丹溪的《丹溪治痘要法》《幼科全书》等。"金元四大家"的学术争鸣，对中医儿科的大发展起到了重要的推动作用。

明代中医儿科学进入了昌盛期，在这个时期，中医儿科专著的数量达到空前的水平，据初步统计可达 200 余种。明代儿科名家万全著有《育婴家秘》《幼科发挥》等书。万氏重视小儿的胎养（孕期预养）、蓐养（初生护养）及鞠养（婴幼儿调养），他还在钱乙"脏腑虚实辨证"的基础上，提出小儿"肝常有余，脾常不足""心常有余，肺常不足""肾常虚"的观点；并在《黄帝内经》"一水不胜二火"的启示以及"丹溪学说"的影响下，提出了小儿"阳常有余，阴常不足"的观点。万氏提出的"三有余，四不足"理论，补充和完善了中医儿科五脏证治的理论体系，对于后世探讨小儿生理、病理特点产生了重要影响。此外，万氏首先将推拿疗法应用于儿科，其用药处方亦甚简当；在治疗上首重保护胃气，提出"五脏以胃气为本，赖其滋养……如五脏有病，或泻或补，慎勿犯胃气"。万全这些重要的学术见解和丰富的临证经验，对中医儿科学的发展起到了积极的推动作用。

清代采取闭关锁国政策，尽管对中医儿科学的发展有一定的影响，但清代早期仍涌现了大量的儿科著作。其中，影响较大的有夏鼎的《幼科铁镜》、沈金鳌的《幼科释谜》、陈复正的《幼幼集成》等。

在中医儿科学的发展历程中，不仅名家辈出，还涌现出了众多的学派，如"寒凉派""温阳派""运脾学派""调肺学派"等。虽然各自学术观点不同，却无门户之见，彼此相互争鸣、相互纠偏，推动了中医儿科学术的发展，也为小儿养育和疾病防治提供了更加科学的指导。

"臣字门学术流派"就是一个有着悠久历史的中医学派，它创立于清中期的18世纪末，至今已相传七代，历经200多年。

在众多的学派中，"臣字门学术流派"谱系清楚，独具特色，疗效显著，学术经验得到了广泛运用与发展，在全国中医界都有较大的影响。作为"臣字门学术流派"的一员，我也是与有荣焉。

"臣字门学术流派"的创始人是江西名医朱良臣，"臣字门学术流派"就是以他姓名中的"臣"字命名的。他的儿子朱冠臣继承父业，成为"臣字门学术流派"的第二代传人。朱冠臣曾经做过太平天国的军医，随太平军来到江苏。太平天国失败后，朱冠臣为躲避战乱，隐居在长江下游北岸的江苏仪征十二圩，专攻儿科，悬壶济世。他以北宋"儿科鼻祖"钱乙的学术思想为指导，以"五脏证治"为基础，化裁古方，创制新方，因医术精湛，获得了"小儿神医"的美誉。

朱冠臣将一身医术传授给弟子姜继臣，即"臣字门学术流派"的第三代传人。姜继臣性情淡泊，不求名利，专注提升医术，追求精益求精。他根据"三有余，四不足"的小儿生理病理特点，特别重视调理脾胃。他还认为"有诸内尔形诸外"，所以会从"望面色、审苗窍"来辨别脏腑的寒热虚实。他不但沿用古方，还大量收录各类简便方，也注重外治法在儿科疾病中的应用，大大提升了"臣字门学术流派"儿科中医术的影响力。

"臣字门学术流派"第四代传人孙谨臣（1885—1973年）曾跟随姜继臣学医，得其真传，擅长外治法治疗小儿内病。孙谨臣认为小儿"族则以嗣宗，国则以承业，乃一代蓓蕾也"。他每次行医出诊，遇到患儿，不分贵贱，悉心治疗。民国时某地天花流行，县志记录道："痘毒攻心者十居八九。"孙谨臣参用滑寿口腔内诊法，结合"参附龙牡救逆汤"治疗，获救者数以百计，他也被民间称为"神医"。有患者赠送楹联"升降宣通，收功于精奇严谨；望闻问切，妙用在佐使君臣"，上下联巧妙地嵌入了"谨臣"的名字，横批"思邈心传"则隐喻了"孙"姓，可见患者对这位名医有多么认可。孙谨臣传道授徒时特别强调："医者意也，治病者法也，主治者意也。择法而不精，徒法也；语意而不明，徒意也。"这是在教导弟子求"意"的关键在于思维，思维与道家的"悟道"、佛家的"参禅"有相通之处，都务求"理清道明"。

"臣字门学术流派"第五代传人刘弼臣（原名刘世仁，1925—2008年）、孙亮臣（原名孙浩，1928—2021年）是姑表兄弟，都师从孙谨臣学医，后来分别在北京、江苏行医。

刘弼臣的青少年时代是在战争和动乱中度过的，他从"不为良相，当为良医"的古训中受到启发，决心学医济世活人，以增强民族体质。14岁时，他从中学辍学，拜姑父孙谨臣先生为师，取医名"弼臣"，寓意"治世以文，弼亮之臣攸赖"，从此走上了中医之路。

刘弼臣学成后在家乡江苏仪征朴席镇行医，1955年入江苏省中医学校师资培训班学习。北京中医药大学初创时期，刘弼臣教授奉调进京，此后50多个春秋都奉献在了岗位上，传道授业、治病救人。1990年，他被国家中医药管理局、卫生部、劳动人事部确定为首届全国老中医药专家学术经验继承指导老师，由于医术精湛，被誉为"京城小儿王"。

刘弼臣在中医儿科基础理论上倡导"少阳学说"，又吸取钱乙和历代儿科医家小儿面部望诊经验精华，结合临床探索，总结出小儿面部望诊经验歌诀；还在"五脏证治"临证辨治体系的基础上，形成"以五脏证治为主，突出从肺论治"的临床辨治特色，创立了中医儿科四大学术流派之一的"调肺学派"。

刘弼臣还以中医传扬大理念为重，努力将自己所学授予热爱中医之人，一生桃李满天下，"臣字门学术流派"也在这一代发扬光大。

孙亮臣为孙谨臣之子，在江苏扬州仪征也是声名卓著的老中医。在潜心临床的同时，孙亮臣对"臣字门学术流派"儿科的学术经验进行了系统研究，从20世纪70年代起，陆续发表论文130余篇，集成学术专著两部，奠定了仪征"臣字门学术流派"儿科在全国中医界的学术地位。孙亮臣虽然身处基层，却先后被推选为第六届江苏省中医药学会副会长（会长由厅领导担任）及第七届名誉会长、江苏省儿科专业委员会主任委员、全国中医儿科学会常务理事、南京中医学院博士论文答辩委员会主席、博士生导师，还被国家中医药管理局确定为全国老中医药专家学术经验继承指导老师，并获准建立全国名老中医药专家孙浩学术继承工作室。孙亮臣、刘弼臣这对姑表兄弟同出师门，各领风骚，成为业界公认的中医儿科一代宗师。

"臣字门学术流派"第六代传人即为本人徐济臣（原名徐荣谦，1950—）、王洪臣（原名王洪玲，1949—）。作为刘弼臣教授的开山大弟子，我在刘弼臣教授的"调肺学派"基础上，继承父亲"从肝论治"的学术思想，独创"从胆论治"小儿抽动症、"从胆论治"紧张状态、"从肺论治"小儿便秘、"从肺论治"小儿霰粒肿等多种疾病。我还完善了"少阳学说"的理论体系，提出人体正常体态的"三阳学说"，提出儿童具有"芽儿"特点的九种体质学说；创立了特色的"徐氏诊法""徐氏搴按法"，提出"轻摩以调其五脏六腑，重按以理其肌肉筋膜"的按摩理论，形成了以"少阳学说"为中医儿科基础理论，以"五脏论治"为基础，神魂意魄志辨治为核心，突出神魂意魄志辨证与从胆辨证论治相结合、温胆辨证论治与从肺论治相结合、温病卫气营血辨证论治与伤寒六经辨证论治相结合、内外兼治相结合的临床医疗特色，创立了中医儿科"少阳学派"。

王洪臣1976年毕业于上海第一医学院（现复旦大学上海医学院）医疗系，同年分配到北京中医药大学东直门医院儿科工作至今。他来院后曾参加西学中班，1991年9月8日起师从刘弼臣教授，成为全国首届第二批国家级学术继承人，系统学习了中医基础理论。

"臣字门学术流派"绵延200余年而不衰，足见其生命力十分顽强。

附录二

专家为大国育儿建言献策

人口老龄化已成为全球普遍现象，但中国人口老龄化规模大、程度深、速度快。2020年，我国65岁以上老龄人口达到1.91亿，全球每4个老年人中就有一个中国人。预计2057年中国65岁以上人口达4.25亿人的峰值，占总人口比重32.9%~37.6%。这个数据除了提醒我们要关爱老年人群体之外，更给国家和社会敲响了警钟——要重视新生代的培育，要把儿童健康当作重中之重的首要任务。在人口老龄化的大背景下，儿科医学显得尤为重要，因其面对的是国家的未来和希望，影响着国民素质的发展趋势……可以说，每一位投身于"大国育儿"事业的专家医生，都是为国家培育"生力军"的"特种兵"！本书将献上几位"大国育儿专家"的研究文章，供广大读者参考。

不忘初心，做好儿童健康的卫士

首都医科大学附属北京儿童医院原院长　倪桂臣

儿童是指新生儿时期到18岁，从胚胎到新生儿期、婴幼儿期、学龄前期、学龄期、青春期。儿童从各个器官发育到精神，生理变化最多、最复杂，如果没有按照生命不同阶段进行科学的抚养和教育，将影响儿童的健康成长，产生多种疾病。

儿童健康是推动健康中国战略的重点工作，是实现中华民族永续发展之策。我决定学习医学做儿科医生，1965年被分配到北京儿童医院内科工作。在全心全意为人民服务的思想指导下，在前辈老师的指导和教育下，我通过临床医疗实践，走过了57个年头。为了发扬和贯彻中医学，于1974年到北京中医学院学习一年。其间，有幸在我国儿科内分泌专科的开创者和奠基人颜纯教授旗下组建儿童内分泌科。当年儿童糖尿病酮症酸中毒死亡率很高，为降低死亡率，我主攻儿童糖尿病，攻克儿童糖尿病酮症酸中毒难关，以病人为重，不吃饭、不睡觉地守在病儿床边，下夜班不休息，放弃与家人团聚的时间，到图书馆查阅国内外资料，结合临床进行分析，根据儿童特点首创用小剂量胰岛素持续静脉滴注法抢救儿童糖尿病酮症酸中毒，提高了患者的存活率。实践中，我发现酮症酸中毒复发率很高，因此于1984年创办了以临床医生、营养医生、心理医生、形体老师合作，以糖尿病夏令营形式进行全方位的管理模式，大大降低了酮症酸中毒的复发率，使孩子生长发育正常。通过对儿童糖尿病的病因、临床并发症、管理的系列研究，我获得北京市科学技术进步奖二等奖等。至今我们曾经治疗的很多患儿，有的已升入大学，有的已经结婚生子，甚至医患之间成了很好的朋友。将大爱奉献给儿童医疗保健事业，是我一生的光荣。

　　半个世纪以来，我亲历祖国儿科医疗事业的发展，尤其中医药的传承发展。其中，有些报道引起我的思考，仍以糖尿病为例。中华医学会糖尿病分会前主委钱荣立教授曾指出，目前我国儿童与青少年糖尿病患者已经成为我国1型糖尿病的主要成员；内分泌学会前主任委员罗敏教授指出2型糖尿病往往是在不知不觉中吃出来的，肥胖与堆积在人体腹部的脂肪与糖尿病有密切关系，糖尿病的发展将影响心脏、肾脏、视网膜等，导致突然失明，甚至影响生命。为什么儿童青少年2型糖尿病逐渐增加呢？这里有内在的遗传因素，更有常见的外在因素，如营养过剩、疾病、感染、生活方式、环境等因素。儿童成长的任何阶段出现异常，都将影响整体生长发育，产生疾病。我们医生不仅仅要治疗疾病，更重要的是做好预防工作。建议儿科学界同道团结协作，认真贯彻落实中华人民共和国国务院2021年发布的《中国儿童发展纲要（2021—2030

年）》，其内容总结如下。

1. 儿童与健康

优先保障儿童健康。将儿童健康理念融入经济社会发展政策，儿童健康主要指标纳入政府目标和责任考核。完善儿童健康服务体系。构建国家、区域、省、市、县级儿童医疗保健服务网络，以妇幼保健机构、儿童医院和综合医院儿科为重点，统筹规划和配置区域内儿童健康服务资源。加强儿童保健服务和管理。加强儿童保健门诊标准化、规范化建设，提升儿童保健服务质量。

2. 儿童与安全

创建儿童安全环境。建立健全儿童伤害防控工作体系。加大儿童伤害防控领域立法和执法力度。加强未成年人网络保护。落实政府、企业、学校、家庭、社会保护责任，为儿童提供安全、健康的网络环境，保障儿童在网络空间中的合法权益。完善监测机制。建立健全国家和地方儿童遭受意外和暴力伤害监测体系，通过医疗机构、学校、幼儿园、托育机构、社区、司法机关等多渠道收集儿童伤害数据，促进数据规范化。

3. 儿童与教育

全面贯彻党的教育方针。坚持社会主义办学方向，健全立德树人落实机制，实施素质教育，完善德智体美劳全面培养的教育体系。全面推进教育理念、体系、制度、内容、方法创新。严格落实课程方案和课程标准，提高教学质量。提高儿童科学素质。实施未成年人科学素质提升行动。坚持学校教育与家庭教育、社会教育相结合。加强家园、家校协作，推动教师家访制度化、常态化。

4. 儿童与福利

巩固提高基本医疗保障水平，保障儿童基本医疗权益。做好儿童医疗保障工作。强化基本医疗保险、大病保险、医疗救助三重保障功能，巩固提高儿童参加城乡居民基本医疗保险覆盖率。推进实施儿童营养改善项目。巩固脱贫地区儿童营养改善项目实施成果。稳妥推进农村义务教育学生营养改善计划，完善膳食费用分摊机制。

5. 儿童与家庭

发挥家庭立德树人第一所学校作用，培养儿童的好思想、好品行、好习惯。完善支持家庭生育养育教育的法律法规政策。推进家庭教育立法及实施。完善三孩生育政策配套措施。

6. 儿童与环境

全面贯彻儿童优先原则。建立和完善促进儿童优先发展的制度体系，提高政府部门和社会公众对儿童权利的认识，增强保障儿童权利的自觉性。加强新闻出版、文化等领域市场监管和执法。加强对儿童出版物的审读、鉴定和处置，深化"扫黄打非"工作，清除淫秽色情低俗、暴力恐怖迷信等有害出版物及信息。

7. 儿童与法律保护

依法保障儿童的民事权益。落实儿童监护制度，保障儿童获得有效监护。完善落实监护制度。强化父母或其他监护人履行对未成年子女的抚养、教育和保护职责，依法规范父母或其他监护人委托他人照护未成年子女的行为。

影响儿童健康的几大因素与对策及建议

河北中医学院儿童教研室原主任　王茹

（一）网络信息对儿童健康的影响

随着全球高科技的发展，互联网引发全球信息革命的狂潮，把人类的生活带入了全方位的网络时代，人们像离不开水、电一样离不开网络了。这种生活方式也直接影响着儿童，网络已经成为儿童不可或缺的生活、社交、学习、娱乐的工具，有1岁多的孩子就已能流利地拨弄手机，观看动画片等娱乐内容；中小学校园网络更是成为获取各种信息、教学资源和学习方式的载体，互联网的发展势不可当，对社会的发展具有积极、重要的意义和作用。

然而，任何事物都具有两面性，在飞速发展的网络时代对人类的生活方式发生正面改变的同时，也给儿童的健康带来了一些负面影响，最突出的就是"网瘾"。

网瘾，亦称"网瘾综合征"，主要表现和危害有：①撒谎：孩子们沉溺于网络游戏，并从中获取"快乐"，为了逃避家长、老师限制其去网吧，有些孩子学会了撒谎；②偷钱：为了交付网吧的费用，有些孩子偷家里的钱，思想品德出现问题；③精神和躯体依赖：网瘾就像鸦片一样使孩子丧失学习兴趣，一旦限制其上网，这些孩子会紧张、焦虑、坐立不安、精神恍惚等，对儿童健康造成严重的影响；④人格障碍：长期沉溺网络游戏，造成有些孩子产生心理障碍，性格偏执、孤僻、抑郁；暴力游戏会引发情感冷酷甚至暴力行为；⑤学习成绩下降：由于长期沉溺网络，孩子失去学习的兴趣，导致学习成绩一落千丈，贻误终生。

对策及建议：

（1）教育引导为主：通过家庭、学校的引导和教育，结合典型事例，引导孩子认识到网瘾的危害，并主动配合戒除网瘾，家长和老师一定要态度和蔼、诚恳。

（2）限制上网时间：信息时代不接触网络是不现实的，但要合理限制、减少上网的时间。

（3）家长以身作则：家长是孩子的第一任老师，其行为直接影响着孩子，家长自觉做到少上网、做孩子的榜样。

（4）疏解精神压力：给孩子倾诉的机会，缓解其焦虑、抑郁情绪；让孩子做放松的活动，如跑步、打球、唱歌、做家务等，转移其注意力，尤其是假期，可带孩子外出旅游，或参加社会活动，使其逐渐回归到现实社会。

（5）戒网治疗：对于采取上述措施无效者，建议进行戒网治疗，彻底脱离网络环境，也呼吁医院开辟戒网专科。

（6）取缔网吧：现在互联网已经高度发达，手机、电脑已经非常普及，网吧已经没有开设的必要，建议取缔，严格限制青少年出入网吧。

（二）营养过剩对儿童健康的影响

营养过剩是指人体摄入远大于消耗，造成皮下组织、内脏等脂肪大量堆积的现象。随着我国经济飞速发展，大众的生活水平已由"温饱型"转变为"小康型"，孩子们吃得好、吃得精，运动量减少，舒适安逸的生活使儿童"富贵病"如肥胖症、早发"四高"、动脉粥样硬化、糖尿病、脑血管病、胆石症、痛风等发病率大幅度提升。

1. 儿童肥胖

引起儿童肥胖的原因主要是暴饮暴食，还有缺乏运动、遗传因素、精神创伤等。据统计，重要城市儿童肥胖症的发病率达到10%，严重肥胖症的后果和危害很严重，容易并发糖尿病、心脑血管疾病、脂肪肝、胆囊疾病等。因此，预防儿童肥胖，降低其发病率，减少并发症势在必行。

对策及建议：

（1）抓住几个关键期：妊娠期、婴儿期、学龄期、青春期都是容易发肥胖的阶段，需加以控制。

（2）家庭和学校的健康饮食：多提供低脂、低糖、低盐饮食，以及新鲜的水果蔬菜。

（3）拒绝速食食品、碳酸饮料，多饮水等。

（4）增加体育活动：根据适合不同年龄儿童的体育运动，学校要制定相应的体育标准。

（5）改变用餐习惯：包括固定进餐时间，细嚼慢咽，进餐时不看电视、不玩手机，使用小餐具等措施。

（6）专家指导下的减肥：对于重度肥胖儿童，在专业医生指导下，监测BMI指标变化，采取相应的减肥方案。

2. 性早熟

性早熟是指女孩8岁前出现的第二性征发育，如乳房发育，过早出现腋毛、月经初潮等；男孩 9 岁前出现第二性征发育为特征的病证。几十年前，这个病鲜为人知，而这些年，性早熟已成为百姓尽知的疾病，性早熟给孩子带来的危害和并发症不容小觑，如骨骺提前闭合，导致身高过早停止发育；成年后，性早熟的孩子容易出现身材矮小。性早熟容易出现心理问题，如过早对异性产生好感，好奇心加重，情绪易波动、易焦虑，心理压力增大等。

性早熟发生的原因除了遗传因素和环境因素外，还与儿童在生长发育过程中过量摄入激素有关，而各种高营养食物中可能含有促使儿童性早熟的激素，如油炸食品、膨化食品、蜂王浆、蜂蜜、反季节瓜果蔬菜等。

对策及建议：

（1）及时就诊：就诊科室为小儿内分泌科或儿科，进行骨龄测定、促性腺激素释放激素激发试验、影像学检查等确定是否是性早熟，判断是中枢性或外周性性早熟，寻找病因，制定治疗方案，规范治疗。中医中药对该病有很好的治疗经验。

（2）饮食调理：注意孩子营养要平衡，粗细搭配、荤素搭配，避免营养过剩。多吃时令新鲜果蔬，避免高脂、高糖食物，不乱吃补品，尤其不吃含激素多的食物。

（3）心理调理：保护患儿隐私，进行正确的心理辅导，避免过分恐惧，树立战胜疾病的信心等。

（4）增强体质：积极参加体育活动，增加活动量，促进机体代谢。

（5）合理使用电子产品：长期通过电子产品看一些不健康的视频、图片、读物等，会诱发该病，所以，一定要加以限制和杜绝。

3. 早发"四高"

早发"四高"是指不到成年即出现的"四高"，"四高"即高血压、高血糖、高血脂、高尿酸。儿童"四高"很容易被忽略，认为它是成人疾病，与儿童关系不大，这种认识是严重错误的。由于现在物质生活丰富，儿童平时摄入高糖、高脂、高盐、高嘌呤的食物过多，再加上运动量减少，就很容易出现"四高"，或为"四高"的发生埋下祸根。所以，当下"四高"越来越年轻化，这

"四高"的提前出现对儿童身体危害极大。其中,长期高血压会出现血管、心、脑、肾的提前损害,继发动脉粥样硬化、动脉瘤、心室肥大、高血压性心脏病、冠心病、心力衰竭、脑出血、脑血栓等疾病;高血糖会影响孩子的生长发育,引发2型糖尿病,严重的会出现并发症;长期高血脂会造成"斑块"形成,引发冠心病、脑中风、心肌梗死、肾衰竭、胆结石、胰腺炎等疾病;长期高尿酸会引起痛风、肾脏结石等疾病。所以,儿童时期"四高"必须加以重视和预防。

对策及建议:

(1)少食多餐:儿童出现的"四高"均与肥胖有关,一定要注意饮食不要过量,尤其是不要一次吃得太多。

(2)"四低"饮食:多吃低盐、低脂、低糖、低嘌呤食物。

(3)三餐合理:健康的三餐应该是"早饭要吃好,午饭要吃饱,晚饭要吃少",尤其是晚餐,以蔬菜为主,少吃主食。另外,三餐注意吃七八成饱即可。

(4)增加运动量:"四高"的儿童要增加运动量,消耗体内多余的脂肪,运动方式要适应不同年龄的儿童。

(5)监测指标:"四高"儿童要定期检测,确认生活状态是否对降低"四高"有效,家长可备血压计、血糖仪,在家就可检测自己的血压和血糖水平,也可去医院检测四项指标的高低。

(6)专业治疗:在专业医生指导下规范用药,个体化用药。

4.儿童便秘

儿童便秘是指小儿大便硬结,甚至状如羊粪状,排便间隔时间大于两天,严重者五六天一次;或虽有便意,但大便艰涩排出不畅。小儿便秘看似一般的病证,实则危害极大,反复发作易致肛裂、痔疮、脱肛等疾病,容易并发扁桃体炎、扁桃体化脓、口疮;便秘还会影响孩子的精神、食欲、睡眠;造成体重不增,营养缺乏,生长发育迟缓。

小儿便秘发病率很高,也很普遍。是什么原因导致该病如此多呢?主要原因首先是饮食结构不合理,如孩子吃得太精细,缺少蔬菜、粗粮等粗纤维的食物。有的孩子不喜欢吃蔬菜，嗜食辛辣炙煿、肥甘厚腻，导致胃肠积热，大肠失润干涩日久形成热秘。其次是生活习惯导致，如缺乏排便训练，不能形成排便反射；或虽有便意，但因贪玩抑制排便，久之形成便秘；或长期穿纸尿裤，排便反射敏感度下降。其他原因还有病后、体质因素等。总之，大肠传导失司，是便秘发生的关键。

对策及建议：

（1）合理膳食：提倡母乳喂养，饮食多样化，多食粗纤维食物，如五谷杂粮、蔬菜、水果；少食辛辣刺激性食品，以促进胃肠蠕动。孩子不喜欢吃蔬菜，可以设法在烹饪上下功夫，如做些蔬菜为主的食物，小饺子、小包子、小馄饨、小菜卷、菜粥等。另外，便秘的孩子主食占到1/3或1/2即可，其他用蔬菜、水果代替。

（2）充分补充水分：天气炎热时，或运动量大时，可大量补充水分；早上一次性喝一杯温开水；平时注意及时补充水分，这对预防和缓解便秘是很重要的。

（3）定时排便：孩子在2个月左右，就可训练定时排大便的习惯，3个月以上的婴儿大便时及时把大便；6个月的婴儿，可锻炼坐盆排便，大些的孩子要养成定时排便习惯。

（4）保证活动量：一定的活动可促进胃肠蠕动，利于排便。对于小婴儿，家长可以经常顺时针按摩腹部，大孩子根据年龄安排适当的运动，如跑、跳、游泳等，均有助于排便。

（5）不要擅自吃泻下药，可采取中药内服法辨证治疗、中医外治法（脐贴、敷足、灌肠）、小儿推拿疗法等，效果都是很好的。

（三）心理问题对儿童健康的影响

儿童还未步入复杂的社会，不会处理各种人际关系，其生理、心理均处在剧烈变化和发育阶段，精力充沛、好奇心重、模仿力强，但社会经验不足，心理发育不成熟，认知能力和控制能力差。外界的各种刺激和影响很容易造成心理影响，甚至心理疾病。

形成孩子心理问题的原因除了孩子的体质和性格因素外，主要是家庭和幼儿机构的教育有问题。有的家长素养较低，脾气简单粗暴，当孩子遇到学习或交友障碍时，不能得到家庭的关爱，往往以打骂、冷暴力、恐吓、惩罚等方式解决；还有的家长对孩子采取过度溺爱、过度保护、过度放纵等不良教养方式。有些幼儿机构或学校教师对幼儿教育缺乏科学、系统的认识，专业素质低，对孩子的心理教育缺乏正确和耐心的引导，导致孩子心理扭曲。此外，社会环境对孩子心理影响巨大，各种网络不良信息的袭扰，如暴力游戏、不健康的视频等，对孩子正在发育的心理产生负面冲击，直接影响着孩子心理的健康成长。常见心理疾病有以下几种。

1. 儿童抑郁症

儿童抑郁症表现为情绪波动较大、易激惹、发脾气，离家出走，学习成绩下降，拒绝上学，还有的表现出羞怯、胆小、自私、任性、冷漠、自卑、焦虑、孤独、不合群、不会与人沟通交流甚至自残等心理症状。不同年龄表现各异，如2~6岁的儿童对各种游戏都没有兴趣；7~9岁的儿童自述腹痛、头痛，常痛哭、大叫、易激惹和冲动；10~12岁的儿童自觉空虚无聊、自责自卑，甚至离家出走；13~18岁的青少年易冲动，行为改变，做事鲁莽，学习成绩明显落后，食欲改变和拒绝上学、逃学等。

对策及建议：

（1）及时就医：选择精神心理科或儿科，做相应的检查，如心理测试、抑郁症自评量表，评估病情程度。

（2）心理治疗：在专业的心理医生指导下进行认知行为疗法、认知团体治疗、积极心理治疗等方式干预。

（3）药物干预：给予抗抑郁、抗焦虑药物治疗，治疗过程中，严密监视不良反应，如不耐受，选用中药辨证治疗，效果显著。

2. 儿童暴躁行为

儿童暴躁行为表现为焦躁、固执、爱发脾气、易哭泣、说粗话脏话、打架斗殴，来势凶猛，严重者有攻击行为或触犯法律。

对策与建议：

（1）改善儿童的暴躁行为越早越好，最好在儿童期（8~12岁）之前，否则，当儿童期过渡到青春期时，症状容易加剧，而且难以根治。

（2）学校和家长配合，耐心引导，给予爱心，改善孩子的暴躁行为。

（3）心理治疗：由专业心理医生进行评估、疏导，以缓解症状。

（4）药物治疗：对于有暴力行为的儿童，适当给予药物治疗，可采用抗焦虑药等精神类药物，帮助患者缓解焦虑、抑郁的情绪以及精神病性的症状；也可以使用中医中药辨证治疗。

3. 儿童自闭症

儿童自闭症有三大典型症状：①交流障碍：这是自闭症的核心症状，表现为缺乏交流，不喜欢父母拥抱，缺乏与亲人的目光对视，喜欢独自玩耍，肢体语言落后，表情淡漠，喜怒不形于色；②语言障碍：2~3岁尚不会说话，理解力差，不能用语言表达自己的需求，不会使用人称代词或错用，"你"与"我"混淆；③刻板行为：表现单一刻板行为或动作，如特别依恋某一种东西或某一首歌曲，做固定的动作，斜眼看人，自言自语，身体摇晃或原地转圈等异常行为。

对策及建议：

（1）儿童自闭症要早预防、早发现、早干预，越早治疗和干预，改善的效果越好，2~8岁是自闭症的黄金治疗时间。

（2）父母、患儿心理医生、教师和社会，要形成综合治疗团队，用科学、规范、专业的治疗方法和手段帮助孩子改善症状，回归社会。

（3）鼓励并训练孩子的生活自理能力，让孩子积极参加集体活动。

（4）坚持以非药物治疗为主，如针灸、推拿、教育、培训，药物治疗为辅的综合治疗方案。

（5）远离信息污染，不要看不健康的网络图片、视频等。

以上主要介绍了网络信息、营养过剩、心理问题等对儿童健康的影响，还有很多因素对儿童健康也有很大影响，在这里就不赘述了。水平有限，有不当之处，请多指正。

中医育儿，助力成长

北京中医药大学附属护国寺中医医院儿科主任、主任医师　蔡江

儿童是祖国的希望，儿童的健康成长事关家庭幸福和民族未来。

儿童的健康是指儿童的良好状态。儿童的生长发育十分迅速，《小儿药证直诀》中说："小儿五脏六腑，成而未全，全而未壮。"《育婴家秘》中说："血气未充……肠胃脆薄，精神怯弱。"既有生机蓬勃、蒸蒸日上的一面，对营养、物质和精神的需求都会与日俱增；又有脏腑娇嫩、形气未充的一面，自身免疫力弱，易于发病，病情发展迅速。除了要关注儿童的饮食问题外，更需要照顾儿童的身体、心理、社会适应能力等方面的问题。照顾好儿童不是一件容易的事，需要智慧和科学的育儿方式，尤其需要注意以下几个方面。

正气存内，邪不可干；邪之所凑，其气必虚

中医学认为，疾病的发生，关系到人体正气和致病邪气两个方面。所谓正气，即人体的功能活动，包括脏腑、经络、气血等功能，以及人体的抗病修复能力；所谓邪气，泛指对人体有害的各种致病因素。一般情况下，人体的正气较旺盛，致病邪毒较弱，则邪气不易侵犯人体，或虽然有侵袭，也不致发生疾病。此时，人体内部的阴阳气血，脏腑经络的活动，其发展变化仍然处于生理调节的范围，即"正能御邪"，故人体不发病。正如《黄帝内经·素问·刺法论》所说："正气存内，邪不可干。"

人体的正气虚弱是疾病发生的内在根据，邪气是致病的条件，若正气不是很虚，但邪气过盛，超出了人体正气的抵御能力，相较之下，正气就显得有些

虚弱。这时，致病邪气便会入侵机体，从而导致脏腑组织、气血功能失调而发生疾病。故《黄帝内经·素问·评热病论》说："邪之所凑，其气必虚。"

中医学非常重视人体的正气，强调人体的正气在发病中的主导地位，故提高正气，增强抵抗力为本。我们应从儿童的衣食住行做起，比如多喝水、多排尿，去除体内的热邪；定时大便，每日一行，可以定期清除体内蓄积毒素；偏素食，少吃肉；忌熬夜，生活要规律；适当进行体育锻炼，以散发体内蓄积的热量；等等。

动则生阳，静则生阴

人的身体是阴阳结合体，阴指身体，身体是根本；阳指阳气，阳气是能量。所以养阴、养阳都是必需的。古人讲究天人合一，即人要按照自然规律来生活。日出而作，日落而息。一年之中，春夏要多动少静以养阳，秋冬要少动多静以养阴。

中医认为"动则生阳"，通过合理运动，不仅可以充实鼓舞身体阳气，对儿童来说还有助于促生长、强身健体、防病于未然。日常生活中，儿童要增加"生阳"的机会：多走路，少乘车；多爬楼梯，少乘电梯；多做伸展运动，少看电脑手机；多学习，勤于思考；培养对运动的兴趣，如跳绳、慢跑、健身、打羽毛球、游泳等。当然，运动要适度。不要骤起骤停，以身体微汗、无不适作为标准。动则养阳，但不要使身体疲劳，疲劳就过度了，反而损阳，有害健康。

静则生阴，养阴当静养为主，尤其是在秋冬时节，当减少剧烈运动，少思虑，少喧嚣，少折腾，少耗阳，早睡觉，使阳气归根。很多时候，儿童动起来容易，静下来却很难，培养一些有益身心的爱好也是静养，如绘画、书法、拼插等让心情平静，对身心放松都有好处。到傍晚，要以多静少动为原则。少动指减少散步等不剧烈的动，坐下来静静读书、放松休息或是专注地思考问题，或是冥想。入睡前听一段舒缓的音乐，不仅有助于舒缓烦躁的心绪，还有助于凝神静气，让儿童从精神到身体全部放松下来。

做好"动"和"静"，胜过任何补药。

若要小儿安,常带三分饥和寒

"四时欲得小儿安,常要三分饥与寒;但愿人皆依此法,自然诸疾不相干。"此为元代著名儿科学家曾世荣在《活幼心书》中提到的儿童养育方法,指的是为了让儿童健康生长,不能给他们吃得太饱、穿得太厚,这也是让儿童不生病、少生病的一个重要原则。

儿童生病十有八九的诱因:不是吃"撑"了,就是"捂"着了,吃得太饱生内热,穿得太暖感外寒。"三分饥",即在充分保证饮食营养的基础上,每餐七分饱就足够了。因为儿童脾胃功能尚在发育之中,比较稚嫩,饮食量不能过多,如果超出脾胃的承受范围,食物不能充分消化,儿童就会发生积食等疾病。而穿得过多、过暖,剥夺了儿童对环境温度变化的自我调节能力,会使儿童散热困难而出汗过多,并浸湿孩子的贴身衣服而易感风寒。我国古人倡导"薄衣御寒"的养生法,明确指出"薄衣之法,当从秋习之",强调了"薄衣"的习惯应从秋天开始养成,慢慢适应,到冬季再略加衣服即可。这种"秋冻"的方法,既顺应自然气候的需要,锻炼儿童的御寒能力,又能在不知不觉中起到预防疾病、自我保健的作用。

除了"三分饥与寒",我们的祖先还给我们留下了很多养护儿童的真诀。如宋代陈文中《小儿病源方论》中提出"养子十法",其主要内容为:一要背暖,二要肚暖,三要足暖……调护儿童正气、固阳护阳的核心是"脾胃要温",少食生冷寒凉。"若脾胃全固,则津液通行,气血流转,使表里冲和,一身康健。"

和谐的家庭氛围

家庭是儿童成长过程中的重要场所。不同家庭氛围对儿童产生的影响也不尽相同。家庭氛围的好坏对儿童的身心健康发展有着直接的影响。长期生活在良好家庭氛围中的儿童,心情愉快,兴趣广泛,性格开朗,喜欢交际,他们的自身器官发育和新陈代谢良好,生活休息有序,加之适度的体育锻炼,体质会不断增强。相反,长期生活在不良家庭氛围中的儿童往往会过度焦虑、心情压抑、自我封闭、思维不灵活，甚至会存在心理障碍，由此造成儿童饮食不足、思维不灵活、身体各部位的机能不能发挥最佳水平，影响身体发育。和谐的家庭氛围是家庭精神生活的主旋律、儿童健康成长的主动力。

家长需要积极参与家庭教育，重视家庭心理环境建设，为孩子的成长助力，更为家庭的幸福助力。

了解中医科学育儿，助力儿童健康成长。全社会要共同呵护儿童健康成长，让儿童成长为有道德、有豪气、有智慧、有体魄的新时代健康儿童，为实现中华民族伟大复兴的中国梦时刻准备着。

携手并肩，佑幼壮成

长春中医药大学附属医院儿童诊疗中心主任　冯晓纯

儿童是祖国的未来、人类的希望。儿童的健康关系到祖国的繁荣与富强，儿童强则国家强。小儿"五脏六腑成而未全，全而未壮"，易于受到各种袭扰和伤害。中医自古以来在儿童健康调养方面独具特色和优势，顺应自然，科学调养，帮助儿童茁壮成长。

世界卫生组织提出"健康不仅是躯体没有疾病，还要具备心理健康、社会适应良好和有道德"。健康育儿目的是使儿童在身体、精神和社会能力等方面都处于良好的状态。其重要性及必要性的宣传和普及，都离不开国家政策、育儿教育、医护保驾及家长们的共同努力。

一、建立培训基地，规范普及育儿知识

泱泱大国几千年来传承总结下来的育儿经验深入浅出，令人受益匪浅，总结出许多譬如"四时欲得小儿安，常要三分饥与寒。但愿人皆依此法，自然诸疾不相干"的育儿警句，但缺乏系统性的整理与传播。可完善培训基地的建设，

专项专款专人专事，逐步落实。组织撰写相关书籍，以育婴师、幼师、家长及社区相关工作人员为主要培训对象，建立系统的育儿知识网，深入地了解、熟悉、掌握儿童各年龄阶段的生长发育特点及成长需求，并颁发培训资格证，从而形成从点到线到面再到全社会规范、科学的辐射化普及链。

培训基地的建设不仅是为了提供一个学习育儿知识的场所，也是为了打造成一个配备专业人员的教养结合的实践基地。如：婴儿期孩子神经系统逐步完善，视觉、听觉、触觉、味觉等感知系统以及语言、动作等系统需要在正确的后天教育下不断发育；幼儿期孩子智能发育、心理发育快，并且神经、骨骼、肌肉发育逐渐成熟，在基地里可以为不同年龄的孩子设置各种语言训练室、动作训练室等，使孩子的智能、心理等得到良好开发。

育儿专项培训基地的建设，也离不开广大医生同人们的共同努力。基地教材的汇编还需要大家饱读医书、结合临床、汇百家之长、综古今之智，汲取有效但又被大家常忽视或误解的育儿知识，融会贯通国内外优秀的育儿理念。

二、优化教育制度，促进儿童全面发展

高强度学习、父母的期望会转化成儿童难以负荷的压力，随着教育部"睡眠令""双减"政策的出台，这一问题得到了改善。我们要反对打着"优胜劣汰"等竞争旗号无视儿童成长规律、贩卖教育焦虑的行为。但减轻学习压力并非"放养"，学习本就是一个竞争、拼搏的过程，合理的压力反而能促进儿童成长。

学校的教育中，应以提高儿童学习兴趣，掌握灵活变通的思维能力，以提高创新能力、实践能力为主。"学起于思，思源于疑"，兴趣才是激发学习动力的金钥匙。要遵循儿童身心发展规律、尊重个体差异，因材施教，提供多元化教育，推行启发式、探究式、参与式、合作式教学，发挥儿童自身的能动性，促进儿童全面发展。

家庭是儿童的第一个课堂，正确的家庭教育理念是孩子健康成长的保障，父母应发挥榜样和示范作用，教育引导儿童传承尊老爱幼、爱国爱家的美德，

合理安排儿童学习、休息、娱乐和体育锻炼的时间，在孩子成长的各个时段进行有针对性的教育，适当奖励激励儿童不断求知进取，让儿童在良好的家庭环境中、在积极自信的状态下，成为对社会、对国家有用的人才。

三、健全医保制度，促进儿童健康成长

医院是儿童健康的最后一道防线。对于"未病"的儿童，政府应给参保孩子们提供每年或不同年龄时期的健康体检，建立健康档案管理制度，推广儿童疾病防治方法。建立早筛查、早诊断和早干预服务机制。儿童脏腑娇嫩，卫外不固。如对于婴儿期的儿童，应每1~2个月记录身长、体重、头围、运动、语言等基础体征，及时有效地评估儿童的生长发育情况。幼儿期的儿童应每半年进行一次健康检查，除了基础体征的检查，还可增加微量元素、维生素、骨密度等检测。学龄前期及以后阶段的儿童，每年进行一次常规检查，并以贫血、肥胖、心理行为异常、视力不良、龋齿等儿童健康问题为重点进行检测。

对于"既病"的儿童，我们除了要早期识别、干预、治疗外，还要加强对儿童慢病的治疗与管理，建立罕见病、疑难病患儿的救治措施，推进视力、听力、肢体、智力及孤独症等残疾儿童的管理帮扶制度的建立，完善筛查、诊断、康复、救助相衔接的工作机制。提高儿童诊疗、康复服务能力和水平，建立信息共享制度。强化基本医疗保险、大病保险、医疗救助三重保障功能。同时，参保儿童除在住院期间可以享受医疗费用的补偿，也应享受门诊医疗费用的补偿，让孩子可以得到及时救助，如此可在一定程度上减少"就医难"的问题。

"大国育儿"各项工作的落实、普及，离不开国家政策的完善、教育战略的革新和家长的协助，也得益于育婴师、幼师、教师及儿科医护人员的护航，让其享有合理的阳光化薪酬待遇，使得人尽其才、劳有所值，这是维护儿科相关行业可持续发展的外部制度保障。

最后，让我们共同努力，携手并肩，创造属于孩子们的美好明天，为每个孩子的健康成长打好人生底色。

促进儿童全面发展，增强大国腾飞力量

广州中医药大学教授　周俊亮

儿童是祖国的未来，其身心健康关系着每一个家庭的幸福，也关系着全民健康目标的实现。"少年强则国强"，中医治未病、保健全方位介入，促进儿童全面发展，是大国腾飞、民族复兴的重要助力。在育儿方面，我们急需重视近视、口腔疾病、生长发育迟缓、心理发育不良等影响儿童健康成长的痛点问题，应用中医和现代医学的方法，促进儿童健康茁壮成长。

一、防治近视

近年来，我国学生近视呈现高发、低龄化趋势，严重影响孩子们的身心健康，这已成为一个关系国家和民族未来的大问题。防控儿童青少年近视需要政府、学校、医疗卫生机构、家庭、学生等各方面共同努力，需要全社会行动起来，共同呵护好孩子的眼睛。

小学和中学是近视的高发阶段，尤其是6岁之前儿童的屈光状态会随着眼球的发育而变化。通过定期检查、合理干预发展状态，建立屈光发育档案，记录儿童屈光发育过程，能够及早发现孩子的屈光异常及各种眼病，避免成为高度近视，做到早监测、早发现、早预警、早干预。

建议与措施：

（1）一般每年2次视力监测。

（2）研究资料表明，跑步、打球都是很好的户外运动方式。在打球时，双眼做远近调节运动，可以有效地放松睫状肌，促进眼部的血液循环。做操、跳绳、集体玩耍游戏等也是不错的户外运动方式。

（3）饮食上需营养均衡，适当多补充富含维生素A的食物，如胡萝卜、西兰花、哈密瓜、猪肝、羊肝、猪腰等。

（4）可护肝明目的中药有菊花、枸杞、沙苑子、决明子、刺蒺藜等。

（5）可使用耳针、穴位贴敷等中医适宜技术，均有促进视力恢复的作用。

二、护牙健齿

2022年9月20日是第34个"全国爱牙日"，宣传主题是"口腔健康，全身健康"，副主题是"护牙健齿少年强，健康中国民族兴"。口腔疾病是人类最为常见的疾病之一，但是口腔疾病"可防可控"。大多数口腔疾病的诱发，是因为人们口腔健康意识不足，导致口腔清洁不到位、口腔疾病防治不及时。据世界卫生组织报道，2017年全球近35亿人受口腔疾病的影响，不良的口腔健康状况降低了人们的生活质量，造成了一定的经济负担。全国第四次口腔健康流行病学调查结果显示，我国儿童青少年患龋情况呈上升趋势，12岁儿童恒牙龋患率为34.5%，比十年前上升了7.8个百分点。5岁儿童乳牙龋患率为70.9%，比十年前上升了5.8个百分点。儿童青少年的口腔健康状况不容乐观，提升儿童青少年口腔健康意识，维护其口腔健康刻不容缓！

那如何保护牙齿呢？

（1）首先养成良好的刷牙习惯，使用含氟牙膏，每次刷2~3分钟。

（2）使用牙线来清除相邻牙齿之间牙缝当中的食物，最好是餐后就使用。

（3）定期检查口腔，至少每半年看1次牙医，及早发现龋齿。

（4）每半年到医院接受1次牙齿涂氟，预防龋病，尤其是已经有多颗龋齿和正在进行正畸治疗的青少年，属于龋病高危人群，更应采取局部用氟措施。

（5）适龄儿童进行窝沟封闭。窝沟封闭是预防窝沟龋的最有效方法。建议11~13岁青少年可进行第二恒磨牙的窝沟封闭。

（6）饮食上，保证健康饮食，限糖减酸。

（7）青少年参加体育活动时，要预防摔倒造成牙外伤。一旦发生牙外伤，应尽快去医院就诊。

（8）中医认为肾主骨、生髓、通脑，其华在发，发为血之余，齿为骨之余。

肾藏精，而精能生髓。髓有骨髓和脊髓之分，骨髓贮于骨中以养骨骼，骨的生长、修复都要靠肾精的滋养，所以说"肾主骨"。而"齿为骨之余"，牙齿为骨的外余部分，齿与骨同出一源，也属于肾，由肾精所充养。因此，肾精充足，骨髓生化有源，故骨骼及牙齿均坚固有力。日常也可以多食用核桃、桑椹、枸杞、莲子、杜仲、韭菜、虾等，这些食品有一定的补肾作用，也有利于牙齿健康。也可以用中医药膳、耳穴压豆、小儿推拿、艾灸等方法，有补肾的作用，可以促进牙齿健康。

三、干预生长发育迟缓

发育迟缓是指儿童在发育过程中出现的，体格生长、运动、认知、语言交流方面落后或异常的情况，发病率为6%~8%。包括生长发育迟缓、运动发育迟缓、语言发育迟缓、认知发育迟缓四个方面。

生长发育迟缓是指身高、体重低于同年龄和同性别儿童2个标准差，或生长曲线连续2次下移的情况。家长需要重视婴幼儿期的体格发育迟缓，如果不及时干预、矫正，到儿童期的结局就是偏离遗传身高，身材偏矮，甚至患矮小症。那我们该怎么保健干预呢？

1. 饮食调养

中医认为儿童处于不断的生长发育过程中，五脏六腑的功能不够完善，尤其表现为肺、脾、肾三脏不足，在饮食上需要多注意。

（1）养成良好的哺乳习惯，按需哺乳。

（2）养成良好的饮食习惯，避免偏食，节制零食，按时进食，防止饮食无度。

（3）儿童脾胃功能较薄弱，可适当增加一些健脾类的药食同源类食物，如山药、白扁豆、芡实、莲子等。

（4）严格控制冷饮，寒凉食物要适度。

2. 起居调摄

除了日常饮食需要注意外，日常生活也有应注意的，主要体现在养成良好的生活作息、保证足够时间的户外运动等。

（1）保证充足的睡眠时间，逐步养成早睡的作息习惯。

（2）衣着要宽松，不可紧束而妨碍气血流通，影响骨骼生长发育。

（3）四时调摄，"春捂"与"秋冻"。春季注意保暖；夏季纳凉要适度；秋季应避免保暖过度；冬季室内不宜过度密闭保暖，应适当通风。

（4）经常到户外活动。运动推荐篮球、游泳、跳绳等。

（5）其他如耳针、穴位按摩、小儿推拿、艾灸等，均有利于儿童生长发育。

四、注重婴幼儿心理发育

神经心理发育在婴幼儿时期大量地反映于日常的行为之中，故有时也称为行为发育。了解小儿智能发育规律，可以适时开发智力、及早发现异常，有利于做好儿童保健和治疗。包括感知发育、运动发育、语言发育、性格发育。

不同时期的情感需求不同，如新生儿期母婴的交流很重要，母乳按需喂养，父母尽可能亲自养育，多与新生儿接触，如说话、微笑、怀抱等，给新生儿抚触。1~3个月时期需给婴儿听一些悦耳的音乐，玩带响声、色彩鲜艳的玩具，以促进听觉、视觉发育；3~6个月可以照镜子、练习扶坐；6~8个月需多接触外界环境、练习爬等。在儿童的情感发育过程中，需要和谐的家庭，父母的陪伴和参与很重要，需多互动、及时沟通，让孩子在爱和快乐中成长。

以"治未病"理论指导预防小儿哮喘的生活调护与饮食调理

北京中医药大学东直门医院儿科主任医师　徐荣谦

以前大家都觉得哮喘多发于成年人，但其实儿科诊室中的哮喘患儿也是普遍存在的群体。中医儿科对哮喘患儿的诊治与成年人的哮喘诊治还是有很大区别的。针对儿童哮喘，我们有非常详尽的、标本兼治的治疗方案。

哮喘是小儿时期的常见疾病。哮指声响，喘指气息，哮必兼喘，故通称哮喘。临床以发作性喉间哮鸣气促，呼气延长，严重者不能平卧，呼吸困难，张口抬肩，摇身撷肚，口唇青紫为特征，常在清晨与夜间发作，症状可经治疗或自行缓解。本病有明显的遗传倾向，近代医家强调发病与体质因素以及调护不当有关。全国至少有两千万左右的患者，全世界约有一亿五千万哮喘患者。

中医既往无咳嗽变异性哮喘之病名，哮喘在中医文献中属于"咳嗽"的范畴。本病的主要临床表现以咳嗽为主。咳嗽的病变主脏在肺，主要病机为邪犯于肺，肺气上逆。

《黄帝内经》云："五脏六腑皆可令人咳，非独肺也。"

人所共知：哮喘为顽症，难以彻底根除。但是，由于小儿"体禀少阳"，处于稚嫩状态；更主要的是小儿阶段五脏六腑处于不断的生长发育状态，生机盎然，脏气清灵，易趋康复，自我修复能力极强，不同于其他年龄阶段。因此，在小儿阶段，适当进行生活调护和饮食调养，往往收到事半功倍的效果，可较好地预防小儿哮喘的发生。在儿童时期，只要防治恰当，绝大多数是可以治愈的。

我们以"治未病"理论为指导，进行小儿哮喘预防的生活调护与饮食调养，能较好地预防小儿哮喘的发生。

小儿哮喘起病有急有缓。绝大多数患儿不是体质较差，就是反复感冒，甚至有过"喘咳"的病史。一旦苗头出现，即应引起重视，开始哮喘的防治工作。不是所有的儿童都需要服药，此时重点放在生活调理与饮食调控上。

1. 生活调护

以保证充足睡眠，保持心情愉悦，适宜户外活动为基本原则。

（1）实热体质：褪褓衣着要偏凉，尤以头部要凉，忌用厚帽。衣着应薄，切忌重衣，衣着以不冷为原则。

（2）虚寒体质：褪褓衣着以偏温为好，特别注意胸、背、足要温。如戴肚兜以保护腹部，切忌胸背受凉。衣着以不热为原则。

（3）多动体质：襁褓衣着要动静有别。运动之时宜少穿衣物，安静之时宜酌加衣物。

（4）春季调护：俗语云"春捂秋冻"。但是"春捂"要适度，不能捂上火。襁褓衣着应以不热为原则，只要患儿不感觉热，就不减衣物。

（5）夏季调护：首要的是防止纳凉过度。《黄帝内经》云："形寒饮冷则伤肺。"当前，由于制冷设备的普及，电风扇、空调比比皆是，空调的广泛应用为人们消暑纳凉带来了好处。但是，不可否认的是，许多空调过度使用，不但浪费了能源，而且带来了空调病等疾病。形寒则伤肺，进而引发咳喘。因此，体质较差的患儿纳凉一定要适度，最好远离空调。

（6）秋季调护："秋冻"并不是真的在秋季冻孩子。秋季是小儿锻炼身体、提高耐寒能力的最佳季节。襁褓、衣着要偏凉，穿戴着衣以不冷为原则，只要孩子不感觉冷就不必加衣物。秋高气爽、阳光明媚的时候一定多带孩子到外面玩耍嬉戏，以达到增强体质、增加抵抗力的目的。

（7）冬季调护：冬季天寒地冻，寒风呼啸之时，不适于小儿进行户外锻炼，可以开展室内活动。居室要适当进行通风换气，以保持空气的新鲜。但是，冬季并不都是寒风呼啸，在和煦无风之时，可以适度让孩子到户外活动，时间以上午10点钟至午后3点钟为佳。尤其下雪后，天气晴朗、和煦无风，空气十分新鲜，非常适合孩子进行户外锻炼，可以带孩子到户外玩雪嬉戏。

2. 饮食调理

古人有"若要小儿安，常需三分饥与寒"之说。所谓的"寒"，就是不要捂着孩子，前面已经谈过；所谓的"饥"，并不是就要饿着孩子，而是避免孩子吃得过饱。《医宗金鉴·幼科心法要诀》云："夫乳与食，小儿之以养生者也。乳贵有时，食贵有节，可免积滞之患。"说明小儿饮食不宜过饱，以免变生他证。总之，小儿饮食调整的原则是"保证需要，合理搭配，荤素合理，循序渐进，饮食规律，有时有节"。

（1）实热体质：注意定时用餐及营养合理，适当多吃水果，尽量少吃肥、腻、辛辣、香燥、油炸、烧烤等辛热之品，宜进食清润之品为佳。虽为实热体质，亦应适当控制"寒凉食品"，防止出现冷积，或转成虚寒体质。

（2）虚寒体质：慎用或忌月苦寒攻伐之品等，避免吃冷饭、喝凉水，食用瓜果梨桃等水果要适度，严格限制冷饮与冰箱食物。

（3）肥胖儿童：肥胖儿童往往食欲极好，食量偏大。因此，控制肥胖患儿的饮食十分重要，要强调合理饮食，保证需要。婴幼儿期，强调母乳喂养，按照婴幼儿实际需要量进行适度喂养；学龄期及学龄前期，养成良好的进食习惯，不得偏食糖类、高脂等高热量食物；青春期要加强对营养知识的正确教育，建立良好的饮食行为，不吃零食，控制能量摄入。

（4）春季饮食调养：春季是万物升发的季节，尤其小儿"体禀少阳"，阳气升发比较旺盛。因此，在春季小儿生长发育也快，尤其处于生长发育高峰期的孩子在春季"长个"特别迅速。

一年四季之中，春天是小孩生长发育最佳的季节。具体的时间应该是从立春开始。春季阳气升发迅速，调理得当有助于孩子体质的健康。不但有助于预防哮喘，而且，已患哮喘的孩子饮食适宜，也有助于哮喘的康复。

首先，在春季可以多熬些骨头汤给孩子喝，借此来满足小儿的生长发育，因为骨头中的骨髓对孩子的生长发育比较好。但是熬出来的骨头汤并不是那么好喝，而且骨头汤油性偏大。为了使孩子能够接受，而且别伤了孩子的脾胃，一般在喝的时候，可以用骨头汤兑适量的水，加蔬菜，如西红柿、紫菜等，做成菜汤；或用骨头汤兑适量的水熬粥给孩子喝；或用骨头汤兑适量的水下面条、下馄饨、做成面疙瘩汤等都可以，这样就不会使脾胃太滋腻，使孩子顺利地把骨髓吃进去。

其次，春季要适当给孩子多吃点高蛋白的食物。高蛋白的食物很多，比如鱼、虾、牛羊肉、瘦肉，以及豆腐等豆制品，蛋白质含量都比较高。因为小儿生长发育中对蛋白质的需求相对重要。所以，一般主张春季让孩子进食的蛋白质类食物要增加一些。可以适当给孩子加点夜宵，这样有利于孩子的生长发育。春天加夜宵一般以高蛋白的饮食为主，比如，鸡蛋、鹌鹑蛋、牛肉干、鱼片，或者是馄饨等均可，原则上是以高蛋白的饮食为主。但是，注意不要加多，加多就会出现另外的问题。孩子吃得太多，晚上就有可能会出现积滞，积滞就可能损伤脾胃。所谓点心，强调的就是一点点地补充，讲究的是适量。不要太多，但是每天都要有一点。

（5）夏季小儿饮食调养：夏季饮食调养首先要特别注意限制冷饮。在"防暑降温"的同时，注意防止"饮冷伤肺"的发生，以利于哮喘的预防。冰箱、冰柜几乎家家都有，市场上的冷饮品种也比比皆是。孩子的一个特点就是喜欢吃冷饮，但一定要适度，尤其体质虚寒的患儿更是如此。

（6）秋季小儿饮食调养：《小儿药证直诀·咳嗽》云："八九月间，肺气大旺……风从背脊第三椎肺俞穴入也。"秋季饮食调养应以保肺为基本目标，以预防哮喘的发生，尤其对于肺气虚弱者。可以煮银耳羹、百合粥等养肺之品给小儿食用。亦可煮山药粥、莲子粥给小儿食用，以达健脾养肺之目的。

秋季是水果大量上市的季节，有些水果适于作为肺气虚弱小儿食用，如梨、苹果等；有些水果则应适当限制，以防化热上火，例如柑橘、葡萄等。

（7）冬季小儿饮食调养：冬季气候寒冷，小儿应严格限制冷饮，饮食应以温热为宜。但是香燥食品不宜过度，防止助阳化火。鱼、肉可以适当食用，但切忌过量，防止"鱼生火，肉生痰"现象的发生。

总之，合理的生活调护与饮食调养有助于小儿哮喘的预防，起到"未病先防，防患于未然"的作用，从而使小儿哮喘的发病率降低。

中医育儿，有方有法

全国人大代表，湖南中医药大学第一附属医院教授、博士生导师　张涤

儿童是家庭的希望、国家的希望、民族的希望。上千年传承不断、护佑国人健康成长的中医，历来都很重视儿童健康。从《史记·扁鹊仓公列传》中名医扁鹊"来入咸阳，闻秦人爱小儿，即为小儿医"，到后世《千金要方》中

单列出"少小婴孺方",再到专从儿科的钱乙和后世不断出现的中医儿科专著,都表明中医对儿童的重视,在不断地总结育儿、养儿、防治儿童疾病的经验与方法。

中医有自身独特的理论体系。古人基于古代阴阳五行思想,通过结合临床实践中儿童生长发育和防病治疗经验,总结了一套独特的中医育儿理论。如中医认为小儿为"纯阳之体",其体质特点是"稚阴稚阳",认为小儿从初生到成年处在生长发育过程中,其生理特点表现为脏腑娇嫩、形气未充、生机蓬勃、发育迅速。小儿在疾病变化过程中表现为易于感触、易于传变、易寒易热、易虚易实;但通过治疗,其脏气清灵,又易于康复。中医通过实践总结了儿童有"心肝常有余,肺脾肾常不足"等特点,并基于中医儿科的理论体系总结了育儿经验,如宋代陈文中在《小儿病源方论》中就基于前人经验总结了著名的"养子十法"等。这些理论来源于中医独特的医学思想,在当今仍有重要意义。

许多中医理论贯穿中医育儿的始终,成为中医育儿的核心,如中医的治未病理论强调未病先防、已病防变。中医学认为邪气是导致疾病的先决条件,正气不足是疾病发生的重要原因,《黄帝内经·素问·刺法论》言"正气存内,邪不可干,邪之所凑,其气必虚",所以中医育儿强调扶正为主。在未病先防方面,儿童有儿童的特点,由于小儿肺脾肾常不足,所以在育儿过程中尤为注重肺脾肾。胃主受纳,脾主运化,脾胃为后天之本,故无病之时,调养脾胃最为重要;小儿虽易有肾的"不足",然与成人肾虚不同,不可用温补壮阳之品;小儿肺气多有不固,容易外感,所以饮食保健一定要考虑小儿肺、脾、肾三脏的不足,并注意五脏之间的生克制化关系,平调阴阳气血,使脏腑功能协调。在已病防变方面,由于小儿"稚阴稚阳"和易实易虚、易寒易热的生理病变特点,在治疗时要顾护生机,用药亦当轻灵,防止生变。如小儿感冒、喘嗽性疾病,邪气在表即应扶正祛邪、解表宣肺,而不应滥用苦寒或过用发汗、泻下以致伤及脾胃、损伤阳气而引邪深入。又如中医育儿重视辨证施养,根据小儿体质、年龄、生长发育状态不同而有不同侧重点,充分地体现了中医辨证论治的思想精髓。如婴儿体质脾气常虚,多易痰湿不化,日常养生中常用的养阴润肺的梨，虽然其性寒味甘，入脾、胃、肺，有养阴清胃、润肺生津止咳的作用，但婴儿不宜用梨汁。再如部分身材偏矮小的儿童，临床常要求多食优质蛋白，尤其是海鱼等。但身材矮小儿童本身常有脾胃之不足，而鱼虾等海产品多咸寒，多食反而易损伤脾胃，导致积滞或营养吸收不良。

此外，又如中医育儿强调要因时制宜。《黄帝内经·素问·四气调神大论》中就认为，季节不同，起居、饮食均需明显不同，如夏季时应"夜卧早起"，而冬季时则需"早卧晚起，必待日光"。中医育儿亦有同样的要求，古人认为春生、夏长、秋收、冬藏。春夏季节应顺应升发之气多晒太阳，多户外活动，多食清淡营养之品，以调养肝心脾胃；秋冬季节阳气渐收，应注意保暖，固护肺肾。春天阳气升发多风，不宜过食油腻煎炸动火之品，谨防受风引发过敏性疾病（如哮喘、荨麻疹、过敏性紫癜等）的复发；夏天暑热湿盛，出汗多宜食去暑清热的食品，如绿豆、荷叶粥、西瓜、冬瓜、酸梅等食品；秋天气燥，葱、姜等辛辣之品慎服；冬天寒冷可用去寒暖胃食品。以上内容均体现了古人关于天人相应、预防为主的观点。

在具体的育儿措施上，中医亦有自身特点。如中医强调饮食喂养的作用，尤其是对小婴儿，古人反复告诫："小儿肠胃脆薄"（《育婴家秘》），必须"乳贵有时，食贵有节"（《证治准绳》），"惜儿须惜食"（《济阴纲目》），并认为婴儿的喂养以母乳最为适宜，因为"乳为血化，美如饧"（《育婴家秘》）。早在唐朝，就已强调乳母在哺乳期的饮食、起居、情绪都对儿童健康有重要影响。如《千金要方》中提出"母怒以乳儿，令儿喜惊，发气疝。又令儿上气癫狂。母新吐下，以乳儿，令儿虚羸。母醉以乳儿，令儿身热腹满"。意即乳母在发怒时哺乳，孩子易受惊吓而出现神志问题；在呕吐后哺乳，会让孩子身体虚弱；在醉酒状态哺乳，会让孩子身热腹胀满。在日常的起居调养上强调养儿不宜过细、不宜过精，《儒门事亲》有"过爱小儿反害小儿"之诫。在衣着上不应过暖，如《诸病源候论卷四十五·养小儿候》指出"小儿始生，肌肤未成，不可暖衣，暖衣则令筋骨缓弱。宜时见风日，若都不见风日，则令肌肤脆软，便易损伤"，还认为"薄衣之法，当从秋习之，不可以春夏卒减其衣，则令中风寒。从秋习之，以渐稍寒，如此则必耐寒"。古人还提出头要凉，背、腹、足要暖的观点，民间常给小儿戴肚兜，以保持腹部温暖。此外，中医有丰富的育儿之法，如日常养生防病的小儿推拿、艾灸、三伏贴、药膳膏方等，均可起育儿辅助之功。

随着时代发展，人们生活水平不断提高，随之而来的少子化，更是极大地拉高了人们对育儿的要求。家中五六个成人照顾一两个孩子已成为常态，在这种过度关心、过度用心的照顾下，儿童因喂养过度导致的营养过剩，少见风日导致的缺乏运动、抵抗力下降，电子产品使用过多导致的近视等现象，严重影响到儿童的健康成长。因此，当前环境更需要中医育儿的参与。古代中医就已对当前常见的问题给出了解决方法。如：《千金要方》中说小儿"若不嗜食，勿强与。强与不消，复成疾病""天和暖无风之时，令母将儿于日中嬉戏，数令见风日，则血凝气刚，肌肉牢密，堪耐风寒，不致疾病"；明代《古今医论》提出，"四时欲得小儿安，常要三分饥与寒，但愿人皆依此法，自然诸疾不相干"；等等。

"少年强则国强"，培护祖国之花朵、壮育民众之幼儿是中医悬壶济世的应有之义。中医育儿因其独特之理论、丰富之方法，且又切中时弊，将一直为儿童健康贡献力量。

后 记

《大国育儿：儿童成长的中医智慧》即将定稿，搁笔之际，回想从医的经历，我不禁感慨万千。至今，我从医已有 60 余年，在专业中医儿科行医 45 年，虽已步入古稀之年，但始终保持着年轻的心态。这大概是因为每天都会面对孩童所致，大家喜欢称我为"儿科不老童"，我也喜欢这个名号。

之所以能和中医结下不解之缘，与我的成长经历有很大的关系。我出身于吉林省蛟河市的中医世家。父亲是当地名医，师承他的表兄，在辽宁盖平中医传习所学习，结业后在蛟河市新站镇悬壶行医。出身科班的他通过长年实践，积累了丰富的经验，对中医也有自己系统、科学的理解，让我深深获益。

我的童年，浸染着缕缕药香；我最早接触的读物，也是与中医有关的典籍、著作。作为家中的长子，父亲对我的期望很高，一心想将我培养为优秀的中医师；我也早早树立了远大的理想，希望能够像父亲一样成为悬壶济世的名医。

然而，学医只有豪言壮语远远不够，没有对中医强烈的热爱，没有长期的坚持，没有耐得住寂寞的精神，就不可能有所建树。父亲正是这么教育我的。还记得他一点点地带我"打基础"，语重心长地对我说："学医必先知药，行医应熟知药性。"年幼的我聆听着父亲的教诲，开始时，认字不全，就跟随父亲念医书。那时我的小手捧着厚厚的《药性歌括四百味》，认认真真地诵念着："人参味甘，大补元气，止渴生津，调营养卫。黄芪性温，收汗固表，托疮生肌，气虚莫少……"

我一遍遍诵读《药性歌括四百味》《汤头歌诀》《濒湖脉学》这三本典籍，只因父亲告诉过我，这是学习中医的"立根固本"之作。

正是这几本书，为我步入中医殿堂打下了基础。随后，我又学习了南京中医药大学编撰的《中医学概论》《经络》《伤寒论》等教材，心中的中医梦也变得越来越清晰。

　　1968年，我到吉林省蛟河市新站镇河南公社插队。经过卫生所两个月的培训后，我成了河南生产队的卫生员，不过还没有完全脱产，白天还要下地干农活，属于半医半农的农村卫生员，辛苦的程度可想而知。可我却没有半句怨言，反而认为这是一个锻炼自己的好机会。我将学到的医学知识加以实践，为很多病人减轻了痛苦，那种兴奋、自豪的感觉是难以形容的。

　　1972年，蛟河市举办首届赤脚医生学习班，我幸运地获得了推荐名额。我先是在吉林省第二结核病医院（即原来的中国人民志愿军康复医院）学习了半年中西医基础理论，又在蛟河新站镇中心医院实习了半年。毕业后回到生产大队卫生所，背起药箱悬壶于乡里，做了一名赤脚医生。

　　因为对医学不懈的追求，我在行医之余勤学苦练，顺利考入北京中医药大学（前身为北京中医学院），在中医系学习了三年零八个月。

　　到了毕业分配时，我发现自己来到了人生的分岔口。那时中医已经有了内、外、妇、儿的分科，而我受到"中医大内科"的影响，将最初的方向定为中医内科，可惜名额已满。东直门医院医务科领导对我非常器重，有意将我分到眼科，但我自知以前没有保护好眼睛，上大学的时候就戴上了眼镜，若是进入手术室戴上口罩，呼吸之下眼镜容易产生雾气，肯定会影响视野的清晰度，而眼科手术要求极其精细，我担心自己难以达到最佳的状态……于是，在考虑清楚种种因素后，我选择了有"小内科"之称的中医儿科。事实上，儿科处理的很多病证与内科是一样的，只是患儿年龄小，表达能力不完善，尚不懂得叙述自己的病苦，因而又被称为"哑科"。不仅如此，患儿病情变化快，家长焦虑万分，医生的责任更加重大——如何做到安全、简便、有效地治愈小儿疾病，并尽可能地向家长普及小儿"治未病"的知识，是每一个儿科医生的责任。我就带着这样的使命感踏上了中医儿科之路。

　　1978年，我刚参加工作不久，进入了教研室，通过了严格的考试，参加了北京中医学院基础理论学习班，和首届"中西医结合研究生"共同学习。我系统学习了生理、病理、生化、解剖等西医基础知识，还参加了"首届中医研究生班"四大经典著作的学习。这段经历对我的影响很大，特别是对《黄帝内经》的学习，为我从事中医儿科事业打下了坚实的理论基础。

1979年，我满怀信心回到东直门医院儿科病房，当时儿科只有16张病床，看病难的问题非常突出。我尽全力接诊患儿，耐心回答家长提出的每一个问题。无论患儿来自何处，我都一视同仁，用儿童最喜欢的交流方式，消除他们的恐惧感，拉近和他们之间的距离，不知不觉中完成"望闻问切"。

我在1985年晋升为主治医师，1986年2月参加了国家中医药管理局在广州中医药大学举办的"全国儿科中医师资进修班"，还当上了进修班的班长。在那里，我更加系统地学习了中医儿科教学法、中医儿科经典与中医儿科全部课程，为后来从事中医儿科临床、教学以及科研工作准备了必要的条件。

1990年，根据"两部一局"文件精神，我有幸被选拔为有"小儿王"之称的刘弼臣教授的学术继承人，成为"臣字门学术流派"的第六代嫡系传人，师授医名"徐济臣"。我随师学习5年，以优异成绩出师，当时还在人民大会堂举行了出师仪式。

在跟随刘老学习的日子里，我对中医的认识得到了进一步的提升。我总结了刘老从肺论治的医疗特色，在《黑龙江中医药》发表了自己的第一篇论文《从肺论治小儿肾病综合征22例临床疗效分析》，荣获国家师承有奖论文、中华中医药继承办二等奖。此后，我又系统总结了刘老从肺论治抽动－秽语综合征、从肺论治脾胃系统疾病等的医疗特色，发表论文30余篇。1993年，我顺利晋升副主任医师、副教授，2001年晋升为主任医师，2003年晋升为教授。

虽然已经取得了一些成就，但我深知，中医还有太多值得发掘的宝藏。我在总结、发扬刘老经验的同时，还遍寻名师，想要学习百家之长。恰好在2005年，我被北京中医药大学"名医工程"选拔为10名"名医提升对象"之一，开启了三年全国游学之路。我先后游学拜师于四川名医王静安、吉林名医王烈（国医大师）、山东名医张奇文，在兼收并蓄、博采众长、广纳精华、拓展思路的基础上，总结和提出了总括人体"正常体态动态变化"的"三阳学说"，并在此基础上提出儿童九种体质学说。进而在继承刘弼臣教授"调肺学派"的基础上形成了"少阳学派",在中医儿科基础理论方面创新形成了"少阳学说"理论体系。我在临床上注重突出"调胆论治与调肺论治相结合、伤寒与温病相结合"的医疗特色,多年实践,疗效确切。

漫漫行医路磨炼了我的意志,也让我产生了强烈的使命感。我深知"儿童壮则民族兴,少年强则国家强"的道理,希望为儿科中医学的发扬光大尽一份力。我也深知,儿科医生紧缺是当下不争的事实,这个职业以压力大、风险高、收入低著称,让不少年轻人望而却步。中医儿科更是有巨大的人才缺口,由此带来的儿童看病难问题让人颇为焦虑,大的儿科医院中医科专家门诊"一号难求",此种现象背后有着不知多少家长的心酸和孩子的泪水。更何况,中医"天人合一、阴阳平衡,治未病、内外结合"的治疗理念应当向更多人传递,中医药这项民族瑰宝也应当得到更好的传承和创新。虽然我一直致力于此,但个人的力量实在有限,中医儿科事业需要的是薪火相传、代代继承,唯有培养出更多的优秀人才,才能更好地满足家长的需求、解除患儿的痛苦,实现培育"四有儿童"的远大目标。于是,我积极投身儿科教学与科研事业,不但参与主编高校教材,还毫无保留地将自己的学术经验传授给弟子们。我希望他们不仅能够熟练掌握知识技能,还要树立起对中医的信心,主动担当起传承中医学的责任。作为教育部精品课程"中医儿科学"学科带头人、博士生导师,我已培养出中医儿科专业硕士和博士20余人,外国留学生和台港澳学生数人。

即便在退休后,我也不愿让自己"静下来"颐养天年,诊务之余,我会奔波于全国各地,筹办学术会议、组建新的学会、开展社区讲座,在中央电视台、北京电视台、吉林电视台、辽宁电视台、苏州电视台等多家媒体宣讲儿童疾病防治知识。这一切,只因肩头还有太多的责任。我希望更多的家长能够了解中医儿科诊疗知识。

我不但关注儿童的疾病体态,还深切关注儿童的亚健康体态,希望通过"中医治未病"的理念,对亚健康儿童进行及时调理,达到增强体质、预防疾病的目的。"毕生医童,解儿疾苦;保我赤子,护童幸福;童心不老,青春永驻;童强国昌,江山永固",这更是我内心深处最殷切的期望,也是我们"臣字门学术流派"一直以来奋斗的方向。作为一个有着三百年悠久历史的中医流派，我们每一代人都以"传承发展"为己任，历经七代人的不懈努力，如今的臣字门拥有中医儿科分会这样一个良好的平台，推出了多个系列的学术著作，为推动中医儿科研究作出了重要贡献。

徐荣谦

2023 年 3 月